인간행동과 사회환경

박 영 권향임 박선희 최영신 유지아 공저

SJ 신정

머/리/말

인간은 태어나면서부터 끊임없이 발달하고 변화하며, 자신을 둘러싼 사회적 환경과 상호작용 속에서 삶을 형성해 간다. 이러한 환경 속의 인간을 깊이 이해하는 일은 사회복지학의 핵심 기반이자 전문적 실천의 출발점이다. 『인간행동과 사회환경』은 이러한 이해를 돕고, 현장에서 적용할 수 있는 폭넓은 이론적 기초를 제공하기 위해 집필되었다.

사회복지사는 개인을 이해할 때 성격, 발달, 심리 과정뿐만 아니라 가족·집단·지역사회·제도 등 다양한 환경 요인을 함께 고려해야 한다. 인간의 행동은 유전과 기질 같은 개인 내적 요인뿐 아니라 사회구조, 문화, 제도, 역사적 맥락 속에서 형성되므로, 사회복지실천에서는 이러한 다차원적 요인을 통합적으로 분석하는 시각이 필수적이다.

이 책은 총 4부로 구성되어 있다. 1부에서는 인간행동의 의미와 인간을 둘러싼 환경의 다양한 체계가 어떻게 상호작용하는지를 살펴보며, 환경 속 존재로서의 인간 이해를 위한 기초를 마련했다. 2부에서는 정신역동, 행동주의, 인지발달, 인본주의 등 주요 성격이론을 중심으로 사회복지실천과의 연관성을 다루었다. 3부에서는 가족, 집단, 조직, 지역사회 등 다양한 사회환경 체계와 그 속에서 이루어지는 사회복지실천을 분석했다. 4부에서는 태아기부터 노년기에 이르는 전 생애 발달 단계를 개관하고, 각 시기의 특성과 사회복지실천과의 관계를 살펴보았다.

이 책이 독자에게 전하고자 하는 것은 단순한 지식이 아니라, 사람을 바라보는 넓고 따뜻한 시선이다. 이론을 배우는 과정에서 그 안에 담긴 인간의 삶과 이야기를 함께 떠올리며, 실천 현장에서 그 배움을 살아 숨 쉬게 하기를 바란다. 이를 통해 독자는 인간행동과 사회환경의 다양한 특성과 상호작용의 맥락을 종합적으로 이해하고, 변화와 성장을 지원하는 실천 역량을 한층 강화할 수 있을 것이다.

끝으로, 집필 과정에서 함께 논의하고 아낌없는 조언을 건넨 동료 연구자들, 그리고 끊임없는 배움의 자극을 준 학생들에게 감사의 마음을 전한다. 이 책이 사회복지를 공부하는 이들에게는 탄탄한 학문적 기초가, 현장의 사회복지사와 실천가들에게는 든든한 길잡이가 되기를 바란다.

2026년 1월

저자 일동

차/례

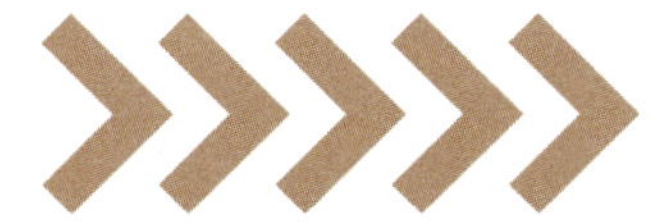

01 PART

인간행동과 사회환경

Chapter 01. 인간행동과 인간발달 / Chapter 02. 사회환경

CHAPTER 01

인간행동과 인간발달

1. 인간행동
2. 인간발달

01 CHAPTER 인간행동과 인간발달

1. 인간행동

1) 인간행동의 이해

인간행동은 단순히 외부로 드러나는 신체적 움직임만을 의미하지 않는다. 언어, 표정, 손동작과 같은 관찰 가능한 행동뿐 아니라, 사고·인지과정·감정·스트레스 반응과 같은 내면의 정신적 활동까지 포괄하는 개념이다. 이러한 행동은 의식적으로 의도하여 나타날 수도 있고, 무의식적으로 드러날 수도 있다. 예를 들어, 클라이언트가 상담을 받기 위해 사전에 준비한 서류를 챙겨 오는 것은 의식적 행동이지만, 대화 도중 긴장으로 인해 다리를 떨게 되는 것은 무의식적 행동에 해당한다. 사회복지실천의 맥락에서 행동을 유발하는 자극은 개인의 욕구와 밀접하게 연결되며, 이는 개입 과정에서 중요한 단서가 된다.

인간행동에 대한 이해는 시대별로 다양한 학문적 이론의 영향을 받아 발전해 왔다. 19세기 후반과 20세기 초반에는 정신분석학, 행동주의 등 심리학의 주요 흐름이 인간행동 연구에 큰 영향을 미쳤으며, 이후 인지주의, 인본주의, 생태체계이론 등 다양한 관점이 등장하였다. 이러한 이론들은 인간행동을 이해하는 틀과 방법을 제공하였으며, 관찰 가능한 행동뿐만 아니라 인지·정서·

사회적 맥락까지 포괄적으로 해석하는 방향으로 발전해 왔다.

인간의 행동은 발달 단계에 따라 뚜렷한 특성을 지닌다. 유아기는 낯선 환경이나 양육자와의 분리에서 비롯된 불안과 질투가 쉽게 나타나며, 이에 따라 울거나 고집을 부리는 행동이 자주 관찰된다. 아동기에 들어서면 즐거움과 만족감을 보다 적극적으로 표현하며, 웃거나 뛰어다니는 등 활발한 신체 활동이 늘어난다. 청소년기는 신체 성장과 호르몬 변화가 급격히 진행되는 시기로, 감정의 기복이 심해지고 정서적으로 불안정해질 가능성이 높다. 성인기는 사회적·경제적 역할을 수행하며 생산적인 활동이 중심이 되므로 에너지와 활동성이 비교적 높은 시기라 할 수 있다. 반면, 노년기에는 신체적 쇠퇴와 함께 자아중심적·사회적 위축 경향이 나타날 수 있다. 사회복지사는 이러한 발달 단계별 행동 특성을 이해하고, 각 시기에 맞는 개입 전략을 마련해야 한다.

또한 인간행동은 신체적·심리적·사회적 요인의 상호작용 속에서 형성된다. 신체 질환이 심리적 침체와 사회적 고립으로 이어질 수 있는 것처럼, 세 요인은 서로 긴밀히 연결되어 있다. 따라서 인간행동을 이해하려면 이들을 분리하여 분석하기보다 통합된 전체로서의 인간을 바라봐야 하며, 수정에서 사망에 이르는 전 생애 발달 과정, 성격의 형성과 변화, 이상행동 및 부적응 행동에 대한 폭넓은 이해가 필요하다.

2) 성격과 인간행동

(1) 성격의 이해

성격은 한 사람의 독특한 행동패턴을 결정짓는 특성으로 영어의 'personality', 그리스의 'persona'에서 유래되었다. persona는 고대 그리스 연극에서 배우가 쓰던 가면을 의미한다(Zastrow & Kirst-Ashman, 2004). 이러한 어원을 근거로 할 때, 성격은 "한 개인이 사회적 역할을 수행할 때 주위 사람에게 주는 피상적 수준의 사회적 이미지"라고 정의할 수 있다.

사람들은 대화, 사랑, 일, 우정, 습관, 자녀 양육, 대처방식, 고통을 대하는 태도 등 삶의 주요 영역뿐만 아니라 일상생활의 소소한 일에서도 자신의 성격에 따라 일관된 행동 패턴을 보인다. 따라서 개인의 성격을 이해하면 사람들의 행동 동기를 파악할 수 있으며 왜 특정한 방식으로 행동하는지 그 원인을 이해할 수 있다. 더 나아가 앞으로의 행동 변화를 예측하고 바람직한 행동으로 변화시키는 방법도 모색할 수 있다. 즉, 인간의 성격을 이해하면 인간행동을 있는 그대로 기술하고 그 원인을 설명할 수 있게 된다.

(2) 성격의 특성과 기능

성격에 대한 정의를 바탕으로 볼 때, 성격은 다음과 같은 다섯 가지 특성을 지닌다(민경환, 2004). 첫째, 성격은 내적 속성이다. 성격은 직접 관찰할 수 없으며, 외적으로 드러난 행동 변화를 통해 간접적으로 측정할 수 있다. 둘째, 성격은 정신·신체적 체계들의 통합과정이다. 성격은 생물학적 요인과 환경적 요인의 영향을 받는 사고, 정서, 행동 등이 전체적이고 통합적으로 기능하는 체계를 의미한다. 셋째, 성격은 개인마다 고유성을 지닌다. 모든 사람이 공통적으로 가지고 있는 심리 과정이지만 개인차가 존재한다. 넷째, 성격은 일관성을 가진다. 성격은 시간이 지나면서 성장하거나 작은 변화를 겪더라도 장기간에 걸쳐 안정성과 일관성을 유지한다. 다섯째, 성격은 역동성을 지닌다. 정신분석이론에서는 성격의 내적 역동성을, 자아심리이론에서는 외적 역동성을 강조하는 등 성격이론마다 강조하는 점이 다르다.

이러한 특성을 지닌 성격은 다음과 같은 기능을 수행한다. 첫째, 성격은 개인이 통합적이고 조직적으로 기능할 수 있도록 한다. 둘째, 성격은 인간관계를 형성·유지하고 사회생활을 가능하게 하며, 환경의 요구에 적응할 수 있는 기반을 제공한다. 셋째, 성격은 개인의 고유성을 인정하여 독특한 존재로 규정하고 다른 사람과 구별되게 한다. 넷째, 성격은 개인의 본성을 이해할 수 있는 기초를 제공한다.

(3) 성격의 유형

성격은 개인마다 고유한 특성을 나타내지만 일부 특성은 공통적으로 나타나기 때문에 성격이론가들은 이를 분류하는 데 관심을 가져왔다. 융(Jung)은 자아성향(ego orientation)인 외향성·내향성과 심리기능(psychological function)인 사고, 감정, 직관, 감각을 근거로 성격 유형을 8가지로 분류하였다(이부영, 1998). 이러한 융(Jung)의 성격 유형 분류를 바탕으로 마이어스(Myers)와 브릭스(Briggs)는 외향-내향, 감각-직관, 사고-감정, 판단-인식이라는 네 가지 심리적 선호 경향을 근거로 하여 16가지의 성격 유형(표 1-1)을 제안하였으며, 이를 측정할 수 있는 성격검사인 MBTI(Myers-Briggs Type Indicator)를 개발하였다.

〈표 1-1〉 MBTI의 16개 성격 유형

성격 유형	성격 특성
세상의 소금형 (ISTJ)	신중하고 조용하며 집중력이 강하고 매사에 철저하며 사리분별력이 뛰어나다.
임금 뒤편의 권력형 (ISFJ)	조용하고 차분하며 친근하고 책임감이 있으며 헌신적이다.
백과사전형 (ISTP)	조용하고 과묵하고 절제된 호기심으로 인생을 관찰하며 상황을 파악하는 민감성과 도구를 다루는 뛰어난 능력이 있다.
성인군자형 (ISFP)	말없이 다정하고 온화하며 친절하고 연기력이 뛰어나며 겸손하다.
과학자형 (INTJ)	사고가 독창적이며 창의력과 비판분석력이 뛰어나며 내적 신념이 강하다.
예언자형 (INFJ)	인내심이 많고 통찰력과 직관력이 뛰어나며 양심이 바르고 화합을 추구한다.
아이디어뱅크형 (INTP)	조용하고 과묵하여 논리와 분석으로 문제를 해결하기 좋아한다.

잔다르크형 (INFP)	정열적이고 충실하며 낭만적이고 내적 신념이 깊다.
사업가형 (ESTJ)	구체적이고 현실적이고 사실적이며 활동을 조직화하여 주도해 나가는 지도력이 있다.
친선도모형 (ESFJ)	마음이 따뜻하고 이야기하기 좋아하며 양심이 바르고 화합을 잘 이룬다.
수완 좋은 활동가형 (ESTP)	현실적인 문제해결에 능하며 적응력이 강하고 관용적이다.
사교적인 유형 (ESFP)	사교적이고 활동적이며 수용적이고 친절하며 낙천적이다.
언변능숙형 (ENFJ)	따뜻하고 적극적이며 책임감이 강하고 사교성이 풍부하고 동정심이 많다.
지도자형 (ENTJ)	열성이 많고 솔직하고 단호하며 지도력과 통솔력이 있다.
발명가형 (ENTP)	민첩하고 독창적이며 안목이 넓고 다방면에 관심과 재능이 많다.
스파크형 (ENFP)	따뜻하고 정열적이고 활기에 넘치며 재능이 많고 상상력이 풍부하다.

(4) 성격이론

성격의 형성 원인에 대해서는 오랫동안 타고나는 것인지 아니면 학습되는 것인지에 대한 논쟁이 지속되어 왔으나, 현재는 유전과 환경의 상호작용에 의해 형성된다는 견해가 널리 받아들여지고 있다. 사회복지실천에서 주로 적용되는 성격이론에는 정신역동이론, 행동주의이론, 인지이론, 인본주의이론 등이 있다.

정신역동이론은 인간행동의 내적 요인에 주목하며, 프로이트의 정신분석이론은 무의식과 유아기 경험이 성격 형성에 미치는 영향을 강조하고, 에릭슨의 심리사회이론은 전 생애에 걸친 자아 발달과 사회문화적 요인을 중시한다. 아들러의 개인심리이론은 열등감 극복과 삶의 목표 추구를, 융의 분석심리이론은 무의식의 통합과 중년기의 성격발달을 강조한다.

행동주의이론은 행동이 환경 자극에 의해 학습된다고 보며, 조건형성과 행동수정을 통해 문제행동을 변화시킨다. 사회학습이론은 관찰학습과 환경의 중요성을 강조하여, 바람직한 행동을 학습하도록 기회를 조성한다. 인지발달이론에는 피아제가 제시한 도식, 동화·조절 과정을 통한 사고발달이론, 그리고 콜버그의 단계별 도덕성 발달이론이 포함된다. 이러한 이론들은 아동과 청소년의 발달 과정을 이해하고 교육의 방향을 설정하는 데 중요한 기초를 제공한다. 인본주의이론은 로저스의 현상학이론과 매슬로우의 욕구이론이 대표적이다. 로저스는 공감과 수용을 통한 자기이해와 문제 해결 능력 향상을 강조하고, 매슬로우는 욕구 충족과 잠재력 발휘가 성장과 성숙을 이끈다고 보았다.

이러한 성격이론들은 각각 인간행동을 설명하는 독특한 틀을 제공하며, 사회복지사는 이를 상황에 맞게 적용하여 클라이언트의 이해와 개입 전략 수립에 활용할 수 있다.

2. 인간발달

1) 인간발달의 개념

인간의 발달(development)은 생물학적으로 정자와 난자가 만나 수정되는 시점부터 사망에 이르기까지 전 생애의 모든 과정을 의미한다. 이러한 발달은 신체·인지·언어·정서·심리·사회적인 측면에서 전 생애에 걸쳐 체계적이고 지속적으로 변화하는 모든 과정을 포함한다. 또한 양적·질적 변화 즉, 양과 질에서의 상승적 또는 퇴행적 변화도 포함한다. 인간발달은 생물학적 과정에 의한 성장과 성숙, 환경적 영향에 의한 학습과 밀접하게 관련된다.

성장(growth)은 유전적 요인에 의해 결정되는 신장, 체중, 골격 등과 같은 신체 또는 신체적 능력이 발달하는 것을 의미하며, 연령 증가에 따라 나타나는 양적 변화를 측정할 수 있다. 성숙(maturation)은 유전적 요인이 발달에 영향을 미치는 것을 뜻하며, 성장 과정에서 일정 시기가 되면 환경의 영향이나 외부 자극 없이도 자연스럽게 기능을 발휘하는 과정을 말한다. 예를 들어, 뇌 기능의 분화나 태아의 발달, 영아의 목가누기, 영구치의 돌출, 사춘기 2차 성징의 출현, 폐경기의 도래 등이 이에 해당한다(심의보 외, 2016). 즉, 유전정보에 따라 신체와 심리변화가 나타나며 그로 인해 측정이 어려운 기능적 변화나 행동의 변화가 발생한다. 학습(learning)은 직·간접적 경험, 훈련이나 연습 등 외부 경험이 개인에게 영향을 주어 발달을 이끄는 과정을 의미한다. 예를 들어, 외국어 습득이나 운전 기술처럼 특정한 훈련을 통해 획득되는 행동이 학습의 결과이다. 학습은 신체생리적 변화인 성숙에 의해 영향을 받는다. 즉, 성숙은 행동 발달의 기본조건이므로 충분히 성숙하지 않은 시기에 학습을 시도하면 오히려 역효과를 초래할 수 있다.

결국 성장, 성숙, 학습은 서로 분리된 개념이 아니라 상호 연결되어 있으며, 인간발달은 이 세 가지 과정이 함께 작용할 때 이루어진다. 다시 말해, 인간발달은 성장, 성숙, 학습, 유전에 의해 전 생애에 걸쳐 복합적으로 작용하는 변화과정이라 할 수 있다(정옥분, 2004).

2) 인간발달의 원리

인간발달은 전 생애에 걸친 삶의 과정에서 보편적이고 일반적으로 신체·인지·언어·정서·심리·사회적 영역들의 상호작용을 통해 이루어진다. 따라서 발달을 이해할 때는 전체적인 인간으로 바라보아야 한다. 인간발달의 보편적인 원리는 다음과 같다.

(1) 인간발달의 유전과 환경의 상호작용

인간은 부모로부터 받은 유전적 요인과 외부 환경의 영향이 상호작용하면서 발달한다. 부모로부터 물려받은 유전인자는 환경의 영향을 받아 잠재력을 발휘할 수 있으며 환경은 이러한 유전인자를 확장하거나 통제할 수 있다. 예를 들면, 음악적 재능을 타고난 아동은 환경에서 제공되는 자극과 기회를 통해 잠재력을 개발하고 확장할 수 있다. 반대로 유전적 잠재력도 환경적 자극이 전혀 주어지지 않으면 발현될 수 없으며, 유전적 준비가 되어 있지 않은 상태에서 환경 자극만 주는 것 역시 발달에 큰 의미가 없다.

(2) 인간발달의 연속성

인간발달은 점진적이고 연속적인 변화과정으로 어느 한 시기에 발달이 멈추는 것이 아니라 계속 진행된다(김익균, 2011). 즉, 발달 속도는 일정하지 않아 특정 시기에는 급격히 발달하기도 하고(결정적 시기), 다른 시기에는 발달이 더디게 진행되기도 한다(노년기의 기억력 감퇴시기) 그러나 시간의 흐름에 따라 발달은 전반적으로 점진적이고 지속적으로 이루어진다.

(3) 인간발달의 민감기 또는 결정적 시기(critical period)

인간발달은 모든 시기에 동일하게 가능한 것이 아니라 발달영역에 따라 가장 적절하게 이루어질 수 있는 최적의 시기가 있다(Papalia & Olds, 1998). 이를 결정적 시기라 한다. 이 시기에 정상적인 발달이 이루어지지 않으면 영구적인 결함을 초래할 수 있으므로 발달 과업을 성취하는 것이 매우 중요하다. 예를 들어, 주 양육자와의 애착 형성 시기에 애착이 형성되지 않으면 지적 발달과 정서적 발달의 지연뿐 아니라 인간관계에서 부적응을 초래할 수 있다.

(4) 인간발달의 순서와 방향성

인간발달은 일정한 순서와 방향성이 있어 예측 가능한 변화가 나타난다. 대표적인 세 가지 원칙은 다음과 같다. 첫째, 두미발달의 원칙(cephalocaudal principle)은 상부에서 하부로, 즉 머리에서 손·발 쪽으로 발달이 진행된다. 둘째, 근원발달의 원칙(proximodistal principle)은 몸의 중심부에서 말초로 발달하는 원리이다. 즉, 대근육을 사용하는 중심부에서 소근육을 사용하는 말초 부위로 발달해 나간다. 셋째, 세분화발달의 원칙(general to specific)은 단순한 기능에서 복잡한 기능으로 발달한다.

(5) 인간발달의 개인차

발달 속도는 모든 사람에게 동일하지 않다. 신체 구조나 운동능력의 발달이 일정한 순서를 따르더라도 특정 기술을 습득하고 완성하는 시기는 유전, 성별, 환경에 의해 개인차가 있다. 특히 연령이 증가할수록 개인차가 커져 발달 경향을 예측하기가 어려워진다. 예를 들어, 평균적으로 아기는 12개월에 한 단어 언어를 사용하지만, 발달이 빠른 아기는 10개월부터 시작하기도 한다.

(6) 인간발달의 분화와 통합의 원리

아동의 신체 운동 발달과정은 처음에는 각 부분이 분화되지 않아 미숙하지만, 점차 각 기관이 분화되어 필요한 부분만 사용하는 방향으로 발달한다. 예를 들어, 아기가 물건을 잡으려 할 때 처음에는 몸 전체를 물건 쪽으로 기울이지만, 점차 팔을 뻗고, 손목을 사용하며, 이후에는 손가락을 사용하게 된다. 이러한 움직임은 결국 원하는 물건을 쥐는 행동으로 통합되며 나아가 연필을 잡는 활동으로 발전한다.

(7) 인간발달의 점성적 원리

인간발달은 이전 단계의 발달을 기초로 다음 단계의 발달이 이루어진다. 즉, 과거의 발달이 함축되어 현재와 미래의 발달에 영향을 미친다는 것이다. 인간은 전 생애를 통해 과거와의 연결고리를 지니고 변화하며 현재와 미래를 향해 점진적으로 나아간다.

(8) 인간발달의 상호관련성

인간발달은 신체 · 인지 · 언어 · 정서 · 사회성 발달이 각각 독립적으로 이루어지는 것이 아니라 서로 연결되고 통합적으로 진행된다. 즉, 한 측면의 발달은 다른 측면과 독립적으로 일어나지 않으며 상호 밀접하게 영향을 미친다. 예를 들어, 신체 발달은 지적 발달, 도덕성 발달, 사회성 발달 등과 관련되고, 정서 발달은 성격발달, 사회성 발달 등과 관련되어 있다(김익균, 2011).

3) 인간의 발달 단계

인간의 신체생리적 · 심리적 · 사회적 요인과 행동 간의 상호작용은 정자와 난자의 수정에서 사망에 이르기까지 전 생애에 걸쳐 성장, 성숙, 노화라는 역동적인 변화과정을 거친다. 따라서 인간발달에 대한 이해는 생애주기에 따라 클라이언트의 행동을 예측하고 개입하는 데 중요한 지표가 된다. 인간발달의 변화는 크게 두 가지로 구분할 수 있다. 첫째, 출생 후 청년기까지는 신체가 발달하고 기능이 원활해지는 동시에 심리적 기능과 구조가 보다 높은 수준으로 성장하는 상승적 변화를 보인다. 둘째, 청년기를 기점으로 성인기와 중년기를 거쳐 노년기에 이르는 동안 신체적 기능이 약화되고 심리적 기능 또한 위축되어 가는 하강적 변화를 보인다. 이러한 변화 과정을 통해 인간의 신체적 · 정신적 성장에 관한 일반적인 법칙과 경향을 파악할 수 있다(김영호 외, 2005).

인간발달이론에서 제시하는 단계별 연령 구분은 연령대 전후로 특징적인 발달 전환이 이루어진다는 점에 근거하며, 각 단계에서 요구되는 발달 과업을 달성하도록 돕고 생애주기에 따른 클라이언트의 욕구와 문제해결의 방향성을 제시한다. 즉, 클라이언트 집단이 노인이나 아동·청소년처럼 특정 단계에 속하는 경우 해당 발달 단계의 특징을 이해함으로써 그 집단의 욕구와 활용 가능한 자원을 효과적으로 파악할 수 있다.

4) 발달 과업

인간발달의 특정 연령이나 발달 단계마다 수행해야 할 역할이나 해결해야 할 과제를 발달 과업(developmental tasks)이라고 한다. 발달 과업은 연령과 발달 단계에 따라 달라지지만, 성장 과정에서 반드시 습득해야 하는 기술, 지식, 기능, 태도 등을 포함한다. 이러한 발달 과업의 성공 또는 실패 경험은 이후 발달 전반에 지대한 영향을 미친다. 따라서 발달 과업의 개념은 사회에서 각 연령에 적합한 정상적인 발달을 이해하는 데 중요한 토대를 제공한다. 특히 사회복지실천에서 문제를 파악하거나 욕구를 사정하는 과정에서는 발달 과업에 대한 이해가 필수적이다(권중돈, 김동배, 2005; 이인정, 최해경, 2007).

이를 바탕으로 하비거스트(Havighurst, 1972)가 제시한 발달 단계별 주요 발달 과업을 정리하면 다음과 같다.

〈표 1-2〉 하비거스트의 주요 발달 과업

발달 단계	발달 과업	
영유아기	① 보행학습 ② 고형분 음식의 섭취학습 ③ 언어학습 ④ 배설통제 학습 ⑤ 성차 인식	⑥ 생리적 안정 유지 ⑦ 환경에 대한 단순 개념 형성 ⑧ 타인과의 정서적 관계 형성 학습 ⑨ 양심의 발달

아동기	① 놀이에 필요한 신체기술 학습 ② 자신에 대한 건전한 태도 형성 ③ 또래친구 사귀는 방법 학습 ④ 성역할 학습	⑤ 기본 학습기술(3R)의 습득 ⑥ 일상생활에 필요한 개념학습 ⑦ 양심, 도덕, 가치체계의 발달 ⑧ 사회집단과 제도에 대한 태도 발달
청소년기	① 자신의 신체 및 성역할 수용 ② 동성 또는 이성친구와의 새로운 관계 형성 ③ 부모와 다른 성인으로부터 정서적 독립 ④ 경제적 독립의 필요성 인식 ⑤ 직업 선택 및 준비	⑥ 유능한 시민으로서의 기본적인 지적 기능과 개념 획득 형성 ⑦ 사회적 책임에 맞는 행동 ⑧ 결혼과 가정생활 준비 ⑨ 과학적 세계관에 근거한 가치체계의 발달
청년·성인초기	① 배우자 선택 ② 배우자와의 생활방법 학습 ③ 가정 형성	④ 자녀양육과 가정관리 ⑤ 시민으로서의 의무 완수 ⑥ 친밀한 사회적 집단 형성
중·장년기	① 사회적 의무의 완수 ② 경제적 표준 생활 확립과 유지 ③ 10대 자녀의 훈육과 선도 ④ 적절한 여가 활용	⑤ 배우자와의 친밀한 관계 유지 ⑥ 중년기의 생리적 변화 인정 및 적응 ⑦ 노년기 부모에 적응
노년기	① 신체적 건강 쇠퇴에의 적응 ② 은퇴와 수입 감소에의 적응 ③ 배우자의 사망에 대한 적응	④ 동년배와의 유대관계 재형성 ⑤ 사회적 시민의 의무 수행 ⑥ 생활에 적합한 물리적 환경의 조성

출처: 권중돈, 김동배(2005). 인간행동과 사회환경. 서울: 학지사, p.34.

5) 인간발달이론과 사회복지실천

인간발달에 관한 연구는 다양한 분야에서 이루어지고 있으나 사회복지실천에도 중요한 기여를 한다(이인정, 최해경, 2007; Greene & Ephross, 1991). 인간발달이론은 생애주기를 순차적으로 정리할 수 있게 해주며, 각 단계에서 개인이 수행해야 할 과제와 그 발달에 기여하는 요소들을 제시한다. 또한 각 단계의 발달 내용을 구성하는 신체·심리·사회적 요소들과 이들 간의 상호관계를 보여주어 발달을 보다 다각적으로 이해하게 한다. 나아가 결혼, 퇴직과 같은 생애과정에서 나타나는 변화와 안정의 측면을 파악하게 하고, 임신부터 사망에 이르기까지 변화하거나 지속되는 과정을 설명한다. 더불어 이전 단계의 결과로 나타나는 각 발달 단계의 특징과 이러한 결과가 해당 단계의 성공이나 실패에 미치는 영향을 이해하게 한다. 마지막으로 발달에는 개인차가 존재한다는 점을 인식하게 함으로써 사회복지사는 각 클라이언트의 발달 특성과 상황에 맞는 개입을 설계할 수 있다.

CHAPTER 02

사회환경

1. 사회환경
2. 사회환경 속의 인간행동

02 사회환경

CHAPTER

1. 사회환경

1) 사회환경의 구조

사회환경은 인간이 생활하는 데 직접적, 간접적으로 영향을 미치는 조건이나 상황, 그리고 인간의 상호작용을 의미한다(Zastrow & Kirst-Ashman, 2001). 즉, 가족, 학교, 직장, 지역사회, 제도, 전통, 가치관 등으로 이루어진 문화가 모두 사회환경에 포함된다. 사회환경은 물리적 환경을 기반으로 형성되므로 다양한 인간의 삶이 펼쳐질 수 있도록 하는 충분조건이라 할 수 있다. 따라서 인간을 둘러싼 물리적 환경과 사회환경은 모두 인간의 삶과 행동에 직접적인 영향을 미치며, 동시에 인간으로부터도 직접적인 영향을 받는다. 나아가 물리적 환경과 사회환경은 서로 상호작용하는 하나의 통합된 체계로서의 속성을 가진다.

인간을 둘러싼 환경은 물리적 환경과 사회환경으로 구분할 수 있다. 물리적 환경은 다시 자연적 환경과 인위적 환경으로 나눌 수 있다. 자연적 환경에는 기후, 지리적 조건 등이 포함되며 인위적 환경에는 건축물, 대중매체, 교통체계 등 자연적 환경 속에서 인간이 만들어 낸 구조나 대상이 모두 해당된다

(Mueller, 1995). 인간은 이러한 자연적·인위적 환경의 요구에 순응하거나 생활에 적합하도록 환경을 변화시키며 적응해 나간다. 따라서 물리적 환경은 인간의 삶과 행동에 영향을 미치고, 반대로 인간의 삶과 행동으로부터 영향을 받으며, 인간의 생존을 좌우하는 필요조건이라 할 수 있다.

결국, 자신이 살아가는 인간의 생존은 환경과 맺는 다양한 체계 간 상호작용의 질에 의해 결정된다. 즉, 한 개인의 삶은 주어진 환경의 요구에 얼마나 효과적으로 적응하는지, 그리고 환경이 개인의 요구에 얼마나 적절하게 반응해 주는지에 따라 달라진다. 이처럼 인간과 환경은 상호 영향을 주고받는 관계를 가지며, '인간'이라는 표현에는 사실상 '환경 속의'라는 의미가 전제되어 있다. 따라서 '인간'이라는 용어를 보다 정확하게 표현하면 '환경 속의 인간(Person in Environment: PIE)'이 된다.

2) 사회환경의 개념

사회환경은 인간의 삶에 직·간접적으로 영향을 미친다. 사회복지사는 클라이언트의 삶과 사회복지사의 활동이 모두 사회환경 속에서 이루어지기 때문에 사회환경에 대한 이해가 필요하다. 개인과 사회는 긴밀히 연결되어 있어 개인은 사회 없이 존재할 수 없으며 사회 역시 개인들의 집합체이므로 개인 없이는 존재할 수 없다.

인간은 사회환경과 끊임없이 상호작용하며 개인은 상위체계인 가족, 집단, 기관, 지역사회, 국가 등으로부터 영향을 받고 또한 영향을 미친다. 예를 들어, 가족 기능이 약화된 가정의 아동은 기능이 정상적인 가정의 아동보다 부적응 행동을 보일 가능성이 높다. 청소년이 혼자 있을 때와 또래 집단 속에 있을 때 심리 상태나 행동이 달라지고, 같은 조직의 구성원이라도 지위에 따라 역할과 영향력이 달라지는 것도 모두 조직의 특성으로부터 영향을 받기 때문이다.

자연환경 또한 인간의 삶에 큰 영향을 준다. 각 지역의 기후는 의식주와 생활 양식뿐만 아니라 사고방식과 행동, 그리고 전반적인 삶의 방식까지 달라지게 하며, 이로 인해 다양한 문화가 형성된다. 사회체계이론의 관점에서 자연환경 역시 상·하위체계 간에 영향을 주고받을 수밖에 없다. 예를 들어, 지구의 생태계 변화는 동식물의 생태계에 변화를 초래하고, 이는 결국 인간의 생활에도 영향을 미친다. 반대로, 인간의 무절제한 생활 방식은 자연환경을 파괴하는 주요 원인이 되며 이러한 점에서 상·하위체계 간의 연결 고리를 확인할 수 있다.

3) 사회환경의 이해

사회환경을 이해하는 관점은 시대에 따라 변화해 왔다. 19세기 후반부터 20세기 초반까지는 초기 사회학을 기반으로 인간이 구성한 집합체에 중점을 두었다. 이 시기의 관점은 집합체가 독립적으로 존재하는 것으로 보았으며 가족, 집단, 조직, 지역사회 등 각각에 개별적으로 주목하고 이들 간의 체계적 수준보다는 구성원 간의 교류를 강조했다. 그러나 이러한 접근은 인간행동과 체계 간 상호작용을 이해하는 데 한계가 있었다.

20세기 중반에는 자연환경을 중시하는 생태학 관점이 부각되었다. 생태학적 관점은 개인을 포함한 사회조직이 환경으로부터 받는 영향력을 검증할 수 있는 틀을 제공한다. 이후 생태학 이론과 사회체계이론이 결합하여 생태체계적 관점으로 발전하였다. 이는 자연환경이 개인과 사회에 미치는 영향과 사회체계가 지닌 구조적 차원을 동시에 고려하여 상호작용의 맥락 속에서 이해하는 통합적 시각이다. 이 관점은 체계의 모든 부분이 서로 연결되고 의존하며 개인의 기능과 관련된 상·하위 체계뿐 아니라 다른 체계의 영향력도 중요하게 본다.

이러한 변화는 사회복지사가 사회환경을 온전히 이해하기 위해 사회체계적 관점을 바탕으로 한 통합적 시각을 가질 필요성을 보여준다.

(1) 생태체계적 관점에서의 사회환경 이해

1960~1970년대, 사회는 큰 변화를 겪었고 빈곤층, 소수민족, 여성 등을 중심으로 아동학대, 가정폭력, 노숙과 같은 복합적인 사회문제가 나타났다. 사회복지사에게는 이러한 문제에 대해 개입하는 역할이 주어졌으며, 다양한 사회문제에 대한 접근방법이 새롭게 정의되기 시작했다. 심리사회적 특성을 지닌 사례를 환경과의 상호작용 속에서 이해하고 개입할 필요성이 커졌고, 이에 '환경 속의 인간(Person in Environment: PIE)'을 중시하는 생태체계적 관점이 등장했다.

비슷한 시기에 인간과 환경의 특성뿐만 아니라 이들 사이에서 일어나는 상호작용 과정을 규명하려는 연구도 활발해졌다. 개인의 속성만으로는 사회사업 실천 모델의 효과를 충분히 설명하기 어렵기 때문에 인간과 환경의 맥락 속에서 발생하는 과정적 요인을 함께 고려하려는 시도가 이루어진 것이다. 브론펜브레너(Bronfenbrenner, 1988)는 이러한 관점에서 미숙아 출산 가능성을 설명하며 개인의 특성뿐 아니라 '출산 전 보호'와 같은 과정 요인이 중요한 역할을 한다는 점을 밝혔다. 실제로 출산 전 보호를 일찍 받을수록 미숙아 출산 확률이 낮았으며, 보호를 전혀 받지 않은 경우 그 확률이 가장 높았다. 이는 단순한 개인 속성보다는 개입의 시기와 과정이 결과에 결정적 영향을 미친다는 점을 보여준다.

이러한 발견은 사회복지 개입, 교육, 치료, 공공정책 수립에 타당하고 유용한 정보를 제공한다. 즉, 사회복지사는 질 높은 출산 전 보호를 제공함으로써 미숙아 출산을 줄일 수 있다는 중요한 시사점을 얻게 된다.

(2) 생태학적 환경체계

생태학적 환경체계는 미시체계, 중간체계, 외체계, 거시체계로 구성된다.

미시체계(micro system)는 인간이 가장 밀접하게 상호작용하는 가족, 친구,

학교, 이웃, 종교단체 등을 포함한다. 미시체계는 개인의 특성과 성장 과정에 따라 달라지며 일상과 성숙 과정 속에서 끊임없이 변화하기 때문에 건강하게 유지되어야 한다. 또한 미시체계는 상호호혜성에 기반한다. 예를 들어 부모가 청소년 자녀의 합리적인 요청을 수용하면 청소년도 부모의 합리적인 요청을 존중하여 화답한다. 그러나 부모와 청소년 간의 합리적인 의사소통 패턴이 무너지면 미시체계의 질은 저하된다.

중간체계(mezzo system)는 상호작용하는 여러 미시체계들로 구성된다. 즉, 한 개인의 삶에서 존재하며 서로 관계를 맺는 미시체계 간의 관계망을 말한다. 예를 들어 가정생활과 학교생활, 가정생활과 직장생활, 가정생활과 종교생활 등 두 가지 이상의 환경이 서로 영향을 주고받는 경우가 이에 해당한다.

외체계(exo system)는 개인이 직접 접촉하거나 관계를 맺지 않더라도 간접적으로 영향을 미치는 지역사회 수준의 주요 기관과 구조를 의미한다. 여기에는 학교제도, 언론매체, 정부기관, 교통·통신시설, 의료기관, 직업세계 등이 포함된다. 예를 들어 부모의 근무조건, 직장에서의 역할과 책임, 의사결정 참여 정도 등은 부모의 직업환경에 해당한다. 이러한 요소들은 자녀와 직접적으로 연관이 없더라도 예를 들어 부모의 소득이 줄어들면 자녀의 일탈 가능성이 높아질 수 있는 것처럼 자녀의 발달에 간접적으로 영향을 미칠 수 있다.

거시체계(macro system)는 개인의 삶에 직접 개입하지는 않지만, 사회 전반의 계획과 구조를 포괄하며 강력한 간접적 영향을 미친다. 여기에는 정치, 경제, 사회, 법, 종교, 문화, 관습, 윤리, 가치관 등 사회의 이념과 제도의 일반적인 형태가 포함된다(Bronfenbrenner, 1979).

이러한 환경체계는 상호관련성을 지니며 서로 영향을 주고받는다. 따라서 다양한 수준의 환경체계는 인간의 삶과 행동에 직접 또는 간접적으로 영향을 미치며, 동시에 인간 역시 환경에 영향을 준다. 인간과 환경은 끊임없이 변화하므로 생태학적 이론에서는 적응을 중요한 과제로 본다. 이는 가족이나 친구와의 관계 변화뿐 아니라 세계화, 갑작스러운 기후 변화 등 거시적 변화에 대응까지 포함한다. 따라서 사회복지사는 클라이언트가 환경변화에 적응하도록 돕는 동시에 개인의 변화와 욕구가 환경에 부합하도록 지원해야 한다. 예를 들어 사람들은 직장 이동, 결혼, 승진 등 생활 변화에 적응해야 하며 법과 정책도 사람들의 욕구에 맞게 변화해야 한다.

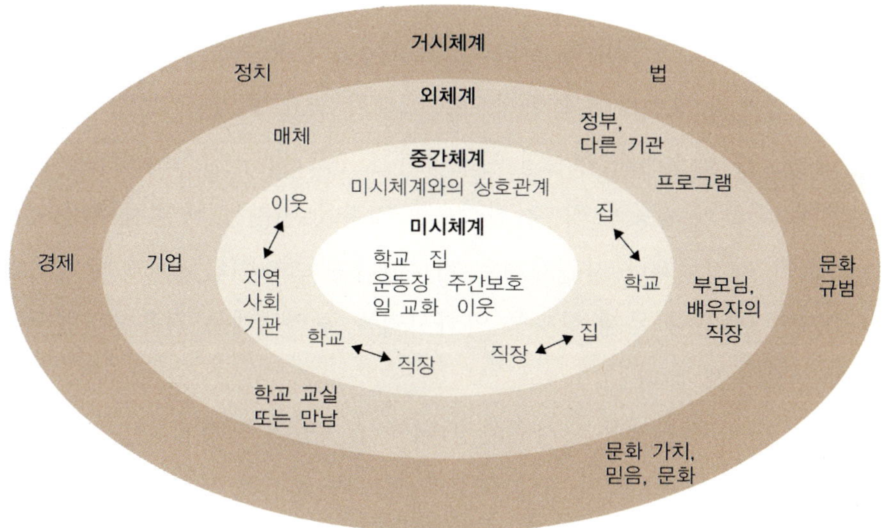

[그림 2-1] 브론펜브레너의 생태이론

또한 생태학적 이론은 다양한 환경체계 속에서 인간이 직면하는 부정적인 사건(예: 질병, 죽음, 스트레스, 위기)에 대한 인식과 대처에도 관심을 둔다. 긍정적인 인식과 효과적인 대처방안을 지닌 경우 환경 적응이 원활하지만, 부정적인 인식이나 대처 실패는 인간과 환경 간의 균형을 깨뜨린다. 그 결과, 인간이 환경에 지배를 받거나 환경이 인간에 의해 지배를 받는 불균형이 발생할 수 있다(Rogers, 2010). 따라서 사회복지사는 인간이 환경에 의해 일방적으로 지배받지 않도록 건강한 환경체계를 조성하고, 반대로 환경이 인간에 의해 훼손되거나 오염되지 않도록 예방할 필요가 있다.

2. 사회환경 속의 인간행동

사회복지실천에서 인간행동은 클라이언트의 욕구나 문제를 파악할 수 있는 핵심 요소로서 중요한 의미를 지닌다. 따라서 인간행동을 구성하는 다양한 체계 수준의 환경을 고려하여 통합적으로 이해할 필요가 있다. 특히 인간행동과 사회환경은 사회복지사의 개입이 이루어지는 주요 활동 영역으로, 사회환경은 클라이언트의 삶과 행동에 직·간접적으로 영향을 미치는 핵심 체계이다. 예를 들어 가족이 지지체계나 자원체계로 기능한다면 클라이언트에게 긍정적인 영향을 주지만, 욕구나 문제 상황을 악화시키는 표적체계로 작용한다면 부정적인 영향을 미치게 된다.

사회환경 속의 인간행동은 사회환경 내에서 개인이 어떻게 기능하는지를 설명한다. 개인은 자신이 가진 기대 상황이 있으며 동시에 사회가 요구하는 기대 상황이 존재한다. 예를 들어 기독교 문화권에서 생활하는 개인은 기독교적 윤리와 가치관을 요구받게 되는데, 이는 타인의 기대 상황에 해당한다. 반면 개인은 생물학적·물리학적·심리학적 역동, 유전적 개성, 자아와 같은 자신만의 기대 상황에 해당한다. 이러한 사회적 기대와 개인적 기대는 끊임없이 충돌할 수 있다. 이때 타인의 기대와 자신의 기대를 조율하고 자신의 역할을 명확히 정립하며 그에 맞는 행동을 수행한다면 개인의 변화와 발전을 이루어지고, 이는 사회의 변화와 발전으로 이어질 수 있다. 사회복지사는 이러한 과정에서 각 기대 상황을 구분하고, 역할을 재정립하며 실질적인 합의점을 찾아 절충함으로써 개인과 사회의 변화에 기여한다.

개인을 둘러싼 사회환경별 과제를 살펴보면 먼저 가족체계는 인간행동을 결정하는 가장 중요한 요인이다. 영유아기 자녀 양육 방식, 부모-자녀관계의 질, 형제 관계, 가족체계의 기능 또는 역기능 등이 해당한다. 집단은 특히 유아기와 아동기에 중요한 또래와의 연합놀이, 협동놀이 경험을 제공하며, 집단 참여를 통해 타인이 보는 자신의 관점을 수용하게 되고 정체감 형성의 기반이 된다. 또한 집단은 타인과의 우호적인 정서 교류를 가능하게 하는 사회체계로 기능한다.

조직 속에서 인간은 자신감과 안정감을 확보할 기회를 추구하며, 조직 내에서 주어진 목적을 달성하고 인정받고자 하는 욕구를 가진다. 그러나 순응적 행동뿐만 아니라 때로는 조직에 저항적 행동을 나타내기도 한다. 지역사회는 일반적 지식과 사회적 가치, 수용 가능한 행동을 전수하며 사회규범을 내면화하도록 돕는다. 또한, 개인이 자신의 행동을 통제할 수 있는 능력을 높이고 협력과 결속을 통해 사회적 소외를 극복하도록 하며 타인에 대한 이타성을 발달시킨다.

문화는 생활양식, 행동양식, 가치 및 규범체계 등을 포함하며, 이는 인간행동을 이해하는 데 있어 결정적인 요인이 된다. 이처럼 사회환경은 인간행동에 중요한 영향을 미치므로 사회복지사는 사회환경을 온전히 이해하기 위해 사회체계적 관점을 바탕으로 한 통합적인 시각을 길러야 한다.

02 PART

성격이론과 사회복지실천

Chapter 03. 정신역동이론 / Chapter 04. 행동주의이론 /
Chapter 05. 인지발달이론 / Chapter 06. 인본주의이론

CHAPTER 03

정신역동이론

1. 프로이트의 정신분석이론
2. 에릭슨의 심리사회적 이론
3. 융의 분석심리이론
4. 아들러의 개인심리학 이론
5. 정신역동이론과 사회복지실천

CHAPTER 03

정신역동이론

정신역동이론은 개인의 정신세계, 즉 감정, 사고, 행동을 이해하려는 이론으로, 인간의 정신과 행동이 사회환경과 상호작용하는 방식을 중점적으로 다룬다. 이 이론은 지그문트 프로이트(Sigmund Freud)의 정신분석이론에서 출발했으며, 인간 심리를 탐구하고 치료하기 위한 접근법으로 발전했다. 프로이트는 인간의 정신과 행동이 개인의 사회환경과 어떻게 영향을 주고받는지에 주목했다(Payne, 2001). 그의 이론은 이후 후속 이론가들에 의해 확장, 수정, 비판 및 발전되었다.

현대 정신역동이론은 초기의 본능적 충동, 성적 에너지, 무의식과 같은 요소뿐만 아니라 대인관계, 사회적 맥락, 정서적 연결, 의식적 경험, 인지적 과정에도 주목하며, 인간의 발달과 심리적 문제를 폭넓고 유연한 관점에서 이해하려고 한다. 현대 정신역동이론에서는 인간의 전 생애에 걸친 발달과정을 중시하며, 치료적 접근에서도 초기 경험뿐 아니라 현재의 관계와 사회적 상호작용이 개인의 심리에 미치는 영향을 분석한다. 또한, 무의식과 의식의 상호작용, 정체성의 형성과 변화 가능성, 정서적 성장, 자아의 역동성을 강조하면서 더 유연하고 실용적인 방식으로 인간의 복잡한 심리적 과정을 탐구하고 있다. 이러한 관점은 인간발달과 심리적 문제를 개인 내적인 요인뿐만 아니라 환경적, 관계적 요인을 통합적으로 이해하려는 시도로 나타난다. 이 장에서는 프로이트의 정신분석이론과 전 생애발달과 자아의 중요성을 강조한 에릭슨의 심리사회적 이론, 성욕 중심 이론에 반대하며 독자적인 이론을 구축한 융의 분석심리학, 그리고 아들러의 개인심리학을 중심으로 살펴보고자 한다.

1. 프로이트의 정신분석이론

정신분석은 지그문트 프로이트(Sigmund Freud, 1856~1939)가 창시된 이론으로, 인간 정신의 무의식을 탐구하는 이론이자 내적 갈등을 치료하는 심리치료방법이다. 프로이트는 인간행동의 대부분이 의식하지 못하는 무의식적 갈등과 처리 과정, 어린 시절 부모와의 경험에 의해 결정된다고 보았다. 특히, 무의식적 주된 내용은 성적(리비도) 에너지에 초점을 두었다. 정신분석의 목적은 무의식을 의식화하여 개인이 자신의 무의식적 갈등과 역동을 자각하고 자아를 중심으로 자신에 대한 통제력을 강화함으로써 진정한 삶을 살아가도록 돕는 데 있다.

1) 프로이트의 생애

지그문트 프로이트는 1856년 오스트리아 모라비아(현 체코)에서 태어나 4세에 빈으로 이주해 성장했다. 유대인 가정에서 태어난 그는 어머니의 각별한 사랑과 어린 시절 동생의 죽음 등 개인적 경험이 정신분석이론에 큰 영향을 주었다. 비엔나 의과대학에서 박사학위를 받은 후, 브로이어와 함께 히스테리 연구를 시작했고, 1896년 '정신분석'이라는 용어를 처음 사용하였다. 대표 저서로는 『꿈의

지그문트 프로이트
(Sigmund Freud, 1856~1939)

해석』과 『성욕이론에 관한 세 가지 에세이』, 『자아와 이드』 등이 있으며, 자아·초자아·이드로 구성된 성격 구조이론을 제시하였다. 건강 악화 속에서도 연구를 이어가다 1938년 나치를 피해 영국으로 망명했고, 1939년 사망했다.

2) 주요개념

(1) 기본가정

프로이트는 인간을 비합리적이고 결정론적이며 무의식적인 존재로 보았다. 그는 인간 본성이 마음속에 내재된 힘 또는 에너지가 상호작용하여 변화한다고 주장하며 정신분석 이론의 기본가정을 다음 두 가지로 제시했다.

첫째, 정신결정론(psychic determinism)으로 인간의 모든 행동은 원인 없이 일어나지 않으며 인간의 모든 행동은 심리적으로 결정된다고 가정한다. 우연이나 실수처럼 보이는 행동이나 꿈, 강박행동 등도 무의식 속의 특정 원인과 연결되어 발생하는 심리적 행위로 간주된다. 즉, 모든 심리적 현상은 그에 선행하는 것에 의해 결정된다고 본다.

둘째, 무의식적 동기(unconscious motivation)로 인간의 심리 세계는 개인이 의식적으로 인식하지 못하는 무의식의 지배와 영향을 받는다고 본다. 인간의 행동이 비이성적인 힘, 무의식적 동기, 생물학적·본능적 욕구에 의해 결정되며 이러한 무의식적인 요인으로 인해 행동의 원인을 밝히기가 어렵다. 무의식적 동기는 생애 초기 5~6년 동안의 심리성적발달 단계를 통해 형성되며 개인의 심리적 문제는 이 시기의 경험에서 비롯된 무의식적 성격구조의 결과로 이해된다. 성인의 행동 역시 어린 시절의 형성된 무의식적인 성격구조가 발현된 것으로 이해된다.

프로이트는 이 두 가지 가정을 통해 인간행동의 복잡성을 설명하며, 많은 행동이 의식적으로 계획된 것이 아니라 무의식의 영향을 받는다는 점을 강조했다.

(2) 지형학적 모델(Topographical Model)

프로이트는 1900년 『꿈의 해석』에서 인간의 정신을 의식, 전의식, 무의식 세 영역으로 나누는 지형학적 모델을 제시하며 인간의 정신 구조를 설명했다.

첫째, 의식(consciousness)은 자각하고 있는 지각, 감각, 사고 등을 포함하며 정신생활의 극히 일부분만 차지한다. 주의를 다른 곳으로 돌리면 의식적인 경험은 그 순간 대부분 전의식이나 무의식으로 사라지는 특징이 있다. 정신세계라는 빙산에 비유할 때, 의식은 수면 위로 드러난 작은 부분에 해당된다. 둘째, 전의식(preconscious)은 평소에는 의식하지 못하지만 조금만 주의를 기울이면 쉽게 의식으로 떠올릴 수 있는 경험과 기억을 의미한다. 전의식은 무의식의 내용을 의식으로 연결하는 다리 역할을 하며 치료과정에서 무의식 내용이 전의식을 거쳐 의식이 된다. 셋째, 무의식(nonconsciousness)은 정신세계의 가장 깊고 중요한 영역으로 개인이 자각하려는 노력에도 불구하고 본능적인 성적 욕구와 억압된 강력한 힘이 위치한다. 무의식은 개인의 행동을 지배하며 수용할 수 없는 성적욕구, 부도덕한 충동, 비합리적 소망, 폭력적 동기 등이 포함된 억압된 욕구, 감정, 기억의 보관소로 간주된다. 이러한 내용이 의식으로 떠오르면 위협적으로 느껴지기 때문에 억압된 상태로 머문다.

정신분석의 목적은 단순히 무의식을 발견하는 것이 아니라, 자유연상법과 꿈의 해석 같은 기법을 통해 무의식의 내용을 의식 수준으로 끌어올리는 데 있다. 무의식 속에 억압된 소망과 갈등을 의식화하는 과정은 개인의 심리적 문제를 이해하고 치료하는 데 핵심적인 역할을 한다. 따라서 프로이트는 무의식을 단순한 심리적 영역을 넘어 인간행동과 경험을 이해하는 데 필수적인 요소로 강조했다. 그의 지형학적 모델은 인간 정신세계와 그 작용 방식을 이해하는 데 중요한 이론적 토대를 제공했다.

(3) 성격의 삼원구조론(Tripartite Theory of Personality)

프로이트는 1923년에 『자아와 원초아』에서 성격의 삼원구조이론을 제시하며, 이전의 지형학적 모델을 발전시켜 원초아, 자아, 초자아라는 세 가지 심리적 구조를 제안하였다. 그는 인간의 성격과 심리적 건강은 이 세 가지 심리적 구성 요소의 역동적 균형에 달려 있다고 보았다.

① 원초아(id)

원초아는 선천적으로 존재하는 성격의 핵심이면서 무의식적인 본능적 욕구와 충동(성욕이나 공격성, 식욕, 수면·운동·배설욕 등)의 집합체다. 원초아는 현실적 제약 없이 즉각적인 만족을 추구하는 쾌락원리(pleasure principle)에 따라 작동한다. 원초아는 어떠한 법칙, 논리가 통하지 않기 때문에 매우 노골적이며 동물적이며, 조직적이지 못하며 시간이 지나고 경험을 많이 쌓아도 변화되지 않는 특징을 가진다. 그래서 원초아의 지배를 많이 받는 성인은 성적·공격적 충동과 같은 본능적인 욕구를 거의 통제하지 못하기 때문에 유치하고 충동적이며, 비합리적 행동을 보이게 된다(Greene & Ephross, 1991).

원초아는 자기중심적, 비현실적, 비논리적인 원시적 사고 과정이 나타나고, 욕구가 충족되지 않는 경우 이 원시적 사고를 통해 욕구를 충족시키려고 하는데, 이를 일차 과정(primary thought process)이라고 한다. 일차 과정은 개인이 언젠가 자기의 기본적 욕구를 만족시켜 준 적이 있는 대상물의 심상을 떠올려 긴장을 감소시키는 심리학적 현상이다.

② 자아(ego)

자아는 원초아로 하여금 충동을 지연시키고 환경에 대한 현실 세계의 적응을 돕는 심리적 구조와 기능이다. 자아는 원초아에서 파생되며 생후 6~8개월부터 발달하기 시작하여 2~3세가 되어야 기능을 수행하게 된다. 이러한 자아는 현실원리(reality principle)에 따라 현실의 상황을 고려하여 욕구 충족 방안을 계획하며, 그 결과를 평가하여 행동을 결정한다. 자아는 원초아와 초자아를 조절하는 마음의 집행부이며, 감각 운동 등의 인지적 기능과 감정 조절, 만족 지연 등과 같은 적응적 기능을 담당한다. 건강한 자아의 발달은 원초아와 초자아의 욕구를 균형 있게 조정하며, 현실적, 이성적, 합리적인 사고과정을 보이는데 이를 이차과정(secondary process)이라고 부른다.

③ 초자아(superego)

초자아는 인간의 도덕적, 윤리적인 측면을 담당하는 심리적 구성 요소로 4~5세경부터 발달하기 시작하여 10~12세경에 완전히 형성된다. 초자아는 부모와의 상호작용, 훈육, 사회적 경험을 통해 발달하며 사회적 규범과 부모의 가치관을 내면화함으로써 개인의 행동을 평가하고 통제하는 역할을 한다. 초자아는 도덕원리(moral principle)에 따라 도덕적 규범이 가치관으로 개인이 사회에서 올바르게 행동하도록 규제하며 양심과 자아 이상을 포함한다. 양심(conscience)은 부모와 사회로부터 배운 '하지 말아야 할 것들'에 대한 기준을 포함하여 잘못된 행동에 대한 죄책감이나 불안을 느끼게 하는 역할을 한다. 자아 이상(ego-ideal)은 부모나 사회로부터 배운 '해야 할 것들'에 대한 긍정적인 목표, 즉, 이루고 싶은 모습에 대한 기준을 제공하는 이상적인 자아를 의미한다. 초자아가 발달한 사람들은 정직성, 배려, 이타심이 강한 특징을 보이며 반대로 초자아 형성에 문제가 있는 사람은 범죄 성향이나 양심 불량의 문제를 보일 수 있다.

(4) 프로이트의 지형학적 모델과 구조적 모델: 마음의 통합적 이해

프로이트는 인간의 마음을 공간적 관점에서 설명한 지형학적 모델과 마음의 작용을 기능적 관점에서 설명한 구조적 모델의 관계를 통합적으로 제시했다.

원초아는 무의식에 위치하며, 자아는 의식과 전의식에 걸쳐 있고, 초자아는 무의식을 기반으로 하되 일부는 의식과 전의식에도 영향을 미친다. 이 세 가지 성격 요소인 원초아, 자아, 초자아는 끊임없이 충돌하며 심리적 갈등을 일으킨다.

원초아의 욕구가 강하면 충동적으로 행동하게 되고, 초자아가 강하게 나타나면 지나치게 도덕적, 윤리적이거나 완고한 행동을 하게 된다. 자아는 원초아와 초자아의 욕구를 현실적 상황을 고려하여 타협하려고 한다. 프로이트는 이 세 가지 요소 중에서 자아가 건강한 성격 형성을 위해 중요하다고 보았으며, 성숙한 사람은 자아의 기능이 강화되어 원초아와 초자아의 욕구를 절충하며 균형 있게 조화를 이룬 사람이라고 할 수 있다.

(5) 본능(Instinct): 삶과 죽음의 갈등

프로이트는 인간행동과 정신작용의 원천을 본능으로 설명하며, 이를 심리적 에너지인 리비도(libido)와 연결 지었다. 리비도는 초기에는 성적 에너지로 간주되었으나 이후에는 성장과 발전을 포함하는 다양한 심리적 동기를 포괄하는 개념으로 확장되었다. 그는 본능을 삶의 본능(에로스, Eros)과 죽음의 본능(타나토스, Thanatos)으로 구분하였다. 삶의 본능은 에로스(eros)라고도 하고, 생명을 유지하고 발전, 사랑과 유대를 형성하며 종족을 보존하려는 경향이 있다. 죽음의 본능인 타나토스(thanatos)는 파괴적이고 자기소멸적인 충동을 포함한다. 예를 들어 공격성, 자살, 전쟁을 반복하는 인간의 행동을 의미하며, 가끔 소리 지르기, 운동 등을 통해 조금씩 해소되어야 한다고 주장했다. 만약 억압되거나 해소되지 않으면, 감정이 폭발하여 폭력, 살인, 또는 정신병으로 이어질 수 있다고 경고했다(오창순, 2015).

삶의 본능과 죽음의 본능은 서로 충돌하여 갈등을 일으키기도 하는데, 예를 들어 유아가 엄마의 젖을 빨면서 씹거나 깨무는 것은 이 두 가지 욕망이 함께 작동하는 결과로써 사랑과 미움 그리고 애착과 공격을 함께 표현하는 행위로 이해될 수 있다(권석만, 2012). 비록 본능은 관찰하거나 측정할 수 없지만 프로이트의 정신분석의 관점에서 모든 행동은 본능으로 설명될 수 있다고 보았다.

3) 불안(anxiety)

프로이트는 불안을 심리적 갈등이나 위협적 상황에 대한 자아의 반응으로 보았으며, 이는 인간의 행동과 정신을 이해하는 핵심 개념이라고 보았다. 불안은 외부 환경이나 원초아, 초자아로부터 발생하며, 자아에게 내적·외적 위험을 경고하는 신호로 작용해 적절한 대처 행동을 유도한다. 불안은 단순한 고통이 아니라, 현실의 위험을 인식하고 도덕적 기준에 어긋나는 행동을 구별하도록 도와주는 적응적 심리기능을 수행한다. 그러나 위협이 해소되지 않으면, 불안 자체가 새로운 심리적 위협이 되어 병리로 이어질 수 있다.

프로이트는 불안을 현실적 불안, 신경증적 불안, 도덕적 불안으로 분류했다. 세 가지 불안 모두 불쾌감을 유발한다는 공통점이 있지만 신경증적·도덕적 불안의 원인은 내부에 있으며 현실 불안은 외부에 있다는 점에서 차이가 있다.

현실적 불안(reality anxiety)은 실제로 존재하는 외부 위협의 지각에 대한 반응으로, 자아가 위협적인 상황을 감지하고 적응적으로 대처하는 데 필요한 신호를 제공한다. 예를 들어, 험상궂은 표정, 어두운 골목길, 화재 등에 대한 두려움이 현실적 불안의 사례이다. 신경증적 불안(neurotic anxiety)은 강한 원초아가 약한 자아를 지배하는 상태에서 발생한다. 이는 원초아의 본능적 충동이 의식화되어 자아의 통제를 벗어날 가능성에 대한 두려움과 긴장에서 비롯된 정서 반응이다. 신경증적 불안이 증대되면 개인은 충동적 행동을 통해 불안감을 감소시키려 할 수 있다. 이러한 행동이 반복되거나 과도해지면 병적 불안 또는 노이로제라 불리는 신경증으로 발전할 수 있다. 도덕적 불안(moral anxiety)은 강한 초자아가 약한 자아를 지배하는 상태에서 발생한다. 이 불안은 자아가 초자아로부터 처벌받을 것을 두려워할 때 나타난다. 이는 심한 죄책감으로 이어질 수 있으며 자기 비난의 형태로 드러나기도 한다. 이러한 상태가 지속되면 정신병리의 원인이 될 수 있으며, 도덕적 불안의 위험을 해소하지 못하면 신경쇠약을 초래하기도 한다.

4) 방어기제

방어기제는 프로이트가 처음 제안하고, 딸 안나 프로이트가 더욱 구체화한 개념으로 자아가 갈등과 불안을 줄이고 심리적 균형을 유지하기 위해 사용하는 무의식적 전략으로 이를 방어기제(defense mechanism)라고 한다. 자아는 이드와 초자아의 요구에서 현실적으로 해결하지 못하면 불안이 일어나게 되고, 이러한 불안을 감소시키기 위해 갈등의 원천을 무의식적으로 억압, 왜곡 등의 방어기제를 사용하게 된다. 이처럼 방어기제는 무의식 속에서 이루어지며, 두렵거나 용납되기 어려운 상황일 경우 자아를 보호하기 위해 자동적으로 작동한다. 과도한 방어기제의 사용은 정신병리적 문제를 발생하기도 하지만, 유머, 승화 등과 같이 성숙한 방어기제는 불안을 감소시키고 긍정적 자아상과 사회적응을 돕기도 한다. 방어기제는 기만형, 도피형, 대체형으로 구분하여 소개하면 〈표 3-1〉과 같다.

〈표 3-1〉 자아방어기제

방어기제	개념(예)
기만형 : 현실의 고통스러운 상황(불안이나 위협적인 감정이나 태도)을 피하거나 자신을 보호하기 위해 사실을 왜곡하거나 부정하는 기제	
억압 (repression)	• 용납할 수 없거나 위협적인 충동, 욕구, 감정, 기억 등을 차단하여 의식에 떠오르지 못하도록 무의식 속으로 밀어 넣어 버림으로써 자아를 보호하려는 기제 • 예 : 어린 시절의 학대 경험을 기억하지 못하면서도 대인관계에서 불안과 두려움을 느끼는 경우

<table>
<tr><td>투사
(projection)</td><td>• 가장 미성숙한 방어기제로, 용납하기 어려운 자신의 감정이나 생각을 다른 사람 또는 외부에 전가하여 자신의 열등감을 은폐함으로써 자아를 보호하려는 기제
• 예: 자신이 느끼는 분노를 다른 사람이 자신에게 적대적이라고 여기는 방식으로 표현</td></tr>
<tr><td>합리화
(rationalization)</td><td>• 용납하기 어려운 자신의 행동이나 실패를 정당화하기 위해 그럴듯한 이유를 대며 정당화하여 죄책감을 막고 불안을 감소시키고, 비판으로부터 자아를 보호하려는 기제로 병적으로 심할 경우 망상의 원인이 되기도 한다.
• 신포도 기제: 원래 원하던 목표나 욕구를 충족하지 못했을 때 자신은 원래부터 원하지 않았다고 부정함으로써 좌절감을 줄이는 방어기제로 마음에 드는 사람에게 거절당한 후, “그 사람은 내가 생각한 것만큼 매력적이지 않았어”라고 하는 경우
• 달콤한 레몬기제: 불리하거나 부정적인 상황을 긍정적으로 재해석하거나 포장하여 자신에게 유리한 것처럼 받아들이게 하여 심리적 안정을 유지하려는 방어기제로 상대방에게 거절당한 후, “그 사람은 너무 까다로워서 결국 내가 더 고생했을 거야”라고 하는 경우
• 투사형 기제: 자신이 받아들이기 어려운 감정, 욕구, 생각을 다른 사람에게 돌려서 해소하려는 방어기제로 자신이 싫어하는 동료를 향해 “저 사람이 나를 싫어하는 것 같아”라고 말하는 경우</td></tr>
<tr><td colspan="2">도피형 : 심리적 갈등이나 불안, 갈등 상황을 직면하지 않고 회피함으로써 심리적 안정을 추구하려는 방어기제</td></tr>
<tr><td>퇴행
(regression)</td><td>• 과도한 긴장이나 심한 좌절을 당했을 때 과거의 만족스러웠던 발달 시기로 되돌아가 심리적 안정을 찾기 위하여 유아적인 욕구나 행동을 재현하는 방어기제
• 예: 동생이 태어나 주변의 관심을 받지 못하게 되자 대소변을 가리지 못하는 경우</td></tr>
<tr><td>부인
(denial)</td><td>• 현실의 고통스러운 부분을 인정하지 않고 부정함으로써 심리적 안정을 유지하는 방어기제
• 예: 사랑하는 사람의 죽음을 받아들이지 못하고 마치 살아 있는 것처럼 행동하는 경우</td></tr>
<tr><td>동일시
(identification)</td><td>• 불안, 두려움, 열등감 등에서 벗어나기 위해 자신이 열망하거나 동경하는 대상의 특성, 태도, 행동을 내면화함으로써 심리적 안정을 찾으려는 방어기제
• 예: 아동이 부모의 책임감 있는 태도를 본받아 학습하는 것, 스포츠 선수를 동경하여 자신의 체력을 키우는 데 노력하는 경우</td></tr>
<tr><td>격리
(isolation)</td><td>• 고통스러운 기억이나 감정을 의식적으로 분리하거나 억제하여 심리적 안정을 찾으려는 기제
• 예: 교통사고로 가족을 잃은 후, 감정을 억누르고 사건을 마치 타인의 이야기처럼 설명</td></tr>
</table>

히스테리 (hysteria)	• 심리적 갈등이 신체적 증상으로 전환되는 방어기제로 심리적 불안을 직접적으로 해결하지 못하고, 신체 증상으로 표현하며 심리적 갈등을 우회적으로 처리 • 예: 수험생의 두통 증상, 스트레스를 받은 후 마비 증상이 나타나거나 일시적으로 걷지 못하는 경우
대체형: 개인이 충족되지 못한 욕구나 억압된 감정을 해결하기 위해 원래의 대상이나 목표를 더 안전하거나 용납할 수 있는 대안으로 대체하려는 심리적 기제	
전치 (displacement)	• 강한 감정(특히 분노나 좌절감)을 원래의 대상이 아닌 안전하고 덜 위협적인 대상으로 옮기는 행동으로 감정을 전환함으로써 심리적 긴장을 해소하려는 기제 • 예: 상사에게 꾸중을 들은 사람이 집에 돌아와 가족에게 짜증을 내는 경우
반동형성 (reaction formation)	• 받아들일 수 없는 감정, 욕구, 충동을 억압하고, 이와 정반대되는 태도나 행동으로 대체하는 방어기제 • 억압된 욕구나 감정이 너무 강할 경우, 과장된 행동으로 나타나는 경우가 있다. • 예: 미운 놈 떡 하나 더 준다거나, 싫어하는 동료에게 지나치게 친절하게 대하는 경우
지성화 (intellectualization)	• 감정적으로 힘든 상황을 직접 느끼거나 대면하기 어렵기 때문에, 문제를 감정이 아닌 논리적, 추상적 사고로 분석하여 해소하려는 방어기제 • 예: 감정적으로 상처를 받은 사람이 "이건 나를 더 성장하게 만들 기회다"라고 논리적으로 받아들이는 경우
보상 (compensation)	• 자신의 결핍이나 약점을 보완하기 위해 다른 영역에서 성공을 추구하는 행동으로 실패나 약점을 직면하는 대신, 다른 영역에서 결함을 극복하려는 심리 기제 • 예: 학업에서 낮은 성적을 받은 학생이 운동에 전념하는 경우
승화 (sublimation)	• 사회적으로 용납되지 않는 충동이나 욕구를 사회적으로 수용가능한 방식으로 전환하는 방어기제 • 가장 성숙한 방어기제로 충동을 긍정적인 방식으로 활용함으로써 자아와 사회 모두에 이익을 준다. • 예: 공격적인 성향을 가진 사람이 복싱이나 격투기를 통해 에너지를 발산하는 경우, 성적 욕구를 예술 창작 활동이나 연구로 전환하는 경우

5) 심리성적발달 단계

프로이트는 인간의 심리적 발달이 성적 에너지(libido)가 특정 신체 부위에 집중되는 여러 단계를 거치며, 인간이 가지는 이러한 에너지를 심리성적 에너지(psychosexual energy)라고 하였다. 인간이 성장하면서 성적 에너지가 신체의 특정 부위에 집중되고 그 에너지가 원만하게 해결되는가에 따라 성격특성이 결정된다고 주장하였다. 특정 단계에서 과도한 만족이나 지나친 결핍은 고착(fixation)되어 성인기에 심리적 장애를 유발하는 원인이 될 수 있다.

(1) 구강기(oral stage, 출생~18개월)

구강기는 리비도가 구강 부위에 집중되어 입을 통해 생존에 필요한 영양을 섭취하고 쾌락을 추구하는 시기이다. 유아는 엄마의 젖을 빨면서 처음 외부 대상과 관계 경험에서 만족감과 좌절감을 느끼게 되는 경험을 통해 성격 형성에 영향을 주게 된다. 이 시기에 어머니가 젖을 무리하게 떼는 등 충분한 만족을 경험하지 못할 경우 아동은 씹거나 깨물기, 손톱 물어뜯기 등과 같은 행동을 보이며 구강기의 공격적 성격에 고착될 수 있고, 이는 성인이 되어 빈정거림이나 논쟁적인 행동으로 나타날 수 있다. 반대로 과도한 만족이나 의존적인 양육을 경험한 아동은 구강기에 고착되어 자기중심적이고 요구가 많은 의존적 성격을 형성할 수 있으며, 성인이 된 이후에는 흡연, 과식, 음주에 집착하거나 지나치게 낙관적이고 타인의 말을 여과 없이 받아들여 잘 속는 특성을 보일 수 있다. 반면, 이 시기에 욕구를 충분히 만족스럽고 긍정적인 구강적 경험을 하게 되면 자아가 안정적이고, 자신감 있고, 외부 세계에 대해 신뢰감을 지니는 긍정적인 성격을 형성하게 된다.

(2) 항문기(anal stage, 18개월~3세)

항문기는 리비도가 입에서 항문으로 옮겨져 배변을 보유하거나 배설하면서 긴장 해소를 통해 쾌감을 경험한다. 이 시기에 배변 훈련을 배우며, 배변을 통제하는 능력을 발달시키는 과정에서 유아는 자신의 몸을 조절할 수 있다는 자율성을 느끼기 시작한다. 배변 훈련은 유아에게 자기 통제와 질서를 배우게 하는 중요한 과정으로 자기의 본능적인 충동이 부모로부터 통제받는 경험과 함께 쾌락을 지연시키는 방법을 배우게 된다. 부모의 배변 훈련 방법, 청결에 대한 태도 등은 항문기 성격 발달에 큰 영향을 미친다.

유아의 배변 훈련 시에 부모가 지나치게 엄격하게 억압적이면 배변 훈련 과정에서 수치심, 불안, 두려움 등의 부정적 감정을 경험할 가능성으로 항문강박적 성격(anal retentive personality)이 형성되어 성인기까지 지속된다. 이러한 성격은 과도한 자기 통제, 완벽주의, 고집이 세고, 정돈과 청결에 대한 집착, 인색한 성격특성으로 나타날 수 있다. 반면, 느슨한 배변 훈련을 경험하게 되면 항문폭발적 성격(anal expulsive personality)과 관련되며, 보통 지저분하고 정돈되지 않으며, 충동적이고 즉각적인 만족을 추구하는 태도와 낭비벽이 있는 행동 특성을 보인다. 이 시기의 고착된 성격은 잔인하고 파괴적이며 난폭하고 적대감이 강하며, 불결한 특징이 있다(Hall, 1954). 그러나 적절한 배변 훈련은 독립적, 자기주장적, 창의적이며 협동적인 성격을 형성하는데 중요한 바탕이 된다.

(3) 남근기(phallic stage, 3세~6세)

남근기는 리비도가 항문에서 성기로 이동하는 시기로, 유아는 자신의 성기를 관찰하고 장난치며, 자신과 타인의 신체를 비교하면서 성별 차이를 인식하기 시작한다. 이 시기의 유아는 출생과 성에 대해 관심을 가지며, 이러한 관심은 부모와의 관계 속에서 복잡한 심리적 갈등으로 이어진다. 남근기의 유아는 성적 관심이 이성 부모에게 향하며 남아와 여아는 서로 다른 콤플렉스를 경험한다.

남아는 어머니에 대한 사랑과 소유 욕구를 가지며, 아버지를 경쟁자로 여기고 적대감을 느낀다. 그러나 강력한 아버지로 인해 자신이 거세당할지 모른다는 거세불안(castration anxiety)을 경험하며 복잡한 갈등에 직면한다. 프로이트는 남아가 어머니와 아버지 사이의 삼각관계에서 경험하는 이러한 갈등을 오이디푸스 콤플렉스(Oedipus complex)라 불렀다. 이 갈등은 점차 해소되면서, 남아는 아버지를 동일시하며 성 역할을 학습하고 초자아를 형성한다. 반면, 여아는 아버지에게 애착을 느끼며 어머니와의 관계에서 갈등을 경험한다. 여아는 자신에게 남근이 없음을 깨닫고 실망하며 자신의 음핵이 남근처럼 되기를 원하는 남근선망(penis envy)을 경험하는 데, 이를 엘렉트라 콤플렉스(Electra complex)라 한다. 이 과정에서 여아는 어머니를 동일시하며 성 역할을 학습하고, 사회적 규범을 내면화한다. 남근기에 콤플렉스의 원만한 해결은 건강한 성 정체감 형성과 초자아와 자아의 발달을 촉진하며, 삼각관계를 수용하고 건강한 이성 관계를 맺을 수 있는 긍정적인 성격특성을 형성한다(권석만, 2012).

반면 이 시기에 고착되면 적응과 성격 형성에 문제를 가져올 수 있다. 남근기에 고착된 성인 남성은 대부분 경솔하고 과장되고 야심적이며 항상 남자다움을 나타내려고 노력하는 반면, 성인 여성은 난잡하고 유혹적이며 경박한 기질을 갖거나 강하고 당돌하게 자기주장을 하면서 남성을 능가하고자 노력한다. 프로이트는 이 시기의 고통스러운 외상 경험은 성인기의 신경증을 일으키게 된다고 보았다.

(4) 잠복기(latent stage, 6세~12세)

잠복기는 성적 본능이 억제되거나 성적 욕구와 갈등이 무의식 속에 잠복하여 사회적, 정서적 발달이 주로 이루어지는 시기이다. 아동은 학업과 놀이, 운동 등에 집중되어 지적인 탐색이나 사회적 활동을 활발히 한다. 동성의 친구와 관계를 통해 사회적 기술을 배우고, 놀이나 게임을 통해 협력, 경쟁, 규범 준수를 익히게 되며, 도덕성과 사회적 규범을 내면화하면서 초자아가 더욱 강해지고, 아동은 규칙을 따르고 권위에 순응하려는 태도를 발전시킨다. 이 시기에 고착되면 성인이 되어서도 이성에 대한 친밀감을 갖지 못하고, 낮은 자존감, 권위에 대한 과도한 저항 등의 문제가 나타날 수 있다.

(5) 성기기(genital stage, 12세 이후)

성기기는 성적 에너지가 성기 중심으로 집중되며, 개인이 성숙한 대인관계와 성적 친밀성을 추구하는 시기이다. 사춘기가 되면 생식기관이 발달, 성호르몬의 분비가 증가되면서 2차 성징이 일어나게 되고 그동안 잠재되었던 성적 욕구가 강화되어 성적 성숙이 성인의 수준으로 성장한다. 이러한 변화로 인해 성 활동이 증가하고 원초아적인 쾌락 추구에 몰두하면 공격성이나 비행 행동이 나타나 적응에 어려움을 보이는 반면, 초자아가 과도하게 표출되면 금욕주의와 주지화가 강화되어 원초아를 억제하고 자아를 방어하려는 경향이 나타난다. 성기기는 급격한 신체변화와 함께 부모로부터 심리적 독립을 이루어야 하는 발달과제가 있다. 또한 긍정적인 발달을 위해 근면과 성실성을 배우고, 즉각적인 만족지연 능력과 책임감을 기르도록 노력해야 한다. 이 시기에 긍정적으로 발달한 사람은 이성에 대한 성적 욕구를 독서, 운동, 사회활동 등과 같은 대체 활동으로 승화시킴으로써 안정된 삶을 영위할 수 있게 된다.

6) 프로이트 이론의 평가

프로이트의 정신분석이론의 공헌은 인간의 심층적인 세계를 이해할 수 있는 이론 체계를 제시하였다는 점이다. 심리성적 발달이론은 아동 심리학과 발달심리학 연구에 대한 영향과 심리 문제에 대한 이해와 통찰력을 증가, 심리치료에 대한 적용 가능성에 지대한 영향을 미쳤으며, 발달이론을 통하여 사회복지사가 인간행동을 사정할 수 있게 되고, 그의 이론이 다양한 영역에서 광범위하게 적용되었다는 것을 높게 평가(Appignanesi & Zarate, 1999)하고 있다. 그러나 정신분석이론의 비판하며 한계점을 다음과 같이 제시하고 있다.

첫째, 과학적으로 검증받지 못해 비과학적이라는 비판을 받고 있다. 그의 이론은 대부분 임상사례의 해석과 분석을 통해 발전되었기 때문에 실증적 연구 부족(박형재, 2015)과 반증가능성(falsifiability)의 결여(Popper, 1963)라는 비판을 받고 있다.

둘째, 성적 욕구에 대한 과도한 해석이다. 인간행동을 성적 본능으로 지나치게 단순화하고 환경은 무시하고 현대 심리학에서 보편적 이론으로 일반화하기에는 어렵다는 비판을 받고 있다.

셋째, 성차별적인 관점이다. 여성이 남근선망의 개념은 여성 심리를 왜곡하는 성차별적 요소(정민경, 2008)라고 평가하고, 초자아의 발달이 남성보다 부족하다는 것은 남성 지배적 사회에서 동등한 권리가 부여되지 않은 탓이지 여성의 문제가 아니라는 여권주의자들의 강한 비판을 제기하였으며, 프로이트의 이론이 남성 중심적이며 여성을 배제한다고 평가하였다(Chodorow, 1978).

넷째, 문화적, 환경적인 요인의 결여이다. 프로이트의 이론은 개인의 역동적 갈등에 초점을 두었을 뿐 대인관계나 사회문화적 요인을 충분히 고려하지 못하였다는 한계점이 제기된다. 프로이트의 이론은 서구 중심적이며, 동양 문화에는 적합하지 않다는 부분이 있다(이현주, 2013)고 한계점을 제시하고 있다.

2. 에릭슨의 심리사회적 이론

에릭 에릭슨(Erik H. Erikson, 1902~1994)는 인간발달을 심리적 요인과 사회적 요인의 상호작용을 통해 설명하는 심리사회적 이론을 제안하며, 전 생애에 걸친 발달과정과 정체성 형성의 중요성을 강조했다. 그의 이론은 프로이트의 정신분석이론을 확장한 것으로 심리성적 요소보다 사회적 관계와 문화적 맥락의 중요성을 부각시켰다. 에릭슨은 인간행동이 의식 수준에서 통제가능한 자아에 의해 동기화된다고 보았으며, 자아는 생물학적 요인뿐만 아니라 문화적·사회적 요인의 영향을 받는다고 강조했다. 또한 각 발달 단계마다 심리적 위기와 이를 해결하기 위한 발달 과업을 체계적으로 설명했다. 에릭슨의 이론은 병리적인 측면보다는 긍정적이고 성장 지향적인 측면에 초점을 맞추었으며, 자아정체감 형성의 중요성과 성격 발달에서 문화적·역사적 요인의 역할을 강조했다(Hjelle & Ziegler, 1999). 이로써 그의 이론은 개인 발달에 대한 폭넓은 이해를 제공하며, 심리학뿐만 아니라 다양한 사회적 맥락에서도 활용되고 있다.

1) 에릭슨의 생애

에릭 에리슨
(Erik H. Erikson, 1902~1994)

에릭슨은 1902년 6월 15일 독일 프랑크푸르트에서 덴마크인 아버지와 유대인 어머니 사이에서 태어났다. 에릭슨이 태어나기 전 부모는 이혼했고, 3살 때 어머니는 소아과 의사인 유대인 홈부르거(Homburger)와 재혼하였으나 이를 모르고 성장하였다. 학창시절 그는 전형적인 덴마크인의 외모로 인해 독일인과 유대인 친구들 사이에 이방인 취급을 받으며 따돌림을 당했다(Coles, 1970).

고등학교를 졸업 후 그는 정체성을 찾기 위해 1년간 유럽 을 여행하며 미술을 공부했고 이 시기를 그는 유예기라 불렀으며, 이후 정체성 이론에 큰 영향을 미쳤다. 1927년 에릭슨은 안나 프로이트(Anna Freud)의 연구소에서 교사로 활동하며 정신분석 수련을 받았고, 1933년 미국 보스턴으로 이주해 아동 분석가로 활동하며 강의와 연구를 병행했다. 그의 대표 저서인 『아동과 사회』에서는 생애발달 8단계를 제시하며 인간발달이론에 중대한 기여를 했다. 정체성의 선구자이자 전 생애발달 이론의 창시자로 평가받는 에릭슨은 1994년 5월 12일 91세의 나이로 생을 마감했다.

2) 주요개념

(1) 기본가정

에릭슨은 인간을 긍정적이며 합리적이며 창조적인 존재로 보았다. 그는 프로이트와 마찬가지로 인간행동이 무의식적 동기에 의해 동기화된다고 인정하면서도 발달과정에서는 사회적 요인이 더 큰 영향을 미친다고 강조하였다. 특히, 인간의 발달은 사회적 관심에 대한 욕구와 환경을 통제하려는 욕구에 의해 자극된다고 보았다. 에릭슨은 프로이트의 정신분석이론을 기반으로 하면서도 성격발달이 일생 동안 지속적으로 이루어진다고 주장하였다. 그는 자아의 발달에 있어 사회문화적 환경의 중요성을 강조했으며, 부모뿐 아니라 가족, 친구, 사회, 문화적 배경 등 다양한 사회적 요인이 인간발달에 영향을 미친다고 보았다(김지현 외, 2008). 또한 에릭슨은 인간을 끊임없이 정체성을 탐색하고 확립하려는 존재로 보았으며, 이를 바탕으로 개인이 자신의 생애를 돌아보며 자기분석을 시도하도록 돕는 접근법을 활용하였다.

(2) 자아(ego)

에릭슨은 프로이트가 자아의 역할을 원초아와 초자아 간의 중재자로 설명한 것과 달리 자아가 자율적인 기능을 한다고 보았다. 자아의 자율적 기능으로 인해 인간의 성격이 본능에 의해 영향을 받기보다는 부모, 형제, 다른 사람들을 포함한 사회의 모든 구성원으로부터 영향을 받는다고 주장했다(김지현 외, 2008). 에릭슨에 따르면 자아는 고정된 것이 아니라 각 발달 단계에서의 경험과 문제해결과정을 통해 지속적으로 변화하고 성장하며 성공적으로 적응할 수 있는 능력을 제공한다. 이러한 관점에서 자아는 개인의 성격발달과 정체성 형성에서 중심적인 역할을 수행한다고 볼 수 있다(Greene & Ephross, 1991).

(3) 자아정체감(ego identify)

자아정체감은 개인이 자신에 대해 가지는 지속적이고 일관된 인식이며 자아정체감은 개인이 '나는 누구이며 어느 위치에 있는가?'를 인식하려는 노력의 결과로 형성된다(Erikson, 1968). 에릭슨은 청소년 시기에 자아정체감을 확립하려고 노력하기 시작하지만 자아정체감은 일생 동안 지속되는 과정으로 보았다. 자아정체감은 개인의 고유한 성격, 가치관, 능력에 대한 인식을 통해 형성되며 이를 바탕으로 다양한 상황과 맥락에서 자신의 행동과 태도를 통합하고 일관성을 유지하는 데 중요한 역할을 한다(김지현 외, 2008). 또한 개인의 독특성을 유지하면서도 사회적 역할과의 관계를 이해하고 통합하는 자아의 기능에 의해 이루어진 결과로 볼 수 있다. 이러한 과정은 개인이 자기 자신과 세상에 대해 조화를 이루고 자신의 정체성과 역할을 명확히 하여 안정적이고 통합된 삶을 영위하도록 돕는다(Greene & Ephross, 1991).

(4) 점성의 원리(epigenetic principle)

에릭슨은 인간발달이 선천적으로 정해진 순서에 따라 진행되며 점성 원리에 따라 이루어진다고 보았다. 점성 원리란 생애주기의 각 단계가 고유한 최적의 시기에 우세하게 출현하며 모든 단계가 적절히 발달할 때 전체적으로 건강한 인간발달이 이루어진다는 개념이다. 즉, 각 단계의 발달은 이전 단계에서 이루어진 심리사회적 갈등 해결을 기반으로 전개된다. 에릭슨에 따르면, 건강한 성격은 각 발달 단계의 요소들이 체계적으로 연관되고 적절한 시기에 연속적으로 발달함으로써 형성된다(Erikson, 1959). 예를 들어 1단계에서 기본적 신뢰감이 형성되지 않으면 이후 발달 단계에서 부모로 부터 독립하여 자율성과 도덕성을 발달시키는 데 어려움을 겪게 된다(Crain, 1983; Erikson, 1982). 따라서 각 단계의 심리사회적 과업을 성공적으로 해결하는 것이 성격 발달과 전반적인 인간 성장에 필수적이라는 점을 에릭슨은 강조하였다.

3) 심리사회적 발달 단계

에릭슨은 인간의 전 생애에 걸쳐 성격 발달을 여덟 단계로 구분하고 단계마다 자아가 직면하는 위기와 그 해결 과정을 제시하였다. 에릭슨(1963)은 발달 단계마다 개인의 생리적인 성숙, 사회적 요구, 환경과 상호작용을 통해 인생의 전환점이 되는 심리사회적 위기에 직면한다고 보았다. 이러한 위기를 성공적으로 해결하면 자아 기능이 재정립되고 긍정적인 심리적 자질이 형성된다고 설명했다. 에릭슨은 발달 단계에서 경험하는 심리사회적 위기는 사회문화적 배경에 따라 다를 수 있다고 보았다. 각 단계에서 위기를 성공적으로 해결하면 개인은 자아 강점(ego strength)이라는 긍정적인 특질을 얻게 되며, 이는 건강한 심리적 발달과 사회적 적응을 돕는 중요한 자질이다. 반면, 위기를 적절히 해결하지 못하면 주요 병리(core pathology)와 같은 부정적인 심리적 문제가 발생할 수 있다. 주요 병리는 개인의 발달과 사회 적응에 부정적인 영향을 미치는 심리적 약점으로 작용한다. 에릭슨의 발달이론은 이러한 자아 강점과 주요 병리의 개념을 중심으로 하며, 발달 단계마다 해결해야 할 심리사회적 위기를 강조한다. 다음은 에릭슨이 제시한 발달 단계이다.

(1) 신뢰감 대 불신감(trust vs mistrust): 출생~18개월

이 단계는 프로이트 이론의 구강기에 해당하는 시기로 기본적 신뢰감은 양육자가 영아의 배고픔이나 젖어 있을 때 따스한 손길이나 눈길로 자신의 욕구를 충족시켜 줄 것이라는 확신에서 기인한다. 일관적이고 민감한 양육자의 반응은 영아가 세상에 대해 긍정적인 태도를 형성하며 정서적 안정에 영향을 미친다. 신뢰감이 형성된 영아는 양육자와 잠시 떨어져 있어도 불안이나 분노를 크게 표현하지 않고 자신의 욕구가 즉시 만족되지 않아도 칭얼거리지 않고 기다릴 수 있다. 그러나 영아의 요구에 일관성 없이 반응하거나 보살핌이 적절하지 않다면 영아는 불신감을 형성하게 되어 심리적 안정과 적응에 부정적인 영향을 초래할 수 있다.

에릭슨은 심리사회적 위기를 해결하게 되면 희망(hope)이라는 자아 강점이 형성되는 반면, 불신감이 지배적일 경우 영아는 세상에 대한 불신으로 사회적 관계에서 철회(withdrawal) 경향으로 나타나 낮은 자존감, 우울증 등과 같은 문제로 이어질 수 있다(Erikson, 1968).

(2) 자율성 대 수치심(autonomy vs shame): 18개월~3세

이 단계는 프로이트 이론에서 항문기에 해당하며, 유아가 독립성과 자율성을 배우는 중요한 시기이다. 이 시기 유아는 자기통제와 부모 및 주변 사람의 통제라는 두 가지 요구를 동시에 경험한다. 부모가 유아가 스스로 할 수 있는 활동을 격려하고 지지한다면 유아는 자율성을 잘 발달시킬 수 있다. 그러나 부모가 과도하게 통제하거나 실수를 지나치게 비난하면, 유아는 수치심을 느끼게 된다.

에릭슨은 심리사회적 위기를 극복하는 데 있어 부모의 양육 태도가 매우 중요하다고 보았다. 부모가 유아의 실수를 벌하지 않고 격려하며 유연한 태도로 올바른 방향으로 지도하고 스스로 선택할 기회를 제공한다면 자율성을 발달시킬 수 있다. 반면, 부모가 인내심을 보이지 않고 유아의 행동을 과도하게 제한하거나 지나치게 개입해 스스로 해결할 기회를 빼앗는 경우, 또는 실수에 대해 비난하거나 과도한 요구를 한다면, 유아는 수치심과 의심을 형성하게 된다.

이 시기의 위기를 성공적으로 극복한 유아는 의지(will)라는 긍정적인 자아 강점을 발달시킬 수 있다. 그러나 위기를 극복하지 못하고 수치심과 의심이 지배적일 경우, 유아는 강박(compulsion)적인 행동을 보일 가능성이 높아진다. 이러한 부정적 경험은 성인이 된 후에도 영향을 미쳐, 지나치게 의존적이거나 자신의 결정을 신뢰하지 못하고 불안감을 느끼며, 강박적 행동이나 피해의식을 가지는 등 부정적인 결과를 초래할 수 있다(Erikson, 1968).

(3) 주도성 대 죄책감(initiative vs guilt): 3세~6세

이 단계는 유아가 자기 주도적 행동을 시도하며 목표를 설정하고 달성하려는 능력을 배우는 시기로 프로이트 이론의 남근기에 해당한다. 이 시기의 유아는 상상력과 역할 및 창의적 놀이(소꿉놀이, 병원 놀이 등)를 통해 자신감을 형성하고 사회적 기술을 습득한다. 그리고 자신의 행동에 대한 책임을 배우며 자발적으로 계획하고 행동에 옮기는 과정에서 부모의 격려를 받으면 주도성과 목표 달성에 대한 자신감을 얻게 된다. 반면, 부모가 유아의 시도를 과도하게 비판, 통제하거나 일관성 없이 행동을 억압하면 유아는 자신감을 잃고 자신의 행동과 선택에 대해 죄책감이 느낄 수 있다.

이 시기의 위기를 성공적으로 극복하면 자아는 목적(purpose)이라는 자아 강점을 발달시킨다. 이는 이후 목표 설정, 책임감, 자기 주도적 문제해결 능력에 긍정적인 영향을 미친다. 그러나 위기를 극복하지 못하면 의지와 용기가 부족해지고, 위축된 태도와 좌절감을 느끼며 자유로운 사고와 표현을 제한하는 억제(inhibition)의 감정을 형성할 수 있다. 이 단계의 위기를 성공적으로 극복한 성인은 다양한 활동과 목표에 열정적으로 참여하며 삶에 적극적으로 관여한다. 그러나 위기 극복에 실패할 경우 실패에 대한 과도한 두려움, 성적 무기력, 불감증 등의 정신병리를 경험할 가능성이 높아진다(Erikson, 1968).

(4) 근면성 대 열등감(industry vs inferiority): 6세~12세

이 단계는 초등학교 시기로 에릭슨(Erikson, 1963)은 생산적 활동을 통해 성취감을 경험하는 시기라고 보았다. 이는 프로이트의 잠복기에 해당하며 아동은 학교생활과 사회적 관계를 통해 성취감과 근면성을 발달시킨다. 이 시기 아동은 형식적인 교육을 통해 문화와 사회적 기술의 기초를 배우며 학습 과제를 수행하고 성취를 통해 자신에 대한 긍정적인 인식을 형성해 나간다. 학교에서 주어진 과제를 완수하고 또래와의 상호작용을 통해 협력과 경쟁을 배우면서 성취에 대한 인정과 지지를 통해 근면성이 강화된다. 반면, 반복되는 실패와 좌절, 또는 성취할 기회 자체가 부족할 경우 아동은 자신감을 잃고 열등감을 경험할 수 있다. 특히 부모나 교사의 비교, 조롱, 비난, 또는 또래로부터의 배척과 부정적인 상호작용은 열등감 형성의 주요 요인으로 작용한다. 반대로 건설적이고 교훈적인 칭찬, 강화와 긍정적인 또래 관계, 성공적인 경험의 기회는 근면성 발달에 매우 중요한 요인이다.

이 시기의 위기를 성공적으로 극복하면 자아는 유능성(competence)이라는 긍정적인 자아 강점을 발달시킨다. 반면, 위기를 극복하지 못하면 생산적인 활동에 참여하지 못하고 사고와 행동의 위축되는 무기력(inertia) 상태에 이를 수 있다(Erikson, 1968).

(5) 자아정체감 대 역할혼란(identity vs identity confusion): 13세~20세

이 단계는 프로이트 이론에서 생식기에 해당하며 에릭슨은 청소년기의 자아정체감 확립을 전 생애를 통해 가장 중요한 발달 과업으로 보았다. 이는 이 단계에서 위기의 해결이 성인기의 성격에 가장 중요한 의미를 지닌다고 보기 때문이다. 청소년은 자신의 관심사와 어떻게 살아가야 하는지 등 자신의 존재에 대해 탐색하면서 자아정체감을 형성하기 위해 노력을 한다. 반면, 청소년의 가치를 인정받지 못하고 부모와의 갈등 등 좌절과 실패의 반복은 역할 혼란에 빠질 수 있다.

이 단계에서의 위기를 긍정적으로 극복하면 충성심(fidelity)이라는 자아 강점을 발달시킬 수 있다. 이는 자신과 타인에 대한 헌신과 일관성을 유지하는 능력으로 성숙한 정체성과 사회적 적응을 돕는다. 그러나 정체성 위기를 극복하지 못하면 거부(repudiation) 상태에 빠질 위험이 있으며, 이는 자신과 사회적 관계를 부정하거나 사회적 고립, 자존감 저하, 진로 결정 어려움 등으로 이어질 수 있다.

(6) 친밀감 대 고립감(intimacy vs isolation): 20세~40세

이 단계는 성인 초기에 해당하며 청소년기에 확립한 자아정체감을 바탕으로 타인과 깊은 상호관계를 형성하고 보살핌과 사랑을 넓혀 가는 시기이다. 에릭슨은 이 시기의 가장 주요한 과업을 친밀감으로 정의하며 이는 타인과 자신을 공유하고 헌신하는 능력을 의미한다고 보았다. 그는 친밀감이 성적 사랑과 정서적 유대를 통해 확고해진다고 주장했다. 친밀감을 형성하면 사회적 성공과 정서적 안정을 가져올 수 있다. 그러나 친밀한 맺지 못하거나 대인관계에서 반복적으로 상처를 경험하면 고립감을 느끼게 된다. 고립감은 대인관계 회피, 신뢰 부족, 정서적 고독으로 이어지며 심리적 안정과 사회적 적응을 방해할 수 있다.

이 단계의 위기를 성공적으로 극복하면 상호 헌신하는 사랑(love)이라는 자아 강점을 발달시킬 수 있으며, 이는 지속적이고 깊은 관계를 유지하는 데 기여한다. 반면, 위기를 극복하지 못하면 고립감과 정서적 고독이 지배적으로 나타나 타인을 밀쳐내고 관계를 단절시키는 격리(isolation)라는 주요 병리가 발생할 수 있다.

(7) 생산성 대 침체(generativity vs stagnation): 40세~60세

이 단계는 중년기에 해당하며 개인이 생산성과 사회적 기여에 관심을 가지는 시기이다. 개인은 자녀 양육, 직업적 성취, 타인을 돌보고 사회적 활동에 참여하면서 다음 세대에 기여하고, 자신의 삶이 의미 있다고 느끼며 생산성을 발달시킨다. 생산성은 가정과 사회에서 긍정적인 영향을 주는 행동을 통해 형성되며 이는 개인에게 성취감과 만족감을 제공한다. 반면, 생산성 확립에 실패하면 침체와 자기중심적인 태도를 경험할 수 있다. 이 경우 개인은 사회적 기여와 관계없이 오로지 개인의 욕구 충족에만 에너지를 사용하게 되며, 주변 관계에서 고립되고 자신의 역할이 무의미하다고 느낄 수 있다.

이 단계의 위기를 성공적으로 극복하면 자아는 배려(care)라는 자아 강점을 형성하게 된다. 이는 타인과 사회에 대한 지속적인 관심과 돌봄으로 이어지며 생산적이고 의미 있는 삶을 유지하도록 돕는다. 그러나 위기를 극복하지 못하면 거부(rejectivity)라는 부정적인 자아 특질이 형성된다. 이러한 사람은 정서적 고립과 우울감을 경험하며 삶에 대한 후회와 불만족을 느낄 가능성이 높아진다.

(8) 자아통합 대 절망감(integrity vs despair): 60세 이후

이 단계는 노년기에 해당하며, 개인이 자신의 삶을 회고하고 성공과 실패를 통합적으로 수용하면서 삶의 의미와 가치를 발견하는 시기이다. 이 과정에서 죽음을 수용할 준비가 이루어지며, 삶을 긍정적으로 통합하지 못할 경우 후회와 절망감에 빠질 수 있다. 에릭슨(Erikson, 1963)은 자아통합을 삶의 연속성과 일관성을 받아들이는 과정으로 정의하였고 실패와 한계까지도 수용하는 태도가 자아통합의 핵심이라 하였다.

이 시기의 위기를 잘 극복하면 개인은 직업, 가족, 사회적 기여 등 삶 전반을 되돌아보며 의미와 보람을 인식하고 이를 통해 지혜(wisdom)라는 자아 강점을 형성한다. 반면, 위기를 극복하지 못할 경우 이루지 못한 목표에 대한 후회, 죽음에 대한 두려움, 자신에 대한 혐오(disdain)로 인해 정서적 불안과 우울감을 경험할 수 있다. 심한 경우 자기 비난, 사회적 위축, 심술궂은 태도, 과대망상 등으로 이어질 수 있다.

에릭슨의 심리사회적 발달 단계의 단계별 특징을 요약하면 〈표 3-2〉와 같다.

〈표 3-2〉 에릭슨의 심리사회적 발달 단계

단계	심리사회적 위기	시기	자아강점	주요병리	주요 관계 범위	프로이트 발달 단계
1	신뢰감 대 불신감	출생~18개월	희망	철회	모성	구강기
2	자율성 대 수치감	18개월~3세	의지	강박행동	부성	항문기
3	주도성 대 죄책감	3~6세	목적	억제	핵가족	남근기
4	근면성 대 열등감	6~12세	유능성	무기력	학교, 이웃	잠복기
5	자아정체감 대 역할혼란	12~20세	충성심	거절	또래집단	생식기
6	친밀감 대 고립감	20~40세	사랑	격리	우정, 성, 경쟁, 협동상대	
7	생산성 대 침체	40~60세	배려	거부	직장, 확대가족	
8	자아통합 대 절망감	60세 이후	지혜	혐오	인류	

4) 에릭슨 이론의 평가

에릭슨의 이론은 프로이트가 주로 다룬 아동기 중심의 발달 관점을 확장하여 노년기를 포함한 전 생애 발달이론으로 발전시켰다는 점에서 큰 의의를 가진다(Berk, 2017). 그는 인간발달을 포괄적이고 통합적으로 이해하고자 했으며 자아의 성장 가능성을 강조하면서 심리적 발달과정에서 사회적 환경과 문화적 요소의 중요성을 강조했다. 에릭슨은 각 발달 단계에서의 과업이 사회적 맥락에 따라 다양하게 나타날 수 있음을 인정하며 발달은 단지 생물학적 성숙이 아닌 사회적·문화적 맥락 속에서 이루어지는 과정임을 강조했다. 이에 대해크로거(Kroger, 2004)는 에릭슨이 각 단계의 갈등은 성숙과 발달을 위한 기회로 간주한 점이 개인이 직면하는 도전에 대해 희망적인 시각을 제공했다고 평가했다. 또한 에릭슨의 이론은 심리학뿐만 아니라, 교육학, 사회복지학, 간호학 등 다양한 학문적 분야에서 이론적 토대를 제공하였다는 점에서 기여한 바가 크다.

그러나 에릭슨의 이론에는 몇 가지 한계점이 있다. 첫째, 이론이 질적이고 철학적 접근에 기반을 두어 과학적 검증이 어려운 경우가 많다. 각 발달 단계에서 성장이 어떻게 구체적으로 이루어지는지에 대한 심리적 메커니즘의 설명이 부족하다. 둘째, 에릭슨은 각 발달 단계를 특정 연령대에 일치시키는 방식으로 제시하였으나 실제 인간발달은 개인차가 크고 연령에 따라 엄격히 구분되기 어려운 경우가 많다. 셋째, 에릭슨의 이론은 서구 문화와 가치관에 기반하여 구성되었기 때문에 비서구권 문화, 특히 한국과 같은 집단주의 문화권에서는 적용에 한계가 있다. 한국 사회에서는 개인의 정체성보다는 가족, 공동체, 사회적 역할의 수행에 더 큰 비중을 두는 경향이 있어 에릭슨 이론이 집단주의적 가치관을 충분히 반영하지 못한다는 지적이 있다(박아청, 김청송, 2015).

3. 융의 분석심리이론

분석심리학(Analytical Psychology Theory)은 칼 구스타프 융(Carl Gustav Jung, 1875~1961)이 창시한 이론으로 인간의 의식과 무의식을 통합적으로 이해하려는 접근이다. 융은 초기에는 프로이트와 협력하여 무의식에 관한 연구를 진행하였으며, 꿈, 자유 연상, 억압, 그리고 무의식의 상징적 표현을 분석하여 심리적 갈등의 원인을 밝히고자 했다. 그러나 무의식에 대한 접근 방식의 차이로 인해 두 사람은 결별하였다.

프로이트는 무의식을 주로 개인적 경험과 억압된 성적 욕구와 관련지었고, 리비도를 성적 에너지로 한정하여 성적 발달을 중심으로 이론을 전개하였다. 반면, 융은 무의식을 개인 무의식과 집단 무의식으로 구분하며, 인류 보편의 상징적인 원형(archetype)이 인간의 내면에 존재한다고 보았다. 그는 심리적 에너지를 단순히 성적 충동이 아닌 창조적이고 다차원적인 에너지로 이해하며 인간의 삶 전반과 영적·문화적 요소의 중요성을 강조했다.

융의 분석심리학은 자기(self)의 통합과 내면 탐색을 목표로 한다. 그는 꿈 해석, 상징 분석, 적극적 상상(active imagination) 등의 방법을 통해 무의식의 메시지를 이해하고 이를 통해 심리적 갈등을 해소하며 자아와 무의식의 조화를 이루는 과정을 중시하였다. 이러한 융의 이론은 현대 심리치료뿐만 아니라 문학, 예술, 신화 연구, 대중문화 등 다양한 분야에서 널리 활용되고 있으며, 인간의 내적 성장과 통합에 대한 깊이 있는 이해를 제공하고 있다.

1) 융의 생애

칼 구스타프 융
(Carl Gustav Jung, 1875~1961)

융은 스위스의 정신과 의사이자 심리학자로 분석심리학을 창시하며 인간의 무의식과 정신 구조에 대한 독창적인 이론을 제시했다. 그는 1875년 7월 26일 스위스 케시빌(Kesswil)에서 태어나, 이성적인 아버지와 신비주의적 성향의 어머니 사이에서 내향적이고 사색적인 성격으로 성장했다. 이러한 유년 경험은 훗날 융의 영성과 상징 중심 심리학에 영향을 주었다.

융은 1895년 바젤 대학에 입학하여 의학과 자연과학을 전공했으며 초자연적 현상을 경험한 뒤 강신술과 영기술 모임에 참석하며 심리학적 탐구를 시작했다. 1903년 취리히 대학병원 정신과에서 리클린(Franz

Ricklin)과 함께 단어연상검사를 사용해 정신병리 현상을 연구하였고, 1907년 프로이트를 만나 그의 정신분석 이론에 공감하며 협력 관계를 유지했다. 프로이트는 융을 자신의 후계자로 여겼으나 융은 프로이트의 성 본능 중심 이론에 동의하지 않아 1913년 결별하였다.

이후 융은 심리적 위기와 자기 탐색을 거치며 무의식 연구를 심화시켰고, 무의식을 개인 무의식과 집단 무의식으로 구분하였다. 특히 집단 무의식은 인류 공통의 상징과 원형(archetype)을 담고 있다고 보았으며, 이를 철학·종교·예술과 연계한 통합적 심리학 체계를 구축했다. 그는 생애 후반까지 연구와 저술 활동을 이어갔으며, 1961년 6월 6일 자택에서 생을 마감하였다.

2) 주요개념

(1) 기본가정

융은 인간을 단순히 생물학적이거나 사회적 존재로 한정하지 않고, 의식과 무의식의 조화를 통해 통합된 전체로 성장해가는 존재로 이해하였다. 그는 인간이 심리적·영적·사회적 측면을 모두 지닌 복합적 존재이며 단순히 환경에 적응하는 수준을 넘어 삶의 의미를 탐구하고 초월적인 경험을 추구하는 능동적 존재로 보았다. 이러한 관점은 융의 이론 전반에 걸쳐 나타나는 인간에 대한 기본 가정으로 정리해보면 다음과 같다.

첫째, 인간은 전체적이고 통합적인 존재이다. 융은 인간을 단순히 부분의 합이 아니라 자기(self)를 향해 나아가는 전체적인 존재로 이해하였으며 이러한 통합이 심리적 건강과 성숙의 핵심이라고 보았다. 둘째, 인간은 목적지향적인 존재이다. 융은 인간이 과거의 경험에 영향을 받지만 현재를 살아가며 동시에 미래의 목표를 향해 나아가며 자기실현을 추구하는 능동적 존재라고 보았다. 인간은 자신의 내면에 존재하는 잠재력과 가능성을 발견하고 이를 실현하기 위한 여정을 통해 삶의 의미를 만들어 간다. 셋째, 인간은 변화 가능하고 창조적인 존재이다. 융은 인간이 조상으로부터 물려받은 집단 무의식과 원형 같은 선천적 심리적 구조를 가지고 태어나지만 그 표현 방식은 개성화 과정과 후천적 경험, 선택, 환경에 따라 다양하게 드러날 수 있다고 보았다. 따라서 인간의 정신은 고정된 것이 아니라 지속적으로 변화하고 성장하는 가능성의 존재로 이해된다. 넷째, 인간은 자기실현과 초월을 지향하는 존재이다. 융은 인간이 자신의 무의식과 의식을 통합하고 내면의 다양한 측면을 조화롭게 받아들이며 자기완성과 궁극적인 삶의 의미를 향해 나아가는 존재라고 보았다. 이는 단순한 적응이 아닌 자기 자신으로 온전히 살아가는 것, 즉 자기실현을 통한 전인적 성장과 초월적 경험의 실현을 뜻한다.

(2) 정신 구조

융은 성격 전체를 정신(psyche)이라고 정의하며, 이를 모든 사고, 감정, 행동을 포함하는 포괄적인 개념으로 보았다(이부영, 2011). 그는 정신을 단순히 심리적 기능이나 인지적 활동에 한정하지 않고 인간의 모든 심리적 경험과 본질을 포함하는 통합적 구조로 이해하였다. 융은 정신은 의식과 무의식의 상호작용을 통해 하나의 전체로 작동하며 이 두 요소의 통합은 개성화 과정에서 핵심적인 의미를 가진다. 그는 의식과 무의식이 조화를 이룰 때 인간은 내적 갈등을 극복하고 자기실현이라는 궁극적인 목표에 도달할 수 있다고 보았다. 이러한 관점에서 융은 정신을 의식, 개인 무의식, 집단 무의식 세 가지 주요 층위로 구성된 구조로 설명하였다.

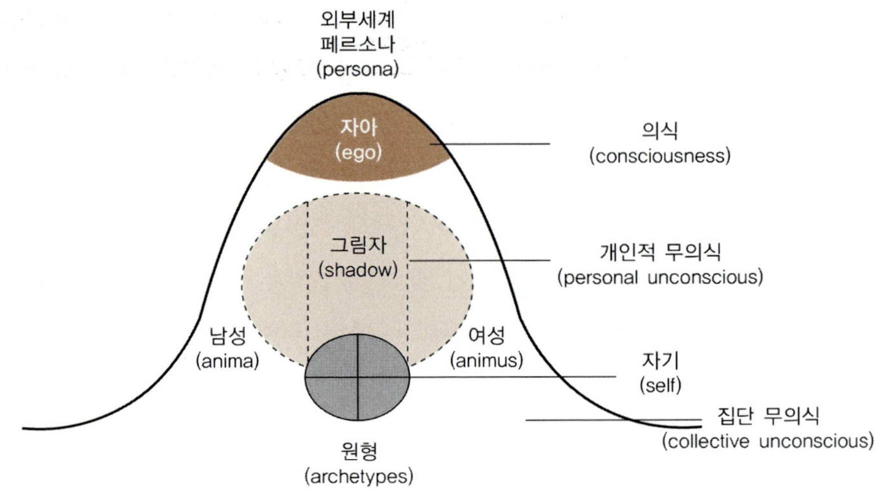

[그림 3-1] 융이론의 성격구조

출처 : Crain(1983), 서봉연 역(2007).

① 의식(conscious)

융은 의식을 개인이 현실을 자각하고 논리적 사고와 판단을 통해 자신의 정체성을 형성하는 영역으로 정의했다. 의식은 인간 정신의 가장 외적인 층위로, 내적 경험과 외부 세계를 이해하고 조율하는 데 핵심적인 역할을 한다. 의식의 중심에는 자아(ego)가 위치하며, 자아는 의식의 중심이자 조직자로서 외부 세계와 상호작용하고 개인의 정체성을 형성한다.

그러나 융은 의식이 인간 정신 전체 중 아주 작은 부분에 불과하다고 보았다. 억압된 기억, 감정, 상징, 또는 인식되지 않은 경험 등은 무의식에 저장되며, 이들은 꿈, 예술, 심리적 증상 등을 통해 의식에 영향을 미친다고 하였다. 따라서 융은 정신적 건강과 성숙을 위해서는 의식과 무의식의 통합이 필수적이라고 주장했다.

② 개인 무의식(personal unconscious)

개인 무의식은 개인의 삶에서 억압되거나 망각된 기억, 감정, 의식되지 않은 심리적 내용을 포함하는 영역으로 현재와 관련성이 적거나 중요하지 않다고 여겨졌던 요소들로 구성된다(Jung, 1964). 융은 개인 무의식을 단순히 억압된 충동의 저장소로 보지 않고 의식화되어 통합되어야 할 심리적 자원으로 간주했다(이부영, 2005). 그는 무의식을 단순히 과거 경험의 저장소가 아니라 잠재된 가능성과 창조적 에너지가 발현되는 역동적인 원천으로 보았다.

개인 무의식의 핵심 요소 중 하나인 콤플렉스(complex)는 특정 주제와 관련된 감정, 기억, 사고가 뭉쳐진 심리적 에너지의 집합체로 특정 자극에 의해 의식에 떠오를 수 있다. 예를 들어, 어린 시절 형성된 모성 콤플렉스는 성인기의 대인관계에서 감정적 반응을 유발할 수 있다(이부영, 2022). 이러한 콤플렉스가 의식되지 않으면 심리적 갈등을 일으킬 수 있지만, 의식화될 경우 심리적 성장과 통합에 기여할 수 있다. 융은 개인 무의식을 탐색하고 의식화하는 과정을 심리적 균형 회복과 전인적 성장을 위한 핵심 단계로 보았다. 이는 개인이 내면의 갈등을 이해하고 수용함으로써 심리적 성숙에 도달할 수 있도록 돕는다.

③ 집단 무의식(collective unconscious)

융은 집단 무의식을 자신의 이론에서 가장 독창적이면서 핵심적인 개념으로 정의하였다. 집단 무의식은 개인적 경험을 넘어 인류 전체가 공유하는 심리적 저장소로 인간의 진화 과정에서 유전적으로 전승된 심리적 구조라고 보았다. 그는 집단 무의식이 의식적으로 학습된 것이 아니라 조상 대대로 전해 내려온 원시적 감정, 본능, 공포, 사고방식 등을 포함한다고 설명하였다. 또한, 집단 무의식은 역사, 문화, 종교, 신화와 같은 다양한 인간 활동을 통해 공통적으로 형성된 심리적 내용을 담고 있으며, 의식과 개인 무의식 모두에 영향을 미쳐 인간의 행동과 사고에 깊은 영향을 준다. 이 개념의 핵심은 원형(archetype)으로 이는 모든 인간이 공통적으로 지닌 보편적 심리 패턴을 의미한다. 예를 들어, 신화 속 영웅의 여정은 자기(self)라는 원형의 상징적 표현으로 해석될 수 있다(이부영, 2022). 융은 이러한 원형의 상징적 내용이 의식에 수용될 때 개인은 자기실현에 도달하고 심리적 성숙을 이룰 수 있다고 보았다.

최근 연구에서도 집단 무의식의 현대적 의미를 조명하고 있다. 진숙(2020)은 한국의 전통 설화와 신화에 나타난 영웅, 어머니 등의 원형이 개인의 심리적 안정과 공동체적 유대감 형성에 중요한 역할을 한다고 분석하였다. 이스트, 로버츠와 페이스트(Feist, Roberts, & Feist, 2021) 또한 집단 무의식이 꿈과 창작 활동에서 강력한 상징으로 작용하여 내적 갈등 해소와 심리적 통합을 촉진한다고 보았다. 이처럼 집단 무의식은 단지 과거의 유산이 아니라, 예술, 문학, 대중문화 등 현대사회에서 재해석되며 인간의 내면과 집단적 삶을 이해하는 데 여전히 중요한 이론적 틀로 작용하고 있다.

(3) 원형의 5가지 유형

① 원형(archetypes)

원형은 융의 분석심리학에서 성격의 가장 핵심적인 구성 요소 중 하나로 인간의 본능적이고 보편적이며 집단적·선험적 심상을 의미한다. 원형은 인간 경험의 근본적인 구조로 작용하며 주로 상징적인 형태로 표현되고 그 수는 무수히 다양하다. 그 기원은 명확히 알 수 없지만 원형은 이미 존재하는 심리적 패턴으로 간주된다. 직접적으로 관찰할 수는 없지만 활성화되었을 때 꿈, 환상, 신화, 종교, 전설 등에서 상징적 이미지나 이야기로 나타난다.

원형은 개인의 심리적 구조를 넘어 인류 전체의 집단적 경험을 반영한다. 사랑과 증오, 부모와 자식, 탄생과 죽음, 남성과 여성 등 보편적 심리적 주제가 집단 무의식에 축적된 결과로 인간이 경험을 이해하고 대처하는 방식에 깊이 영향을 미친다. 이러한 원형은 인간행동이나 문화적 표현에서 반복적으로 나타나며 단순히 개인적 경험을 넘어 인류 공통의 심리적 유산으로 작용한다. 이에 원형은 심리학, 예술, 문학, 종교 등 다양한 분야에서 인간의 사고와 감정을 이해하는 데 중요한 틀을 제공한다. 융이 제시한 대표적인 원형에는 페르소나, 그림자, 아니마와 아니무스, 자기가 있다. 이들은 각각 인간의 심리적 측면과 내적 갈등을 설명하며, 개인의 심리적 성장과 통합과정에 중요한 역할을 한다.

② 페르소나(persona)

페르소나는 개인이 사회적 환경에서 적응하고 상호작용하기 위해 사용하는 사회적 가면을 의미한다. 라틴어로 '가면'을 뜻하는 이 단어는 개인이 외부 세계에 자신을 표현하거나 드러내기 위해 사회적 요구에 맞춘 공적인 모습을 가리킨다. 즉, 페르소나는 진정한 자아라기보다는 주변의 기대에 부응하기 위해 만들어진 태도로, 환경과 조화를 이루기 위한 적응의 일환이라 할 수 있다(Hall & Nordby, 1999). 페르소나는 직장, 가정, 사회적 모임 등 다양한 상황에서 타인과 관계를 맺으며 적응하는 데 활용된다. 예를 들어, 개인이 직장에서 보여주는 전문적인 태도, 부모에게는 아들과 딸로서의 역할, 친구들 사이에서의 다정한 모습은 모두 페르소나의 표현이다. 이를 통해 사람들은 사회적 기대에 부응하며 긍정적인 인상을 주거나, 필요에 따라 자신의 내면을 감추기도 한다. 심리적 성숙을 이루기 위해 페르소나를 탐구하고 이를 의식적으로 조율하는 노력이 필요하다(Jung, 1960).

③ 아니마(anima)와 아니무스(animus)

아니마는 남성 내면에 존재하는 여성성을, 아니무스는 여성 내면에 존재하는 남성성을 의미한다. 융은 페르소나가 외부에 드러나는 사회적 역할이라면 아니마와 아니무스는 무의식 속의 성격을 상징한다. 이 두 원형은 인간이 이성의 특징을 이해하고 받아들이도록 돕는 집단적 심상으로 작용한다. 융에 따르면, 남성은 아니마를 통해 여성성을 이해하고, 여성은 아니무스를 통해 남성성을 이해하고 수용할 수 있다. 심리적 건강과 성숙을 위해 남성은 자신의 내면에 잠재해 있는 여성성을, 여성은 자신의 남성성을 이해하고 통합해야 한다. 특히 현대 사회에서 성 역할의 경계가 점점 모호해지고, 심리적 균형의 중요성이 강조되면서, 아니마와 아니무스는 심리치료와 상담에서 내적 통합과 성숙을 위한 중요한 개념으로 널리 활용되고 있다(이부영, 2022).

④ 그림자(shadow)

그림자는 자아의 어두운 측면으로 인간의 원초적인 동물적 욕구와 관련된 원형으로 간주된다. 이는 자아가 수용하지 못한 감정과 행동을 포함하며 잠재적으로 강력하고 위험한 콤플렉스로 작용할 수 있다. 그러나 그림자는 부정적 성향만이 아니라, 건설적이고 창조적인 면도 함께 지닌 양면성을 가진다(이부영, 1998). 그림자를 적절하게 표현하고 활용하면 창조, 활력, 영감의 원천이 된다. 반면, 그림자를 과도하게 억압하는 경우 자유로운 표현력이 제한되어 심리적 갈등, 불안, 긴장 상태를 초래할 수 있다.

⑤ 자기(self)

분석심리학에서 자기는 인간 정신 구조의 중심으로, 의식과 무의식을 통합하는 전체성을 상징한다. 자기는 심리적 성숙과 균형을 이루는 궁극적인 목표로, 인간이 자신의 전인적 존재를 실현하는 과정과 연결된다. 융은 자아를 '일상적인 나'로 정의하며, 이는 현실과의 상호작용을 담당한다. 반면, 자기는 의식과 무의식을 포함하는 '본래의 나'로, 성격 체계를 조화롭게 통합하고 삶에 조화와 통일성을 부여하는 조정자의 역할을 한다.

융은 자기를 개성화 과정과 연관 지었다. 개성화는 무의식의 내용을 의식화하고 내면의 대립적 요소를 통합하는 자기실현 과정으로, 이를 통해 심리적 갈등을 이해하고 통합하며 삶의 목적을 발견하게 된다. 특히 중년기와 같은 인생의 전환점에서 자기 원형이 활성화되어 자기실현과 삶의 의미를 찾는 계기가 된다.

(4) 정신에너지(리비도, libido)

융은 정신에너지를 인간의 모든 정신적 작용을 가능하게 하는 에너지의 총체로 정의하였다. 프로이트가 리비도를 성적 에너지로 제한했던 것과 달리, 융은 이를 삶 전반에 작동하는 생활 에너지로 확장했다. 리비도는 생물학적 욕구 충족뿐 아니라 지각, 기억, 생각, 감정, 의지 등 심리적, 영적, 창조적 활동을 가능하게 하는 원동력으로 작용한다. 정신에너지는 개인의 경험에서 생성되며 이러한 경험은 정신적 활동에 통해 소비되고 정신에너지로 변환된다.

(5) 개성화(individuation) 과정

개성화는 개인의 심리적 기능, 태도, 콤플렉스, 억압된 자아의 측면들을 의식 속에 통합해 가는 심리적 성장 과정으로 개별화라고도 불린다. 융은 개성화를 자아 탐색과 자기 완성으로 나아가는 여정으로 설명하며, 이를 통해 자신을 발견하고 통합해 가는 것이 삶의 궁극적인 목표라고 강조하였다. 융은 특히 중년기 이후 개성화가 본격적으로 시작된다고 강조하였다. 그는 중년기에 이르러야 비로소 자기실현의 기회가 주어지며, 이를 위해 무의식과의 대면 그리고 페르소나 너머에 있는 진정한 자아를 탐구해야 한다고 보았다. 또한, 아니마와 아니무스의 통합을 통해 자신 안에 존재하는 잠재력을 발휘하고 삶의 심리적 균형과 조화를 이루는 과정이 필요하다고 설명했다. 융은 개성화는 삶이 끝날 때까지 지속되는 여정으로 간주했다. 이는 인간이 심리적 성숙과 통합을 이루고 자신만의 독창적이고 조화로운 삶을 살아가는 데 핵심적인 의미를 지닌다.

(6) 동시성(synchronicity)의 원리

동시성이란 서로 인과관계가 없어 보이는 두 사건이 의미 있게 동시에 발생하는 현상으로 인간의 내적 경험과 외부 세계의 사건 간 깊은 연결성을 보여준다. 융은 동시성을 두 가지 요소로 설명했다. 첫째, 무의식적 내용이 꿈, 직감, 예감 등으로 나타나는 경우다. 둘째, 이와 일치하는 실제 사건이 발생하는 것이다. 예를 들어, 꿈에서 본 지인이 현실에서 사망했다는 소식을 접하는 경우가 이에 해당한다. 이러한 현상은 개인의 상징적 경험과 무의식의 표현으로 자주 나타나며, 의식과 무의식 간의 상호작용을 반영한다.

융은 동시성이 단순한 우연이 아니라 더 깊은 원리에 기반한 것으로 동양 철학, 연금술, 점성술, 『주역』 등에서 사례를 발견했다. 그는 시간과 공간을 초월한 우주적 질서와 인간 심리 간의 본질적 연결성을 강조하며, 동시성 이론을 근대 과학의 인과율을 넘어선 새로운 인식틀로 제시하였다.

3) 성격유형과 발달

융은 성격유형을 개인의 심리적 에너지 방향에 따라 외향성(extraversion)과 내향성(introversion)이라는 두 가지 태도로 구분하였다. 외향성은 에너지가 외부 세계로 향하는 객관적 태도로 외향적인 사람은 사회적 관계를 중시하며 활발하며 사교적이고 새로운 경험과 활동을 선호하는 경향이 있다. 반면, 내향성은 에너지가 내면으로 향하는 주관적인 태도를 의미하며, 내향적인 사람은 자기 성찰과 깊은 사고를 중시하며 조용하고 신중한 성향을 보인다. 융은 두 성향이 서로 배타적인 것이 아니라 모든 사람에게 공존하지만, 개인마다 한쪽 성향이 더 우세하게 나타난다고 보았다. 또한 의식적으로 외향적인 사람은 무의식적으로 내향성을 지닐 수 있고, 반대로 내향적인 사람도 외향적인 면을 지닐 수 있는 것처럼 두 성향은 상호 보완적인 관계에 있다고 강조하였다.

융은 인간의 인지와 판단 과정을 설명하는 네 가지 심리적 기능으로 사고(thinking), 감정(feeling), 감각(sensing), 직관(intuition)을 제시했다. 사고와 감정은 의사결정에 관련된 합리적 기능이며, 감각과 직관은 정보를 인식하는 비합리적 기능으로 분류된다. 이러한 네 가지 기능과 외향성과 내향성이라는 태도가 결합하여 융은 다음과 같이 8가지 성격유형을 제시하였다.

외향적 사고형은 논리적이고 객관적인 사고를 외부 세계에 적용하며 체계적이고 분석적인 성향을 보인다. 내향적 사고형은 내면의 원리나 이념에 집중하며 사색적이고 이론적인 경향이 강하다. 외향적 감정형은 타인과의 조화와 관계를 중시하고 감정을 외적으로 표현하며 사교적이고 원만한 성격을 지닌다. 내향적 감정형은 감정을 내면에 간직하고 표현을 삼가며 조용하고 섬세한 성향을 보인다. 외향적 감각형은 현재의 현실적 경험에 집중하고 실용적이며 구체적인 활동에 능하다. 내향적 감각형은 내적 감각과 인상에 집중하며 과거 경험이나 상징적 이미지에 민감하다. 외향적 직관형은 외부 세계에서 새로운 가능성과 아이디어를 적극적으로 탐색하며 창의적이고 진취적인 성향을 보인다. 내향적 직관형은 무의식적인 이미지와 상징에서 영감을 얻어 내면의 가능성과 미래에 대한 통찰을 추구한다.

4) 성격의 발달 단계

융은 성격발달 과정을 아동기, 청소년 및 성인 초기, 중년기 그리고 노년기의 4단계로 구분했다.

① 아동기

융은 이 시기의 아동은 근본적으로 본능적 에너지에 의해 움직이며 원시적인 방식으로 자아가 발달하기 시작하는 단계로 성격 형성에 특히 중요하다고 보지 않았다. 아동은 주체적인 의식이 이루어지지 않고 주로 부모에게 의존한다. 학교에 들어가면서부터 자아정체감이 지각되면서 자아가 형성된다.

② 청소년 및 성인 초기

사춘기에 시작되며 융은 사춘기를 심리적 탄생기로 불렀다. 이 시기에는 신체적, 심리적 갈등을 경험하며 자아가 발달하고 외부 세계에 대처할 역량이 발휘된다. 청년기로부터 성인 초기 단계는 외형적으로 팽창하는 시기이며 직업에 대한 준비와 가정을 이루고 외부 세계에 대처하는 능력을 발휘해야 한다.

③ 중년기

융은 중년기를 발달 단계 중 가장 중요한 시기로 보았다. 중년기에는 정신적 변화를 겪게 되는 시기로 외형적 목표와 야망이 중요하지 않고 인생이 공허하며 무의미한 것처럼 여겨져 상실감을 경험할 수 있다. 따라서 이 시기에는 내면적 사색과 명상을 통해서 자신의 잠재력에 깊은 관심을 갖는 것이 중요하다.

④ 노년기

노년기가 되면 사람들은 자신의 삶을 되돌아보며 자신의 무의식 세계에 더 깊은 관심을 갖게 된다. 융은 이 시기를 단순히 육체적 쇠퇴의 단계로 보지 않고, 내적 성장과 초월적 통찰의 가능성이 열리는 시기로 간주했다. 명상과 회고를 통해 삶을 성찰하고 초월적인 관점에서 삶과 죽음을 이해하려는 시기로 자신의 삶을 통합하고, 내면적 평화와 조화를 이루어가는 과정을 중요시했다.

5) 융 이론의 평가

융의 분석심리이론은 인간의 정신, 특히 무의식 세계에 대한 깊이 있는 이해를 가능하게 했다는 점에서 큰 의의를 갖는다. 그는 중년기의 심리적 위기를 단순한 혼란이 아닌 자아 통합과 성장을 위한 전환점으로 바라보았으며, 개인의 현실의 어려움을 극복하고 새로운 사고와 대처방식을 수용할 수 있도록 이론적 토대를 제공하였다. 이 이론은 현대 심리학과 예술, 문학, 연극, 종교, 문화, 사회적 사고에 광범위한 영향을 미치며 인간 정신에 대한 통합적 접근의 가능성을 확장시켰다.

그러나 융의 이론은 여러 비판이 제기되고 있다. 첫째, 집단 무의식과 원형 개념은 추상적이고 실증적 뒷받침이 부족하다는 이유로 과학적 타당성에 대한 논란이 지속되어 왔다. 둘째, 그의 이론은 신화, 상징, 영성, 연금술 등 비과학적이고 초자연적 요소를 포함하고 있어 경험적 접근을 중시하는 심리학자들로부터 회의적인 평가를 받는다. 셋째, 융은 다양한 자료를 폭넓게 활용했지만, 연구의 체계성이 부족하고 검증 가능성이 낮아 학문적 엄밀성에 대한 비판을 제기된다.

그럼에도 불구하고, 융의 분석심리학은 오늘날에도 여전히 심층심리학의 중요한 축으로 자리 잡고 있다. 그의 이론은 자기 이해, 상징의 해석, 인간의 통합적 성장에 초점을 두며 개인의 자신의 내면세계를 깊이 성찰하고 삶의 의미를 탐색할 때 분석적 심리치료의 유효한 접근으로 평가받는다. 융의 사상은 과학적 탐구와 인간 정신에 대한 철학적·영적 통찰 사이의 간극을 메우려는 현대적 흐름 속에서 그 가치와 의의가 재조명되고 있다.

4. 아들러의 개인심리학 이론

알프레드 아들러(Alfred Adler, 1870~1937)가 제창한 개인심리학(individual psychology)은 인간을 통합된 전체로 이해하며, 사회적 맥락 속에서 개인의 행동과 동기를 해석하는 이론이다. 아들러는 인간행동에 무의식이 미치는 영향을 인정하면서도 인간이 환경과 상호작용하며 심리적 문제를 경험하고 이를 극복하는 과정을 통해 성장과 발달을 이룬다고 보았다. 그는 프로이트, 융과 함께 심층심리학의 창시자로서 행동의 동기에 깊은 관심을 가졌다.

아들러는 인간행동의 동기를 본능적 욕구, 특히 성적 충동과 억압에서 찾은 프로이트와 달리 인간이 열등감을 극복하고 우월성을 추구하려는 선천적 동기를 지닌 존재라고 강조했다. 그는 인간이 자신의 삶과 성격을 능동적으로 지시하고 창조할 수 있는 주체적인 존재라고 보았다. 프로이트가 성격발달을 리비도(성적 에너지)로 설명하며 무의식적 갈등과 억압을 중시하고 개인을 독립적으로 분석하는 데 초점을 맞췄다면 아들러는 열등감 콤플렉스와 사회적 관심을 통해 인간행동을 설명하고 인간을 사회적 맥락에서 이해하며 공동체 의식을 중시했다. 그의 사회적 관심은 정신건강의 지표로 할 것을 주장하였는데 이는 오늘날 정신치료에서 가치관의 중요성을 인식시켰다고 할 수 있다. 그의 이론은 심리치료, 상담, 교육 등 다양한 분야에서 활용되며, 인간행동을 이해하고 변화시키는 데 중요한 틀을 제공한다.

1) 아들러의 생애

알프레드 아들러 (Alfred Adler, 1870~1938)

알프레드 아들러(Alfred Adler)는 1870년 2월 7일 오스트리아 빈 근교에서 유대인 곡물상인의 4남 2녀 중 둘째로 태어났다. 아들러는 유년기에 겪은 병약함, 형과의 비교 경험, 동생의 죽음과 같은 사건들을 토대로 열등감, 우월성 추구, 출생순위와 같은 심리적 개념을 발전시키는 데 중요한 기반이 되었다.

아들러는 1895년 빈 대학교에서 의학 박사 학위를 취득한 후 아동의 불치병, 아동 양육, 학교 개혁, 사회적 편견 등 다양한 사회문제에 깊은 관심을 갖고 심리치료와 예방적 활동을 위한 폭넓은 사회적 활동을 펼쳤다. 그는 비엔나 공립학교에 아동지도 클리닉(child guidance clinic)을 설립하고, 교사, 사회복지사, 의사, 부모을 대상으로 실질적이고 효과적인 방법을 개발하였다.

1902년 프로이트의 초청으로 그의 수요 모임에 참가하며 정신분석 운동에 중요한 역할을 맡았고, 1910년 비엔나 정신분석학회의 초대 회장으로 임명되었다. 그러나 프로이트와의 이론적 견해 차이로 1911년 결별하고, 자유정신분석학회를 결성하였고, 1912년 이를 개인심리학회로 명칭을 변경하였다. 1920년대에는 미국에서 강연을 시작으로 전 세계를 여행하며 강연과 교육 활동을 활발히 전개했다. 1934년 미국으로 이주하여 롱아일랜드 의과대학의 교수로 재직하며 개인심리학을 널리 알렸다. 아들러는 1937년 5월 28일, 스코틀랜드 애버딘에서 강연 중 심장마비로 사망하였다.

2) 주요개념

(1) 기본가정

아들러의 개인심리학에서 개인(individual)이라는 용어는 라틴어 'individuum'에서 유래되었고 이는 '분리되지 않는' 또는 '나눌 수 없는' 의미를 지닌다. 이는 인간을 하나의 통합된 존재로 보는 관점을 반영하며, 아들러는 인간을 심리적·신체적으로 분리되지 않은 전체로 이해하고자 했다. 이러한 철학을 바탕으로 개인심리학은 인간을 가족·사회·문화적 맥락 속에서 해석하며 인간의 행동과 동기를 보다 통합적으로 바라본다.

개인심리학은 인간에 대해 다섯 가지 기본가정을 제시한다. 첫째, 인간은 정신과 신체가 분리되지 않은 통합된 유기체로, 전체적인 관점에서 이해되어야 한다. 아들러는 인간의 통합적 성격 구조를 생활양식이라는 개념으로 설명하며 인간행동의 일관성과 전체성을 강조했다. 둘째, 인간은 사회적 존재로, 사회적 맥락 속에서 살아가며 관계와 공동체 의식은 행동과 동기를 이해하는 중요한 요인이다. 아들러는 사회적 관심을 정신적 건강과 조화로운 삶의 핵심 개념으로 보았다. 셋째, 인간은 목적 지향적인 존재로 과거 경험에 단순히 반응하는 것이 아니라, 미래의 목표와 열망에 의해 현재의 행동이 결정된다고 보았다. 인간의 행동은 특정 목표를 달성하려는 의도적이며 창조적인 활동이다. 넷째, 인간은 주관적 존재로 자신의 경험과 감정, 세계에 대한 인식에 따라 행동한다. 이는 현상학적 관점에 기반하며, 인간은 현실을 자신만의 방식으로 해석하고 반응하는 능동적 존재임을 의미한다. 다섯째, 인간은 창조적 존재로 자신의 환경과 삶을 스스로 설계하고 변화시킬 수 있는 능력을 지닌다. 사고, 감정, 신념, 태도는 개인의 독특성을 반영하며 목표를 향해 능동적으로 행동하는 힘이 된다. 이러한 기본가정은 인간을 전체적이고 목적적이며 사회적인 존재로 바라보는 아들러 개인심리학의 핵심 철학을 반영하며, 인간행동과 심리 문제를 이해하는 데 중요한 이론적 기반이 된다.

(2) 열등감과 보상

아들러는 열등감(inferiority)을 개인이 타인과 자신을 비교하며 느끼는 주관적인 열등의식으로 정의하였다. 그는 열등감을 누구나 경험하는 자연스러운 감정으로 보았으며, 이를 부정적인 것이 아닌 성장과 성숙을 위한 동기로 간주했다. 열등감은 개인이 완전함과 자기 발달을 향해 나아가도록 자극하는 중요한 원동력이며 아들러는 모든 진보와 발전이 열등감을 극복하려는 노력에서 비롯된다고 보았다. 이를 극복하기 위한 보상 기제는 개인의 약점을 보완하고 자아존중감을 회복하게 하며 사회적 관계 개선에도 기여한다. 이러한 보상은 우월감을 향한 건강한 반응으로 작용하지만 잘못된 보상은 오히려 심리적 문제를 유발할 수 있다. 보상의 결과는 개인의 생활양식과 삶의 목표에 따라 달라진다.

아들러는 열등감 콤플렉스(inferiority complex)의 주요 원인으로 신체적 결함, 부모의 과잉보호, 부모의 방임을 제시하였다. 신체적 결함은 그 자체보다 개인의 인식과 해석, 극복 방식에 따라 열등감으로 이어질 수 있으며, 보상에 실패하면 부적응을 초래한다. 부모의 과잉보호는 아동에게 피상적인 우월감을 형성하지만 자율성과 독립성을 저해하여 좌절 상황에서 심한 열등감을 유발한다. 부모의 방임은 아동으로 하여금 거부감과 무가치감을 경험하게 하여 사회적 고립을 낳고 결국 병적 열등감으로 발전할 수 있다.

(3) 우월에 대한 추구

아들러는 우월에의 추구(striving for superiority)를 인간이 열등감을 보상하려는 노력에서 비롯된다고 보았다. 그는 이를 인간 삶의 기본 동기로 이해했으며 모든 사람이 향상과 완성을 지향하는 궁극적인 목적이라고 강조했다. 우월성 추구는 개인이 자신의 상태를 마이너스에서 플러스로, 미완성에서 완성으로 전환하려는 내적 동기로 작용하며 자기실현, 자기성장, 자기완성과 유사한 개념으로 사회적 유용성과도 밀접하게 관련되어 있다. 우월성 추구는 선천적으로 타고난 잠재력으로 존재하며 이를 현실화하는 과정은 각 개인의 선택과 삶의 방식에 달려 있다. 건강한 삶을 사는 사람은 사회적 관심을 바탕으로 바람직한 생활양식을 형성하고 이를 기반으로 우월성을 추구한다. 아들러는 이러한 우월성 추구가 개인의 성장을 넘어 사회와의 조화를 이루며 실현되어야 한다고 보았으며 이는 인간의 내적 충동에 주로 초점을 둔 프로이트의 관점과는 차별화되는 지점이다. 아들러는 개인과 사회가 조화를 이루며 함께 성장할 수 있다고 강조했다.

(4) 사회적 관심

사회적 관심(social interest)은 인간이 타인과 상호작용하고 공동체 의식을 바탕으로 사회에 기여하려는 태도와 행동을 의미하며 아들러(1927)는 이를 인간 본연의 사회적 본능으로 보았다. 그는 사회적 관심이 선천적인 경향이 있지만 환경적 요인과 의식적인 노력에 의해 발달하며 특히 어머니와의 초기 관계가 그 형성에 결정적인 영향을 미친다고 강조했다. 어머니는 아동에게 폭넓은 사회적 관계를 경험하도록 격려하고 긍정적인 역할 모델이 되어야 한다. 이후 가족, 친구, 그리고 사회로 사회적 관심의 범위가 확장되기 때문에 아버지 역시 자녀와의 관계에서 긍정적이고 지지적인 태도를 보여야 한다(Ansbacher & Ansbacher, 1956).

아들러(Adler, 1958)는 사회적 관심을 삶의 필수적인 요소로 간주하며 이는 개인의 삶의 가치를 판단하는 중요한 기준이 된다. 사회적 관심이 높은 사람은 타인과 긍정적인 관계를 형성하고 공동체 대한 책임감과 배려를 실천하는 반면, 사회적 관심이 부족한 사람은 자기중심적이고, 개인적 이익에 치중하는 경향을 보인다. 결론적으로 사회적 관심은 개인의 심리적 건강과 공동체의 발전을 위해 필수적인 요소이며, 이를 발달시키기 위해 가족, 특히 부모의 역할이 매우 중요하다.

(5) 창조적 자아

아들러는 개인이 창조적 자아(creative self)를 통해 자신의 삶을 능동적으로 형성한다고 보았다. 창조적 자아란 개인이 유전, 환경, 경험을 주체적으로 해석하고 이를 바탕으로 삶의 방향과 목적을 설정하는 능력을 의미한다(Adler, 1933). 이는 인간이 과거의 한계에 얽매이지 않고 변화와 성장을 추구할 수 있는 가능성을 보여준다.

또한, 창조적 자아는 사회적 관심과 연결되어 개인이 자기 삶을 설계할 뿐 아니라 사회와 공동체에 기여하는 책임감 있는 존재로 성장하도록 돕는다. 결국, 창조적 자아는 인간이 주체적으로 의미를 발견하고 환경에 구속되지 않으며, 개인적 성장과 사회적 유익을 동시에 추구할 수 있는 잠재력을 지닌 존재임을 강조한다.

(6) 가상적 목표

가상적 목표(fictional finalism)는 개인의 행동을 이끄는 상상 속의 이상적 상태나 중심 목표를 의미하며 삶의 궁극적인 목적을 설정하고 행동의 방향을 결정짓는 원동력으로 작용한다. 이 목표는 현실적으로 달성되지 않을 수도 있는 허구적 개념이지만 개인이 바라는 미래를 상상하며 행동을 조직하고 의미를 부여하는 역할을 한다. 아들러는 인간이 우월성과 완전성을 추구하는 과정에서 가상적 목표가 구체화 된다고 보았으며 현재의 행동은 과거보다 미래에 대한 기대와 목표 지각에 의해 더 크게 영향을 받는다고 주장했다. 즉, 인간은 객관적 진실이 아니라 자신이 진실이라고 믿는 신념을 바탕으로 동기를 부여받으며 행동의 방향을 설정한다. 이러한 목표는 개인마다 독창적이고 자기결정적인 특성에 따라 형성되며 현실의 제약과는 별개로 미래에 대한 주관적 상상을 통해 삶의 의미를 부여한다. 따라서 가상적 목표는 실제 존재하는 것이 아님에도 불구하고 개인의 행동을 조직화하고 삶의 방향성과 동기를 제공하는 중요한 심리적 요소로 작용한다.

(7) 생활양식

생활양식(lifestyle)은 개인이 세상을 인식하고 대처하는 독특한 방식으로 아들러의 목표 추구 개념을 구체화한 핵심 개념이다. 이는 아들러의 역동적 성격이론을 잘 반영하며 개인이 삶의 목표를 향해 나아가는 사고, 감정, 행농의 고유한 패턴을 포함한다. 생활양식은 단순한 행동 특성이 아니라 자아개념, 타인에 대한 감정, 세상에 대한 태도 등 삶 전반에 걸친 개인의 독특한 성향을 나타낸다. 아들러는 개인을 행위자이자 창조자, 삶의 예술가로 보았으며, 각 개인은 자신의 열등감과 무력감을 극복하고 보상하려는 과정에서 의미 있는 목표를 설정하고 이를 향해 나아가며 고유한 생활양식을 형성한다고 보았다. 이 생활양식은 생애 초기 환경에서 형성되며 이후 경험과 융합되어 비교적 일관된 행동과 사고의 틀로 유지된다. 이는 개인이 삶의 다양한 과제에 어떻게 접근하고 해결하는지를 결정짓는 기초가 된다.

아들러는 생활양식을 개인이 삶의 과제에 접근하고 해결하는 방식으로 이해하였으며 특히 일, 우정, 사랑과 결혼이라는 세 가지 주요 인생 과업에 대한 태도와 행동을 통해 개인의 생활양식을 파악할 수 있다고 보았다. 그는 생활양식을 사회적 관심과 활동 수준이라는 두 가지 기준에 따라 유형화하였다. 여기서 사회적 관심은 타인과 협력하여 공동체에 기여하려는 태도를 의미하고, 활동 수준은 삶의 문제를 해결하려는 행동적 에너지를 의미한다.

이 기준에 따라 생활양식은 네 가지로 구분된다. 첫째, 사회적 유용형은 사회적 관심과 활동 수준이 모두 높은 유형으로 타인과의 협력을 중요시하며 공동체 발전에 적극적으로 기여하려는 태도를 지닌다. 문제 상황에서도 책임감 있게 행동하며, 타인의 복지와 조화를 추구하는 건강한 생활양식이다. 둘째, 지배형은 활동 수준은 높지만 사회적 관심이 낮은 유형으로 타인을 지배하거나 통제하려는 성향이 강하다. 자기중심적이며, 경쟁과 우월감에 집중하며, 타인의 감정이나 입장을 고려하지 않는 경향이 있다. 셋째, 획득형은 사회적 관심은 낮고 활동 수준도 낮은 편이며, 수동적이고 의존적인 태도를 보이는 유형이다. 스스로 문제를 해결하려는 노력보다는 타인의 도움이나 보호를 기대하며 자신을 희생자처럼 인식하고 외부의 지지를 끌어내려는 경향이 있다. 넷째, 회피형은 사회적 관심과 활동 수준이 모두 낮은 유형으로 실패나 좌절을 피하려는 회피적 성향이 강하고, 책임을 회피하며 현실을 외면하려는 방어적인 태도를 보인다. 아들러는 이처럼 생활양식을 통해 개인의 독특한 성격을 이해할 수 있으며, 이를 바탕으로 인간행동과 삶의 방향성을 설명할 수 있다고 보았다.

(8) 출생순위

아들러는 출생순위(ordinal birth position)가 개인의 성격 형성과 행동에 영향을 미친다고 보았다. 그는 아동에게 가장 중요한 요소 중 하나는 가족 내에서의 위치라고 보았다. 같은 부모 아래에서도 출생순위에 따라 경험하는 사회적·심리적 환경이 달라지며 이에 따라 생활양식과 대인관계 방식이 다르게 형성된다고 주장했다. 그러나 아들러는 출생순위가 성격을 결정짓는 절대적인 요인은 아니며, 아동이 이를 어떻게 해석하고 받아들이는지에 따라 각기 다른 심리적 환경이 형성된다고 보았다. 또한 출생순위에 따라 성격적 특성은 양육방식, 형제 관계, 경제적 환경 등 다양한 요인의 영향을 함께 받기 때문에 고정되거나 보편적인 것으로 단정할 수 없다.

① 맏이

맏이(first-born)는 가족 내에서 부모의 많은 관심과 애정, 그리고 높은 기대를 가장 먼저 받는 위치에 있다. 이러한 환경에서 자란 맏이는 성취를 통해 인정받으려는 경향이 강하며, 부모의 기대를 충족하기 위해 책임감과 리더십을 발달시키는 경우가 많다. 종종 동생들을 돌보고 이끄는 역할을 맡게 되며 이를 통해 가족 내에서 중요한 위치를 유지하려 노력한다. 그러나 이러한 역할은 때로는 부담으로 작용할 수 있다.

아들러는 맏이를 '폐위된 왕'에 비유하며 동생의 출생으로 인해 부모의 관심이 분산되면서 맏이가 박탈감, 불안감, 열등감을 경험할 수 있다고 설명했다. 이로 인해 퇴행 행동(예: 동생처럼 행동하기, 부모의 관심 끌기 등)으로 나타날 수 있다. 하지만 부모가 맏이의 감정을 이해하고 지지해주며 동생의 존재를 자연스럽게 받아들일 수 있도록 도와준다면 이러한 위기는 충분히 극복될 수 있다. 부모는 맏이에게 긍정적인 역할 모델로서의 자긍심과 책임감을 심어주는 동시에 정서적 지지를 제공해야 한다. 이는 맏이가 가족 내 변화에 적응하고 건강한 정서적 발달을 이루는 데 중요한 기반이 된다.

② 둘째 아이

아들러는 둘째 아이(second-born)가 가족 내에서 독특한 위치를 차지하며 그 위치가 성격 형성에 영향을 미친다고 보았다. 둘째는 첫째와 비교되는 상황 속에서 성장하기 때문에 자연스럽게 경쟁심을 느끼며 이러한 경쟁은 행동과 생활양식에 큰 영향을 미친다. 특히 첫째와 차별화된 정체성을 형성하려는 동기는 둘째가 독립적이고 성취지향적인 성격을 발달시키는 데 기여할 수 있다. 둘째는 종종 첫째가 실패한 영역에서 성공을 거두거나 자신만의 강점을 개발해 부모의 애정을 얻고자 노력하는 경향이 있다. 이러한 과정은 긍정적인 동기부여가 될 수 있지만 동시에 첫째와의 비교와 경쟁으로 인해 열등감이나 정서적 스트레스를 느낄 가능성도 있다. 따라서 부모는 둘째 아이를 독립적인 존재로 인정하고 첫째와의 관계를 긍정적으로 조율해주는 역할이 중요하다. 둘째가 자신만의 고유한 특성과 강점을 발휘할 수 있도록 공정하고 균형 잡힌 관심과 지지를 제공해야 한다. 이는 둘째 아이가 가족 내에서 건강한 정체성을 형성하고 긍정적인 자아상을 갖는 데 큰 도움이 된다.

③ 막내

막내(youngest-born)는 가족 내에서 가장 많은 관심과 보호를 받는 위치에 있으며 이러한 환경은 자신이 특별하다는 자아감을 형성하고 독창성과 자유로운 성향을 발달시키는 데 긍정적으로 작용할 수 있다. 기존 가족 구성원과 다른 길을 탐색하며 자신만의 영역에서 성취를 이루려는 경향도 있다.

그러나 과도한 보호는 막내가 독립성과 책임감을 충분히 기르지 못하게 하여 의존적이거나 무력감을 느끼게 만들 수 있다. 따라서 부모와 형제자매는 막내에게 적절한 지지와 격려를 제공하면서도 자율성과 책임감을 배울 수 있는 기회를 주는 것이 중요하다. 이를 통해 막내는 창의성과 사교성을 유지하면서도 성숙한 책임감을 갖춘 독립적인 인격으로 성장할 수 있다.

④ 외동아이

외동아이(only child)는 형제자매 없이 어른들과 주로 생활하면서 독특한 성격과 행동 특성을 형성하게 된다. 부모의 전적인 애정과 관심을 받는 환경에 익숙하며 자원을 나눌 필요가 없이 자신이 중심이 되는 상황에서 자란다. 이러한 경험은 높은 성취동기를 유발하여 어른 수준의 기대를 충족하려는 경향을 강화시킬 수 있다. 또래보다 성숙한 언어와 행동을 보이기도 하지만 형제자매와의 상호작용이 부족해 사회적 기술이 미숙하거나 외로움을 느낄 수 있다. 자신이 관심의 중심이 되는 것에 익숙해져 있기 때문에 욕구가 충족되지 않으면 과민하거나 쉽게 좌절하기도 한다. 형제자매와 7년 이상의 나이 차이가 있는 경우에도 외동아이와 유사한 특성을 보일 수 있다.

외동아이가 건강하고 균형 잡힌 성격을 형성하며 사회적 관계에서 자신감을 키우고 조화로운 삶을 살아가기 위해서는 부모의 양육 태도가 중요하다. 부모는 외동아이가 타인과 협력하고 자원을 나누는 경험을 통해 사회적 기술을 배울 수 있는 기회를 제공해야 한다. 또한, 지나치게 높은 기대를 강요하기보다는 아이의 감정과 개성을 존중하고 독립적으로 성장할 수 있도록 지지와 격려를 아끼지 않아야 한다.

3) 아들러 이론의 평가

아들러의 개인심리학은 인간행동을 이해하는 데 중요한 틀을 제공하며, 심리학, 상담, 사회복지 등 다양한 분야에서 널리 활용되고 있다. 그의 이론은 인간의 사회적 본성과 자율성을 강조하며, 행동이 단순히 본능이나 과거의 경험이 아니라, 미래의 목표와 사회적 관계에 의해 형성된다고 본다. 이러한 관점은 개인의 심리적, 사회적, 환경적 요인을 통합적으로 이해하려는 다차원적 접근으로 심리치료와 상담에 큰 기여를 했다. 특히 긍정적이고 미래 지향적인 태도는 교육, 자녀 양육, 부부 관계 등 다양한 실천 영역에서 지속적인 영향을 미치고 있다.

그러나 아들러의 이론은 몇 가지 한계와 비판을 동반한다. 우선, 이론이 과학적 방법론을 통해 실증적으로 검증하기 어렵다는 점에서 경험적 검증의 한계를 가진다. 일부 개념은 정의가 다소 모호하고 체계성이 부족하여 현대 심리학의 다른 이론과 비교나 응용에 어려움이 있다. 또한 사회적 관심과 공동체 책임에 대한 강조는 개인의 성향이나 문화적 배경에 따라 수용에 차이가 있을 수 있다. 예를 들어 개인주의가 강한 문화에서는 이러한 강조가 현실과 동떨어지거나 개인의 자유를 제한한다는 비판을 받을 수 있다. 그럼에도 불구하고, 아들러의 이론은 인간의 성장 가능성과 긍정적 변화의 잠재력을 강조하며, 인간 이해와 심리적 개입에 있어 여전히 중요한 이론으로 평가받고 있다.

5. 정신역동이론과 사회복지실천

정신역동이론은 인간의 행동과 정서적 문제를 의식과 무의식의 동기, 초기 경험, 사회적 관계의 상호작용을 통해 이해하는 이론이다. 인간 내면의 심리적 갈등, 방어기제, 성격발달 과정을 중시하며 사회복지실천에서 클라이언트의 심리적 고통을 깊이 이해하고 개입 전략을 수립하는 데 유용한 틀을 제공한다.

프로이트는 무의식과 방어기제를 통해 인간행동을 설명하였고 이는 사회복지사가 클라이언트의 감정과 행동 이면에 있는 심리적 동기를 이해하고 정서적 통찰을 유도하는 데 도움을 준다. 에릭슨은 사회복지사가 클라이언트의 발달 단계와 사회적 환경을 함께 고려하여 심리사회적 요구에 맞는 적절한 사정과 개입 계획을 수립하는 데 도움을 준다. 융의 이론은 사회복지사가 클라이언트의 꿈, 상징, 감정 등을 통해 무의식의 정서를 탐색하고, 자기 이해와 통합을 촉진함으로써 정서적 회복과 자기실현을 촉진하는 데 활용된다. 아들러의 접근은 사회복지사가 클라이언트의 삶의 신념과 동기를 점검하고, 왜곡된 인식을 현실적으로 재구성하도록 도우며, 문제상황을 공동체적 관점에서 재해석하고 주체적으로 대안을 실천할 수 있도록 격려하는 실천 전략을 제시한다.

이처럼 정신역동이론은 클라이언트 내면세계를 깊이 이해하고 정서 중심의 개입을 설계하는 데 효과적인 접근이지만, 개인의 심리에 집중하는 경향으로 인해 사회적·구조적 요인을 간과할 수 있다는 한계가 있다. 따라서 현대 사회복지실천에서는 정신역동이론을 체계이론, 생태체계이론, 인지행동이론 등과 통합하여 보다 입체적이고 통합적인 실천을 지향하고 있다.

CHAPTER 04

행동주의이론

1. 고전적 조건형성
2. 스키너의 조작적 조건형성
3. 반두라의 사회학습이론
4. 행동주의이론과 사회복지실천

CHAPTER 04 행동주의이론

행동주의이론은 20세기 중반 정신분석 이론에 대한 대안으로 등장하여, 인간행동을 관찰 가능한 외적 자극과 반응의 관계 속에서 설명하고자 하였다. 이 이론은 인간행동이 환경과의 상호작용을 통해 학습되고 변화한다고 보며, 감정이나 사고와 같은 내면적 요소보다는 강화와 처벌 등 외부 자극에 주목한다. 이러한 접근은 심리학의 과학적 기반을 강화하는 데 기여하였다. 이후 사회학습이론은 관찰학습과 인지적 요소를 반영하며 행동주의의 한계를 보완하였다. 행동주의는 고전적 조건형성, 조작적 조건형성, 사회학습이론을 중심으로 인간의 학습 과정을 설명하며, 상담과 교육, 행동치료 등 다양한 실천 분야에 폭넓게 적용되고 있다.

1. 고전적 조건형성이론

고전적 조건형성이론은 러시아의 생리학자 이반 페트로비치 파블로프(Ivan Petrovich Pavlov, 1849~1936)가 개의 소화 기관에 대한 실험을 진행하던 중 반응행동이 조건화되는 과정을 발견하면서 시작되었다. 그는 직접 고안한 실험장치를 활용하여 개의 침 분비 반응을 관찰하며 자극과 반응 간의 연합이 학습의 핵심 원리임을 밝혀냈다. 이 발견은 이후 행동주의 심리학의 이론적·실험적 기초를 제공하였다. 고전적 조건화는 중성자극이 반복적인 연합을 통해 조건자극으로 전환되고 이를 통해 조건반응 유발되는 과정을 설명한다. 이는 학습이 특정 자극과 반응의 연합을 통해 이루어질 수 있음을 보여주며 인간과 동물의 행동을 이해하는 데 중요한 이론적 틀을 제공한다. 파블로프는 이후 다양한 실험을 통해 조건화의 원리를 체계화하였으며, 그의 연구는 학습과 행동 변화를 과학적으로 분석할 수 있는 기반을 마련하였다.

한편, 미국의 심리학자 존 브로드스 왓슨(John Broadus Watson, 1878~1958)은 파블로프의 이론을 높이 평가하며 행동주의 심리학을 체계화하였다. 왓슨은 고전적 조건형성의 원리를 인간에게 적용할 수 있음을 보여주기 위해 리틀 알버트의 실험(Little Albert)을 실시하였다. 이 실험을 통해 공포와 같은 정서적 반응도 조건화될 수 있음을 입증하였고, 이는 감정도 학습될 수 있는 행동으로 간주하며 행동주의의 적용 범위를 넓히는 데 기여하였다.

1) 파블로프의 생애

이반 파블로프
(Ivan Petrovich Pavlov, 1849~1936)

파블로프는 1849년 9월 14일 러시아 라잔에서 러시아 정교회 사제의 아들로 태어났다. 어린 시절 신학교에서 교육을 받았으나 과학에 대한 열정으로 상트페테르부르크 대학교에 진학하여 자연과학을 전공했다. 1875년 졸업 후에는 소화 기관과 신경계의 상호작용에 대한 연구를 시작하며 동물 및 인간행동 연구에 기여하였다. 1890년에는 상트페테르부르크 생리학 교수로 임명되었고, 1904년 개의 소화 과정에 대한 연구로 노벨 생리학·의학상을 수상하였다.

파블로프는 실험을 통해 개의 침 분비 반응을 관찰하며 조건 반사 개념을 정립, 이를 바탕으로 고전적 조건화 이론을 확립하였다. 이러한 연구는 행동주의 심리학의 기초를 마련하고 인간행동을 과학적으로 분석하는 데 중대한 전환점을 제공하였다. 파블로프는 1936년 2월 27일 러시아 레닌그라드에서 생을 마감하였다. 그의 이론은 오늘날에도 교육, 심리치료, 행동 수정, 행동 연구 등 다양한 분야에서 중요한 이론적 토대로 활용되고 있다.

2) 주요개념

(1) 고전적 조건형성

고전적 조건형성 이론은 원래 특정 반응을 유발하지 않던 중립 자극(Neutral Stimulus: NS)이, 무조건 자극(Unconditioned Stimulus: US)과 반복적으로 결합될 때, 이후에는 그 자체만으로도 반응을 유도하게 되는 학습 과정을 설명한다. 이 이론은 무조건 자극에 대해 자동적으로 나타나는 반응(무조건 반응, UR)이, 학습을 통해 새로운 자극에도 나타날 수 있다는 것을 보여준다.

파블로프는 개의 타액 분비 실험을 통해 이 원리를 입증하였다. 음식은 개가 본능적으로 침을 분비하게 만드는 무조건 자극이고, 이에 대한 반응인 침 분비는 무조건 반응이다. 반면, 종소리는 본래 침 분비와 관련이 없는 중립 자극으로, 단독으로는 아무런 반응을 일으키지 않는다. 그러나 종소리와 음식을 반복적으로 동시에 제시하면, 이후에는 음식 없이 종소리만으로도 침을 분비하는 반응이 나타난다.

이 과정에서 중립 자극이 조건자극(Conditioned Stimulus: CS)으로 변화하고, 이에 따라 나타나는 침 분비는 조건반응(Conditioned Response: CR)이 된다. 즉, 새로운 자극(종소리)이 기존의 반응(침 분비)을 유도하게 된 것이다.

[그림 4-1] 파블로프의 고전적 조건화 과정

(2) 자극 일반화

자극 일반화(stimulus generalization)란 조건화된 자극과 유사한 다양한 자극에 대해서도 동일한 조건반응이 나타나는 현상을 의미한다. 예를 들어 특정한 종소리를 조건자극으로 사용해 개가 침을 흘리는 반응을 학습했다면 이후 이와 유사한 다른 종소리에도 침을 흘리는 반응을 보일 수 있다. 이러한 자극 일반화의 정도는 자극 간의 유사성에 따라 달라지며 두 가지 자극이 유사할수록 반응이 나타날 확률이 높아진다. 우리 속담에 '자라 보고 놀란 가슴, 솥뚜껑 보고 놀란다'는 말은 비슷한 자극에 대한 일반화된 반응의 예로 들 수 있다.

(3) 변별자극

변별자극(discriminative stimulus)은 특정한 반응이 보상되거나 보상되지 않을 것이라는 단서 혹은 신호로 작용하는 자극을 의미한다. 즉, 어떤 행동이나 반응이 긍정적인 결과로 이어질지를 알려주는 신호로서 행동의 발생 여부에 영향을 미친다. 예를 들어 개에게 두 가지 소리를 들려주면서 첫 번째 소리에만 보상을 반복하면 개는 두 가지 소리를 구별하여 첫 번째 소리에만 조건반응을 보이게 된다. 두 가지 소리 차이가 분명할수록 변별은 더욱 쉽게 이루어진다. 비록 변별자극이 인간행동을 완전히 통제할 수는 없지만 어떤 행동이 원하는 결과를 가져올지를 알려주는 지표로서 기능하기 때문에 인간은 이를 통해 외부 세계를 보다 잘 예측하고 통제하며 효과적으로 행동을 조절할 수 있게 된다.

(4) 소거

소거(extinction)는 학습된 행동이나 반응이 점차 약화되거나 사라지는 현상을 말한다. 이는 자극과 반응 간의 학습된 연합이 더 이상 보상되지 않을 때 발생한다. 예를 들어, 조건자극(종소리)이 더 이상 무조건 자극(먹이)과 연합되지 않고 조건자극만 반복적으로 제시되면 학습된 조건반응(침 분비)은 점차 약화되고 결국 소멸된다. 즉, 무조건 자극 없이 조건자극만 지속적으로 제시할 경우 조건반응이 더 이상 유지되지 않는 현상이 바로 소거이다. 소거는 학습된 행동도 환경적 변화에 따라 조정될 수 있음을 보여주는 과정으로 불필요하거나 부적응적인 반응이 자연스럽게 제거되는 방식으로 이해될 수 있다. 특히, 소거의 원리는 행동치료나 교육에서 널리 활용된다. 예를 들어 아동이 문제행동을 통해 주위의 관심을 끌려고 할 때 그 행동에 대해 일관되게 무관심으로 대응하면 점차 그 행동이 줄어드는 효과를 얻을 수 있다.

(5) 자연적 회복

자연적 회복(spontaneous recovery)은 소거되었던 행동이 일정 시간이 지난 후 다시 자연스럽게 나타나는 현상을 의미한다. 예를 들어 조건자극에 대한 조건반응이 소거된 후, 일정 시간이 지난 뒤 무조건 자극을 다시 제시하면, 이전에 학습된 반응이 다시 나타난다. 이는 조건화된 반응이 완전히 사라진 것이 아니라 일시적으로 억제되었음을 보여주는 증거이며, 학습된 연합이 어느 정도 유지되고 있었음을 시사한다. 자연적 회복은 인간의 정서적·육체적 반응에서도 일상적으로 일어난다. 예를 들어, 공황이나 과도한 불안 반응, 암 환자가 화학요법을 받기 전 느끼는 예기적인 메스꺼움 등은 모두 특정 환경 자극에 의해 과거에 학습된 조건반응이 재활성된 결과로 볼 수 있다.

3) 파블로프 이론의 평가

파블로프의 연구는 행동주의이론 전반을 아우르지는 않지만 자극-반응 심리학 영역의 기초를 형성하는 데 큰 영향을 미쳤다. 그는 행동주의이론의 출발점으로서 학습 연구의 기반을 마련했으며 실험과 관찰을 바탕으로 한 과학적 검증이 가능한 접근 방식을 제시하였다. 이는 인간의 학습이 내적인 특성과 행동 변화에서 비롯되더라도 이러한 변화는 관찰 가능한 행동을 통해서만 확인될 수 있다는 점을 강조하였다(최옥채 외, 2014).

파블로프의 고전적 조건형성이론은 사회복지 실천 현장에서 다양한 방식으로 활용될 수 있다. 예를 들어, 클라이언트의 부정적 행동을 수정하거나 불안 감소, 중독 치료 과정에서 개인의 행동 변화를 유도하며 심리적 안정을 돕는 데 기여할 수 있다(강영숙 외, 2023). 그러나 이 이론에는 한계점이 존재한다. 첫째, 인간의 복잡한 학습 과정(언어, 사고)과 인지적 요인을 충분히 설명하지 못한다. 둘째, 자발적이고 능동적인 행동에 대한 설명이 부족하다. 셋째, 동물 실험에 기반한 연구라는 점에서 윤리적 논란의 소지가 있다(Rescorla, 1988).

2. 스키너의 조작적 조건형성이론

조작적 조건형성이론은 버허스 프레데릭 스키너(Burrhus Frederic Skinner, 1904~1990)가 제시한 것으로 행동이 어떤 결과를 가져오느냐에 따라 그 행동이 다시 나타날 가능성이 높아지거나 낮아진다는 원리에 기초한 행동주의 학습이론의 핵심 개념이다. 스키너는 인간의 행동이 외부 자극에 대한 수동적 반응보다 환경을 조작하면서 능동적으로 일어나는 조작 행동(operant behavior)에 의해 더 크게 영향을 받는다고 보았다. 그는 행동 결과에 따라 특정 행동의 빈도가 증가하거나 감소할 수 있으며, 환경을 조절함으로써 행동을 강화하거나 소거할 수 있다는 점을 강조하였다.

스키너는 보상(강화)과 처벌을 통해 행동을 체계적이고 예측 가능하게 변화시킬 수 있다고 보았으며, 인간의 행동은 자율성이나 내면의 동기, 무의식적 요소보다는 외적 자극에 의한 반응으로 설명될 수 있다고 주장하였다. 그는 인간의 성격, 의도, 감정 등의 개념은 과학적으로 검증 불가능하다는 이유로 분석 대상에서 제외하고, 오직 관찰 가능하고 조작 가능한 행동에 주목하였다. 또한, 모든 인간행동은 일정한 법칙적이며 예측 가능하고 통제될 수 있다고 보았다. 따라서 조작적 조건형성 이론은 행동의 결과를 조절하여 학습을 촉진하고, 문제행동을 수정하거나 바람직한 행동을 강화하는 기초가 되는 원리이다. 교육, 상담, 행동치료, 조직관리 등 다양한 분야에서 행동을 변화시키기 위한 실천적 도구로 널리 활용되고 있다.

1) 스키너의 생애

스키너는 1904년 3월 20일 미국 펜실베이니아 주 서스퀴해나에서 태어났다. 엄격한 규율을 중시한 아버지 아래에서 성장한 스키너는 어린 시절부터 롤러

버허스 F. 스키너
(Burrhus F. Skinner, 1904~1990)

스케이트, 스쿠터, 연, 모형비행기 등을 직접 설계하며 움직이는 기계에 큰 흥미를 보였다. 이러한 관심은 훗날 행동을 관찰하고 조작하는 심리학적 탐구로 이어졌다. 초기에는 영문학을 전공하고 작가를 꿈꾸었지만 실패한 후, 하버드대학교 심리학과 대학원에 진학하여 동물 행동을 연구하고 1931년 박사학위를 받았다.

스키너는 조작적 조건형성 이론을 통해 행동주의 심리학의 핵심 이론을 정립하였으며, '스키너의 상자'로 알려진 실험 장치를 통해 동물의 행동을 체계적으로 분석하였다. 그는 실험을 통해 얻은 원리를 자폐 아동 교육, 인간 언어 연구, 학습기계 설계 등 다양한 분야에 적용하였다. 또한 그는 행동주의 원리를 사회적 맥락으로 확장하여 『월든 투』(1948), 『자유와 존엄을 넘어서』(1971) 등을 통해 환경이 인간행동을 어떻게 통제하는지를 강조하였다.

평생 동안 21권의 저서와 180여 편의 논문을 남긴 스키너는 행동주의이론의 발전에 지대한 영향을 미쳤으며, 실험심리학회와 미국심리학회로부터 다수의 상을 수상하였다. 1990년 8월 18일 스키너는 매사추세츠주 케임브리지에서 백혈병으로 세상을 떠났다. 그의 사후에도 조작적 조건형성 이론은 심리학 및 응용행동분석 분야에서 널리 활용되고 있다.

2) 주요개념

(1) 조작적 조건화

조작적 조건화(operant conditioning)는 손다이크의 도구적 조건화(instrumental conditioning)의 실험에서 유래되었다. 손다이크는 먹이를 얻기 위해 지렛대를 조작해야 빠져나올 수 있는 미로 상자에 동물을 넣고 실험을 진행하였다. 실험

결과 동물은 여러 번의 시행착오를 거친 후 지렛대를 조작하여 미로 상자를 빠져나오는 방법을 학습하게 되었고 이를 효과의 법칙(law of effect)이라고 제시하였다. 이 법칙에 따르면 행동의 결과가 긍정적일 경우 그 행동은 반복될 가능성이 높아지고 부정적인 결과가 따를 경우 그 행동은 감소하게 된다. 즉, 행동은 그 결과(보상과 처벌)에 의해 유지되거나 통제된다는 것이다.

스키너는 손다이크의 연구를 발전시켜 도구적 조건화를 조작적 조건화로 개념화하고 그에 의해 학습된 행동을 조작적 행동이라고 정의하였다. 스키너는 자극과 반응의 연합만으로 설명되는 고전적 조건화와 다르게 조작적 조건화는 유기체가 원하는 결과를 얻기 위해 스스로 능동적으로 행동을 수행하는 과정이라고 보았다.

스키너는 이를 검증하기 위해 '스키너 상자'라는 실험장치를 고안하였다. 이 상자에는 지렛대가 설치되어 있어 유기체가 이것을 누르면 먹이와 물이 자동적으로 제공되도록 설계되어 있다. 예를 들어 굶주린 쥐를 상자에 넣으면 처음에는 먹이를 얻기 위해 이리저리 돌아다니다가 우연히 지렛대를 누르게 된다. 이후 먹이를 얻는 경험을 통해 시간이 지남에 따라 쥐는 지렛대를 점점 더 자주 누르게 된다. 이러한 과정을 조작적 조건화라고 하며 그 결과 나타나는 행동(반응)을 조작적 행동이라고 한다.

(2) 강화

스키너의 조작적 조건형성의 핵심 원리는 강화에 있다. 강화(reinforcement)란 특정 행동이 반복될 가능성을 높이기 위해 보상을 제공하는 과정으로 행동의 빈도를 증가시키는 데 중점을 둔다. 어떤 행동의 결과는 그 행동을 증가시키거나 감소시킬 수 있으며 행동을 증가시키는 결과를 강화물(reinforcers), 행동을 감소시키는 결과를 처벌이라고 한다. 강화에는 정적 강화(positive reinforcement)와 부적 강화(negative reinforcement)가 있다.

정적 강화는 어떤 행동 후에 유쾌하거나 긍정적인 자극(음식, 돈, 칭찬, 교사의 웃는 표정 등)을 제공하여 행동의 발생 빈도를 증가시키는 것이다. 예를 들어 아이가 방을 청소한 뒤 어머니로부터 칭찬이나 용돈을 받는다면 아이는 이후에도 방을 청소할 가능성이 높아진다. 반면, 부적 강화는 불쾌하거나 혐오스러운 자극을 제거함으로써 행동의 빈도를 증가시키는 것이다. 예를 들면, 귀찮은 사람을 피하기 위해 길을 돌아서 가거나 아이가 울 때 관심을 주지 않고 무시하여 아이의 행동이 줄어드는 경우가 이에 해당한다. 인간의 많은 행동은 정적 강화처럼 긍정적인 결과를 얻거나 부적 강화처럼 불쾌한 상황을 회피하려는 방식으로 학습된다.

스키너는 강화물 유형을 일차적 강화물(primary reinforcers)과 이차적 강화물(secondary reinforcers)로 구분하였다. 일차적 강화물은 음식, 물, 따뜻함 등과 같이 학습 없이도 즉각적으로 만족을 주는 자극을 의미하며 기본적인 생리적 욕구를 충족시킨다. 반면, 이차적 강화물은 학습과 경험을 통해 의미가 부여된 자극으로 돈, 관심, 칭찬, 애정 등이 이에 해당한다. 특히 이차적 강화물은 인간행동을 형성과 유지에 매우 중요한 역할을 한다.

(3) 처벌

처벌(punishment)은 부적 강화와는 다른 개념으로 정반대의 효과를 가진다. 정적 강화와 부적 강화는 바람직한 행동의 빈도를 증가시키는 데 초점을 두지만, 처벌은 바람직하지 않은 행동을 감소시키는 데 목적이 있다. 처벌에는 두 가지 유형이 있다. 첫째, 정적 처벌은 체벌과 같이 혐오스럽거나 불쾌한 자극을 제시하여 바람직하지 않은 행동을 감소시키는 방법이다. 둘째, 부적 처벌은 특정 행동 이후 긍정적인 자극을 제거함으로써 행동을 억제하는 방식이다. 처벌은 행동을 단기적으로 통제하는 데 빠른 효과를 보일 수 있지만, 그 효과가 일시적일 수 있으며 항상 지속적인 행동 조절에 효과적인 것은 아니다. 더불어 처벌은 공포, 불안, 반감 등 원치 않는 정서적 부작용을 유발할 수 있는 위험이 있다. 따라서 행동을 조절할 때는 정적 강화를 최대화하고 처벌의 사용은 최소화하는 것이 바람직하다.

(4) 강화계획

강화계획(reinforcement schedule)은 조작적 행동이 어떤 조건과 규칙하에 강화되는 지를 나타내는 체계로 행동의 학습과 유지를 설명하는 데 기초가 된다. 일반적으로 강화된 행동은 반복되고 강화되지 않은 행동은 점차 소멸되는 경향이 있다. 강화계획은 강화가 얼마나 자주 주어지느냐에 따라 크게 두 가지로 나뉜다. 연속적 강화(continuous reinforcement)는 행동이 발생할 때마다 매번 강화하는 방식으로 새로운 행동을 빠르게 학습시키거나 행동수정에 효과적이다. 그러나 일상생활에서는 지속적인 강화가 어렵고 비효율적일 수 있다. 이에 비해, 간헐적 강화(intermittent reinforcement)는 강화가 매번 주어지지 않고 간헐적으로 제공되는 방식으로 학습된 행동을 더 오래 유지하는 데 효과적이다. 간헐적 강화는 반응의 시간에 따른 간격(interval)계획과 반응의 횟수에 따른 비율(ratio)계획으로 나뉜다. 각 계획은 강화가 제공되는 방식에 따라 다시 고정계획과 변동계획으로 구분된다. 이를 바탕으로 간헐적 강화계획은 다음과 같이 네 가지 유형으로 나뉜다.

① 고정간격계획

고정간격계획(fixed-interval schedule)은 유기체의 반응 빈도와 상관없이 일정한 시간 간격이 지난 후에 강화가 주어지는 방식이다. 예를 들어 월급과 주급이 이에 해당한다. 고정간격계획은 강화 직후에는 행동이 거의 나타나지 않다가 시간이 지남에 따라 반응 빈도가 점차 증가하는 경향이 있다. 특히 다음 강화 시점이 가까워질수록 반응이 급격히 증가하는 특징을 보인다.

② 변동간격계획

변동간격계획(variable-interval schedule)은 강화가 주어지는 시간 간격이 일정하지 않고 불규칙적으로 제공되는 방식이다. 강화 시점을 예측할 수 없기 때문에 유기체는 지속적이고 안정된 반응을 유지하는 경향이 있다. 예를 들어 아동에게 한 달에 네 번 용돈을 주되, 어떤 때는 1주일에 두 번, 또 어떤 때는 2주일에 한 번 주는 식으로 불규칙하게 제공하는 경우가 이에 해당한다. 또한 낚시처럼 물고기가 언제 잡힐지 알 수 없는 상황도 대표적인 사례이다.

③ 고정비율계획

고정비율계획(fixed-ratio schedule)은 특정 행동이 일정한 횟수 반복된 후에 강화물이 제공되는 방식이다. 이 계획은 시간의 흐름과는 무관하게 정해진 반응 횟수에 따라 강화가 주어진다. 예를 들면 아동이 바람직한 행동을 5번 할 때마다 강화가 주어지거나, 영업 사원이 상품을 10개를 판매할 때마다 성과급이나 수당을 받는 경우가 이에 해당한다.

④ 변동비율계획

변동비율계획(variable-ratio schedule)은 유기체의 반응 횟수에 따라 강화가 불규칙적으로 제공되지만, 전체적으로는 평균적인 반응 횟수 후에 강화가 주어지는 방식이다. 즉, 강화가 주어지는 시점은 매번 달라지며 예측할 수 없지만, 평균적으로 일정한 횟수의 반응 뒤에 강화가 이루어진다. 예를 들어 어떤 경우에는 행동을 8번 수행한 뒤에, 또 어떤 경우에는 2번 수행한 뒤에 강화가 주어질 수 있다. 그러나 전반적으로는 평균 5회 반응마다 강화가 제공되는 구조이다. 이러한 변동비율계획은 도박의 슬롯머신, 게임 보상 시스템 등에서 흔히 볼 수 있다. 스키너는 변동비율계획이 다른 강화계획에 비해 행동의 빈도를 높이고 반응을 보다 안정적으로 유지하며, 소멸에 대한 저항성이 강하다는 점을 발견하였다.

최순남(2002)은 강화계획에 따라 반응의 빈도와 지속성에 차이가 있으며, 그 효과는 변동비율계획, 고정비율계획, 변동간격계획, 고정간격계획의 순으로 나타난다고 보았다.

(5) 변별강화

변별강화(differential reinforcement)는 두 가지 이상의 행동 중에서 바람직한 행동에는 강화를 제공하고, 문제행동에는 강화를 제공하지 않는 방식이다. 예를 들어, 한 개인이 문제행동과 사회적으로 적응적인 행동을 모두 보일 때, 사회적응적인 행동에만 일관되게 강화를 제공하고, 문제행동에는 무시 또는 강화를 제공하지 않으면 시간이 지나면서 적응적인 행동은 증가하고 문제행동은 감소하는 경향이 나타난다.

(6) 행동조성

행동조성(shaping)은 복잡한 행동이나 기술을 학습시키기 위해 목표 행동을 여러 단계로 나누고 각 단계에서 점진적으로 강화를 제공하는 방법이다. 이를 점진적 접근(method of approximations)이라고도 하며 바람직한 행동에 점점 가까워지도록 유도하는 데 효과적이다.

3) 스키너 이론의 평가

스키너의 조작적 조건형성이론은 행동주의 학습이론의 범위를 확장하고 과학적 실험을 통해 인간행동에 대한 구체적이고 유용한 지식을 제공했다. 특히 정적 강화, 강화계획, 행동조성과 같은 개념은 사회생활에서 전반에서 실용성과 효과성이 입증되어 다양한 분야에 적용되고 있다. 그러나 몇 가지 측면에서 한계점을 지닌다.

첫째, 환경 결정론을 과도하게 강조하여 인간의 내적 요인(의지, 감정, 동기 등)을 충분히 설명하지 못한다는 비판을 받는다. 즉, 인간행동은 단순히 환경적 자극과 결과만으로 설명하기 어렵다.

둘째, 인간을 단순히 조작 가능한 존재로 간주함으로써 자유와 존엄성을 간과한다는 비판을 받는다. 아울러 동물 실험에서 얻은 결과를 인간에게 그대로 적용하려는 점도 한계로 지적된다.

셋째, 인간행동을 행동과 그 결과의 단순한 연관성으로 설명하려는 경향이 있다. 그러나 실제 인간행동은 개인차와 복잡성이 크기 때문에 이 이론만으로는 충분히 이해하거나 설명하기 어렵다.

3. 반두라의 사회학습이론

사회학습이론은 앨버트 반두라(Albert Bandura, 1925~2021)가 제시한 이론으로 인간은 타인의 행동을 관찰하고 이를 모방함으로써 학습할 수 있다는 점을 강조한다. 반두라는 인간의 학습을 자극-반응 관계와 강화에 의해 형성된다는 기존 행동주의이론은 복잡한 인간행동을 충분히 설명하지 못한다고 보았다. 그는 타인의 행동을 관찰하고 그 결과를 인지적으로 처리함으로써 직접적인 경험 없이도 새로운 행동을 학습할 수 있다고 주장했다. 이러한 학습 과정을 관찰학습이라고 하며, 이는 행동주의이론과 구별되는 핵심 개념이다.

이 이론에 따르면 인간의 행동은 개인적(인지, 신념, 감정) 요인, 환경적 요인, 행동 그 자체가 서로 영향을 주고받는 상호결정론에 의해 결정된다. 따라서 인간은 수동적으로 자극에 반응하는 존재가 아니라 자기조절과 판단 능력을 갖춘 능동적인 존재로 이해된다. 또한 사회학습이론은 학습 과정에서 주의, 기억, 재현, 동기와 같은 인지적 단계의 중요성을 강조하며 모델(model)의 역할이 핵심적이라고 본다. 학습자는 모델의 행동을 단순히 흉내 내는 것이 아니라 자신의 상황에 맞게 선택적으로 해석하고 적용한다. 이처럼 사회적 상호작용과 인지 과정을 통해 이루어지는 학습을 설명하는 이론이 바로 사회학습이론(social learning theory)이다.

1) 앨버트 반두라의 생애

앨버트 반두라
(Albert Bandura,
1925~2021)

반두라는 1925년 12월 4일 캐나다 앨버타주 먼데어라는 작은 농촌 마을에서 1남 5녀 중 막내로 태어났다. 열악한 교육 환경 속에서도 자율적으로 학습하며 성장했고 친구들과 스터디그룹을 조직해 공부를 지속했다. 반두라는 브리티시컬럼비아대학교에서 심리학 학사를, 미국 아이오와대학교에서 임상심리학 박사학위를 취득하였다. 이 과정에서 케네스 스펜스(Kenneth Spence)의 행동주의 학습이론과 실험 방법에 영향을 받았다. 이후 위치타 가이던스 센터(Wichita Guidance Center)에서 인턴십을 거쳐 1953년부터 스탠퍼드대학교에 심리학과 교수로 재직하며 연구와 강의를 병행했다. 그는 1961년에 유명한 보보 인형 실험(Bobo Doll Experiment)을 통해 아동이 타인의 공격적 행동을 관찰하고 모방할 수 있음을 입증하며 관찰학습의 중요성을 부각했다. 이를 바탕으로 『공격성: 사회학습분석』(1973), 『사회학습이론』(1977) 등 주요 저서를 발표했다.

반두라는 학문적 업적과 심리학계에 미친 공로를 인정받아 미국심리학회, 캘리포니아심리학회, 서부심리학회, 캐나다심리학회 등에서 주요 상과 회장직을 역임했다. 2021년 7월, 95세의 나이로 사망한 반두라는 사회학습이론의 대표 학자이자 현대심리학의 지형을 바꾼 인물로 기억되고 있다.

2) 주요개념

(1) 모방

반두라는 모방(modeling)을 다른 사람의 행동을 관찰하고 이를 따라 하는 과정이라고 정의하였으며 사회학습에서 모방이 매우 중요한 학습 기제라고 강조하였다. 그는 새로운 행동이 직접적인 강화 없이도 타인의 행동과 그 결과를 관찰함으로써 학습될 수 있다고 주장했다. 반두라의 연구에 따르면 아동은 자신이 위대하다고 생각하는 사람의 행동을 더 잘 모방하며 자신과 같은 성별을 가진 모델의 행동을 이성 모델보다 더 잘 따라 한다. 또한 돈, 명성, 높은 사회경제적 지위를 가진 모델은 더 높은 모방률을 보이고, 반대로 처벌을 받은 모델의 행동은 거의 모방하지 않는다. 이와 함께 자신과 연령이나 지위가 유사한 모델을 차이가 큰 모델보다 더 잘 모방하는 경향이 있다. 이는 학습이 반드시 직접적인 행동이나 즉각적인 보상이 없이도 가능하다는 점을 보여준다.

반두라는 모델 관찰을 통하여 세 가지 효과를 얻을 수 있다고 하였다. 첫째, 모델의 행동 관찰함으로써 학습자는 이전에 없던 새로운 행동을 갑작스럽게 나타낼 수 있다. 예를 들어 보보 인형 실험에서 공격적인 모델을 관찰한 아이들은 공격적인 행동을 보였으며, 비공격적인 모델을 관찰한 아이들은 온순한 행동을 보였다. 둘째, 모델의 학습자가 이미 알고 있는 행동 반응을 더 강화하거나 약화시킬 수 있다. 예를 들어 공격적인 만화를 자주 보는 아이는 공격성이 강화될 수 있으며, 반대로 차분한 만화를 자주 보는 아이는 온순한 행동이 강화될 가능성이 높다. 셋째, 모델의 행동은 학습자가 이전에 학습했지만 일시적으로 사용하지 않던 반응을 다시 활성화시킬 수 있다. 예를 들어 고향을 떠난 사람이 오랜만에 고향을 방문했을 때 사투리를 자연스럽게 다시 사용하는 경우가 이에 해당된다. 이는 고전적 조건형성의 자연적 회복과 유사하지만, 관찰을 통한 사회적 자극에 의해 반응이 재유발된다는 점에서 차이가 있다.

(2) 인지

반두라는 사회학습이 단순히 보상에 따른 시행착오의 결과가 아니라 인지적 활동을 기반으로 한다고 주장했다. 그는 인간행동의 상징적 표현이 언어 정보와 모델에 대한 관찰을 통해 발달한다고 보았다. 또한, 사람은 타인의 행동을 관찰함으로써 새로운 행동을 배우고 이를 자신의 행동 지침으로 활용한다. 이러한 과정에서 인지적 매개는 대리학습을 가능하게 하며 행동을 수행하기 전에 습득된 행동을 조절하고 수정할 수 있게 한다. 인간은 인지를 통해 지식을 조직하고 활용하며 미래를 예측하고 내적 기준에 따라 행동을 통제할 수 있다. 따라서 학습된 행동의 수행은 단순히 반응이 아닌 인지적 통제를 바탕으로 이루어지는 과정이다.

(3) 관찰학습

사회학습 이론은 직접적인 강화 없이도 타인의 행동을 관찰함으로써 학습이 이루어진다는 점에서 관찰학습(observational learning)이라고 불린다. 이 개념은 대리학습(vicarious learning), 사회학습(social learning), 모방학습(modeling)이라는 용어로도 불린다. 반두라는 관찰학습이 단순히 모방이 아니라 인지적·사회적 요인이 함께 작용하는 복합적인 과정임을 강조하였다. 그는 관찰학습이 다음 네 가지 인지적 과정을 통해 이루어진다고 설명하였다.

① 주의집중 과정

주의집중 과정(attentional processes)은 관찰학습의 첫 단계로 학습자가 모델의 행동에 주의를 집중하는 과정을 말한다. 효과적인 학습을 위해서는 모방하려는 행동의 핵심 특징에 집중하고 이를 정확하게 지각하는 것이 중요하다. 따라서 관찰을 통한 학습이 이루어지기 위해서는 먼저 모델에 대한 주의집중이 필수적이다. 이 과정은 관찰자가 모델의 행동 중 어떤 부분에 주목할지를 결정하는 단계로 관찰자의 과거 경험, 이전에 받은 강화, 그리고 모델의 특성에 따라 영향을 미친다. 일반적으로 존경받거나 지위가 높고, 유능하며 매력적인 모델일수록 학습자의 주의를 더 잘 끌게 된다.

② 기억 과정

기억 과정(retention processes)은 관찰된 내용을 기억 속에 저장하여 이후 모델의 행동을 재현할 수 있도록 하는 단계이다. 이 과정의 핵심은 관찰한 행동의 반응 패턴을 상징적 형태로 표상하는 것이다. 그러나 기억은 시간이 지남에 따라 희미해지거나 사라질 수 있으므로 모델의 행동 특징을 정확히 회상할 수 있는 능력이 중요하다. 반두라는 기억과정이 두 가지 내적 표상 체계(internal representational system)로 구성된다고 보았다. 즉, 정보는 심상(image)과 언어(verbal)의 두 가지 방식으로 기억된다고 설명하였다. 그는 언어발달이 상징적 대상물을 저장하고 회상하는 데 중요한 역할을 한다는 점을 강조하였다. 특히 심상 표상은 언어로 부호화하기 어려운 행동 패턴을 학습할 때나 언어적 기술이 미숙한 유아 및 아동기와 같은 발달 단계에서 관찰학습에 매우 유용하다. 반면, 언어적 표상은 모델의 행동을 언어로 부호화하여 필요할 때 이를 단서로 상기하는 데 도움을 준다. 이처럼 기억의 연속성을 유지하는 것은 학습이 지속하도록 돕고 관찰된 행동을 정확히 재현하는 데 핵심적인 요소로 작용한다.

③ 운동재생 과정

운동재생 과정(reproduction processes)은 심상이나 언어적으로 부호화된 기억을 실제 행동으로 전환하는 단계이다. 학습자가 정확하게 행동을 재현하기 위해서는 반복적인 연습과 피드백을 통한 자기 수정의 과정이 필수적이다. 이 과정에서 언어적 단서가 운동적 재생으로 전환되며 공간적·시각적으로 반응이 조직되어 모방할 행동 패턴이 형성된다. 따라서 행동 재현은 꾸준한 연습과 경험을 통해 발전하며, 기억된 행동을 실제 수행으로 옮기기 위해서는 정보에 기반한 피드백을 활용한 자기수정적 조정(self-corrective adjustment)이 필요하다.

④ 동기적 과정

동기적 과정(motivational processes)은 학습자가 관찰한 행동을 실제로 수행할지 결정하는 단계로 행동에 대한 동기와 기대가 중요한 역할을 한다. 학습자가 모델의 행동을 기억하고 이를 수행할 수 있는 능력이 있다 하더라도 충분한 자극이나 동기가 없다면 그 행동은 수행되지 않을 수 있다. 따라서 행동 관찰을 통해 학습하는 것과 그 행동을 실제로 수행할 의지는 구분되어야 한다. 반두라는 행동의 결과가 단순히 강화물로 작용하는 것을 넘어서 정보를 제공하고 동기를 부여하는 기능도 수행한다고 보았다. 즉, 행동의 결과는 학습자에게 정보를 제공하며 원하는 결과를 얻기 위해 특정 행동을 선택하도록 동기를 유발함으로써 행동을 조절한다는 것이다. 이처럼 관찰할 행동을 실제로 재현할지 여부는 동기의 영향을 강하게 받으며 특히 충분한 동기가 수반될 때 복잡한 사회적 행동의 학습과 수행이 더 효과적으로 이루어진다.

(4) 상호결정론

반두라는 인간의 성격이 개인적·행동적·환경적 요소들 간의 지속적인 상호작용을 통해 발달한다고 보았으며 이를 상호결정론이라 하였다. 이 이론에 따르면 환경(environment)은 개인이 행동할 수 있는 상황을 제공하고, 개인

(person)은 자신의 인지와 지각을 통해 그 상황을 분석하여 어떤 행동을 선택할지 결정한다. 선택된 행동(behavior)은 다시 개인에게 새로운 정보와 피드백을 제공하고 환경을 변화시킨다. 즉, 개인의 신념은 특정 행동에 영향을 미치고 그 행동은 환경을 변화시키며, 변화된 환경은 다시 개인의 기대와 신념에 영향을 주는 순환적인 과정이 이루어진다. 이처럼 환경, 개인, 행동 세 가지 요소는 서로 긴밀히 연결되어 상호의존적으로 작용한다.

(5) 자기강화와 대리강화

자기강화(self reinforcement)란 인간이 자신의 감정, 사고, 행동을 통제할 수 있는 능력을 가지고 있다고 믿으며 이러한 능력을 통해 자신의 행동을 유지하거나 변화시키는 과정을 의미한다. 이는 자신이 스스로 설정한 기준에 따라 자신에게 보상을 주거나 처벌함으로써 행동을 감독하고 조절하는 것을 포함한다. 이러한 자기조절 과정은 자기규제(self regulation)와 연결되며, 자기규제는 자신의 행동을 감독하고 자부심을 갖는 심리적 과정으로 주로 자기강화를 통해 이루어진다. 반두라는 인간의 행동이 외적 통제(직접강화와 대리강화)에 의해서만 규제되는 것이 아니라 자기강화와 같은 내적 요인에 의해서도 자신의 행동을 모니터링하고 조절할 수 있다고 보았다. 특히 그는 대리강화(vicarious reinforcement)를 사회학습이론의 핵심 요소 중 하나로 보았는데, 이는 개인이 직접적인 보상이나 처벌을 경험하지 않아도 타인의 행동이 어떻게 강화되는지 관찰함으로써 자신의 행동을 촉진하거나 통제하는 과정을 의미한다.

(6) 자기효능감

자기효능감(self-efficacy)은 자신이 바라는 목적을 위해 어떤 특정 행동을 성공적으로 수행할 수 있다는 믿음을 의미한다. 반두라는 자기효능감을 개인이 자신의 행동을 책임지고 통제하며 긍정적인 결과를 도출해 낼 수 있다는 신념으로 정의하였다. 자기효능감은 자신이 특정 과제를 얼마나 잘 수행할 것이라 기대하는지 또는 훈련을 통해 기술 수준이 얼마나 향상될 것이라 기대하는지에 따라 행동 수행에 영향을 미친다. 반두라는 특히 개인이 자신의 능력을 어떻게 주관적으로 인식하는지가 행동 결정의 핵심 요소라고 강조하였다. 예를 들어 자신을 유능하다고 믿는 사람은 도전적인 과제에 적극적으로 임하며 역경에도 잘 대처하고 지속적인 노력을 통해 성공에 이를 가능성이 높다.

자기효능감은 고정된 특성이 아니라 상황별로 달라질 수 있다. 예를 들어 운동 영역에서는 높은 자기효능감을 가진 사람이 사회적 관계에서는 낮은 효능감을 보일 수 있다. 반두라는 자기효능감이 다음의 네 가지 요인에 의해 형성된다고 보았다. 첫째, 성취 경험으로 실제로 목표를 달성한 성공 경험은 자기효능감을 직접적으로 높이며 반복된 실패는 이를 악화시킬 수 있다. 둘째, 대리경험으로 타인의 성공과 실패를 목격한 정도와 강도가 자기효능감에 영향을 준다. 셋째, 언어적 설득으로 타인으로부터 자신이 잘 해낼 수 있다는 긍정적인 격려와 조언이 자기효능감을 강화하는 데 중요한 역할을 한다. 넷째, 정서적 각성으로 불안, 좌절 등의 정서적 반응과 이를 조절하는 능력이 자기효능감에 영향을 미친다.

3) 반두라 이론의 평가

반두라의 사회학습이론은 모방 학습의 중요성을 강조하며 사회적 환경이 인간행동에 미치는 영향을 재조명하였다. 그는 스키너의 행동주의를 계승하면서도 자기강화와 자기효능감 등 인지적 요소의 중요성을 이론에 통합함으로써 기존 행동주의이론을 한 단계 발전시켰다. 이 이론은 오늘날 교육, 상담, 사회복지 등 다양한 분야에서 실용적으로 활용되고 있으며 인간행동을 과거보다 현재와 미래지향적으로 이해하는 데 기여하고 있다. 또한 반두라는 자극-반응 모델의 틀을 넘어 인지 과정을 강조함으로써 성격발달이론에도 중요한 영향을 미쳤다.

그러나 사회학습이론의 이론은 몇 가지 한계점을 가지고 있다. 첫째, 외부환경의 영향을 강조한 반면, 내적 동기나 감정, 자발성 등 인간의 주체적인 요인을 상대적으로 과소평가하고 있다는 점이다. 인간의 행동은 외적 자극뿐만 아니라 사고, 감정, 내적 동기, 흥미 등으로도 자발적으로 발달할 수 있으며 강화 없이도 학습이 일어날 수 있음을 충분히 설명하지 못했다. 둘째, 관찰학습이 단순한 행동을 학습하는 데는 효과적이지만 복잡하고 고차원적인 인지적인 기능이나 문제 해결 능력이 요구되는 행동의 학습 과정을 충분히 설명하지 못한다는 한계가 있다. 셋째, 개인의 발달 단계나 연령에 따른 인지적 특성 차이를 고려하지 못해 학습 효과나 개인차나 발달적 접근에 대한 설명이 부족하다는 점도 한계로 지적된다.

4. 행동주의이론과 사회복지실천

행동주의(학습이론)는 인간의 행동 변화와 적응력 향상에 중요한 이론적 틀을 제공하며, 인간을 환경과의 상호작용 속에서 이해하려는 사회복지실천과 밀접한 관련이 있다. 행동주의이론은 인간행동이 외적 자극과 강화에 의해 형성된다고 보고 강화와 처벌 같은 기법을 통해 클라이언트의 문제행동을 분석하고 개입 방향을 설정하는 데 활용된다. 사회복지사는 행동주의적 접근을 활용하여 문제행동을 줄이고 긍정적인 행동을 강화함으로써 클라이언트의 적응력과 삶의 질 향상에 기여할 수 있다.

사회학습이론은 행동주의의 한계를 보완하며, 인간행동에 대한 이해를 인지적·사회적 차원까지 확장하였다. 반두라는 관찰학습과 모델링의 중요성을 강조하며 개인이 타인의 행동을 통해 학습하고 변화할 수 있음을 보여주었다. 사회복지사는 사회학습이론을 바탕으로 클라이언트가 긍정적인 모델을 통해 바람직한 행동을 학습하고 문제행동을 감소시킬 수 있도록 지원한다. 이를 위해 사회기술훈련, 자기주장훈련, 역할극 등 다양한 실천기법이 활용된다. 이러한 접근은 자존감과 자기효능감을 높이고 클라이언트가 환경적 도전에 효과적으로 대응할 수 있도록 돕는 데 초점을 둔다.

인지발달이론

1. 피아제의 인지발달이론
2. 콜버그의 도덕성 발달이론
3. 인지발달이론과 사회복지실천

05 인지발달이론

CHAPTER

인지발달이론은 인간이 어떻게 사고하고, 이해하고, 판단하며 행동하는지를 설명하는 이론적 틀로 사고 과정의 발달과 변화에 초점을 둔다. 이 이론은 인간이 환경과 상호작용하는 과정에서 정보를 어떻게 지각하고 처리하며, 의미를 구성해 나가는지를 중심으로 사고구조의 형성과 발달을 설명한다. 특히 인지발달이론은 인간이 환경을 어떻게 인식하고 해석하는가에 초점을 맞추며, 인지구조의 성장과 재구성을 통해 문제해결 능력과 적응력이 발달한다고 본다. 이러한 관점은 인간의 변화 가능성과 발달적 잠재력을 강조하며, 교육, 상담, 사회복지 등 실천 현장에서 중요한 이론적 토대를 제공한다.

이 장에서는 인지발달이론의 대표 학자인 피아제(Jean Piaget)와 콜버그(Lawrence Kohlberg)의 이론을 중심으로 살펴본다. 피아제는 인지구조의 단계적 발달을 통해 아동이 점진적으로 복잡한 사고능력을 획득해 간다고 보았으며, 콜버그는 이를 바탕으로 도덕적 판단 능력의 발달 단계를 제시하였다. 두 이론은 모두 아동의 발달 수준에 따라 사고방식과 행동 양상이 변화한다는 점에서 인간 이해와 발달 지원에 실용적인 기초를 제공한다.

1. 피아제의 인지발달이론

피아제(Jean Piaget)는 인간의 인지 발달을 연령별 발달 단계로 구분하여 설명한 학자로 지능의 구조적인 측면과 기능적인 측면이 통합되어 인지가 발달하는 과정을 제시하였다. 그는 인간의 인지는 환경과의 상호작용을 통해 변화하고 발달한다고 보았으며 이 과정에서 개인의 능동적 역할을 강조하였다(전윤식, 1995). 피아제의 인지발달이론은 인간을 매우 주관적인 존재로 바라보며 개인의 행동이나 사고를 이해하기 위해서는 그 개인이 지각하고 해석하는 주관적 현실을 이해하는 것이 중요하다고 본다.

이 이론은 인간 본성에 대해 비결정론적 시각을 갖고 있으며 변화와 성장가능성을 인정한다. 즉, 인간은 생물학적 요인에 의해 고정되거나 결정되는 존재가 아니라 환경의 영향을 능동적으로 수용하고 재구성할 수 있는 능력을 지닌 존재로 본다(권중돈, 김동배, 2005). 따라서 인지발달이론은 인간이 환경을 어떻게 지각되고 인식하는가에 초점을 맞추며 이를 통해 지속적인 성장과 발달의 잠재력을 강조한다.

1) 피아제의 생애

피아제는 1896년 스위스의 뉴사텔에서 태어났으며 학자였던 아버지의 영향 아래 어린 시절부터 생물학과 자연과학에 깊은 관심을 보였다. 10세에 새에 관한 논문을 학술지에 게재하였으며, 15세에는 연체동물에 관한 연구로 국제적 주목을 받는 등 과학자로서의 재능을 드러냈다. 이후 21세에 뇌샤텔대학교에서 생물학 박사학위를 받았다.

장 피아제(Jean Piaget, 1896~1980)

그러나 1920년 파리의 알프레드 비네 연구소에서 아동

지능검사 개발에 참여하면서 아동이 오답을 선택하는 과정에 주목하게 되었고 이를 계기로 아동의 사고체계가 성인과 다르다는 사실을 인식하게 되었다. 이 경험은 그의 연구 방향을 아동의 인지발달 과정으로 전환하게 만든 결정적 계기가 되었다. 1921년 제네바대학 심리학 교수로 임명된 후 그는 아동 중심의 사고와 개념 형성 과정을 연구하였으며 특히 세 자녀를 직접 관찰하면서 아동의 인지발달을 실증적으로 탐구하였다. 피아제는 이러한 연구를 바탕으로 인지발달이론을 체계화하였고 이는 현대 발달심리학과 교육심리학에 큰 영향을 미쳤다. 그는 생애 대부분을 아동의 사고와 인지 발달을 이해하는 데 헌신하였으며 1980년 9월 84세로 사망하였다.

2) 주요개념

(1) 기본가정

피아제의 인지발달이론은 인간이 어떻게 사고하고 학습하며 환경과 상호작용을 통해 인지구조를 발달시켜 나가는지를 설명하는 이론이다. 그의 이론은 인간을 능동적이고 변화 가능한 존재로 보며 인지 발달이 특정한 과정을 거쳐 이루어진다고 본다. 피아제의 주요 기본가정은 다음과 같다.

첫째, 인간은 환경과 능동적인 상호작용을 통해 지식을 구성해 나가는 존재이다. 피아제는 인간이 단순히 외부 자극에 반응하는 수동적인 존재가 아니라 스스로 탐색하고 문제를 해결하는 능동적 학습자로 보았다. 둘째, 인지 발달은 생물학적 성숙과 환경적 경험의 상호작용을 통해 이루어진다. 유전적 요인만으로 발달이 결정되는 것이 아니라 아동은 환경 자극을 수용하고 이를 재구성하며 점진적으로 성장해 나간다. 셋째, 인지 발달은 정해진 순서를 따르는 단계적 과정이다. 각 단계는 질적으로 구분되며 이전 단계에 기초해 다음 단계로 발전한다. 이 순서는 모든 아동에게 보편적으로 적용된다. 넷째, 인간은 새로운 자극에 직면했을 때 기존 인지구조에 통합하려는 동화와 기존 구조를 수정하는 조절을 통해 인지적 평형을 이루려는 경향이 있다. 이 평형화 과정은 학습과 적응을 촉진하는 핵심 기제이다. 다섯째, 피아제는 인지 발달에 비결정론적이며 낙관적인 관점을 취한다. 인간은 생물학적 요인에 고정되지 않고, 지속적인 성장과 변화의 잠재력을 지닌 존재로 본다. 또한 문화와 사회적 상호작용은 발달 속도나 양상에 영향을 미칠 수 있다.

(2) 도식(scheme)

도식은 유기체가 외부 세계를 인식하고 대응하는 데 사용하는 지각과 반응의 틀을 의미한다. 즉 도식은 인간이 태어날 때부터 외부 환경에 적응하기 위해 반복하는 행동과 경험의 구조로 빨기, 보기, 잡기, 쥐기, 때리기 등의 초기 행동이 이에 해당한다(Crain, 1983). 예를 들어 인간의 최초 도식 중 하나는 빨기 도식이다. 영아는 배고픔과 상관없이 입에 닿는 모든 것을 빠는 행동을 반복하며 이후 성장하면서 쥐기, 보기 등의 새로운 도식이 형성되고 결합되면서 행동은 점점 다양해진다. 이러한 도식은 아동이 성장함에 따라 계속 개발되며 확장된다.

(3) 적응과정: 동화와 조절

피아제는 인간의 인지를 유기체가 환경에 적응하는 생물학적 과정의 한 형태로 보았다. 즉 유기체가 환경과의 상호작용을 통해 적응(adaptational process)해 나가는 과정에서 인지 발달이 이루어진다고 보았다. 이 적응과정은 두 하위과정인 동화(assimilation)와 조절(accommodation)로 구성된다. 동화는 이미 가지고 있는 도식을 이용하여 새로운 자극이나 경험을 기존의 틀 안에 통합하는 과정이다. 이는 새로운 정보를 자신의 기존 이해 방식에 맞추어 해석하고 받아들이는 것이다. 반면, 조절은 새로운 자극이 기존의 도식으로 이해되지 않을 때 기존 도식을 변화시켜 외부 자극에 맞게 인지구조를 재조직하는 과정이다. 조절을 통해 인간은 보다 효율적으로 환경에 대응할 수 있게 된다.

예를 들면 6~7개월 된 영아는 자신의 손가락이나 장난감을 모두 입에 넣고 빠는 행동을 동일한 도식의 틀에 넣어 동화하지만, 2세가 되면 손가락은 물건을 잡거나 가리키는 도구로, 장난감은 가지고 노는 것으로 인지하면서 기존의 도식을 상황에 맞게 조절하게 된다. 피아제는 특히 아동의 놀이가 이러한 동화와 조절의 경험을 제공해 주는 중요한 기제라 보았다. 그는 아동이 놀이를 통해 새로운 자극에 적응하고 이 과정을 통해 인지가 발달한다고 설명하였다.

(4) 평형화(equilibrium)

평형화는 동화와 조절 사이에서 인지적 균형을 유지하려는 과정으로 개인의 지적구조와 환경 간의 조화로운 적응 상태를 의미한다. 일반적으로 동화와 조절은 균형을 이루며 작동하지만, 기존의 도식으로 이해하기 어려운 새로운 정보를 접하면 인지적 불균형이 발생한다. 이때 개인은 기존 인지구조를 재조직하여 새로운 정보에 적응하려 하며 이 과정을 평형화라고 한다. 즉 갈등을 해결하고 인지적 균형을 회복하기 위해 동화와 조절을 반복적으로 조정하면서 보다 정교하고 고차원적인 인지구조를 형성해 나간다. 평형화는 인지의 자기조절 기제로 작용하며 적응과 조직화 기능을 통합적으로 조절하는 역할을 통해 인지 발달을 가능하게 하는 핵심 원리가 된다.

3) 인지발달 단계

피아제는 아동의 인지능력이 감각적 경험에서 출발하여 점차 논리적이고 추상적인 사고로 발달한다고 보았다. 그는 인지 발달이 환경과의 능동적인 상호작용을 통해 이루어지며 질적으로 구분되는 네 단계를 거쳐 진행된다고 설명하였다. 이 단계는 정해진 순서를 따르되 개인의 성숙과 경험에 따라 속도에는 차이가 있을 수 있다. 각 단계는 고유한 인지적 특성과 과제를 포함하며 단계를 건너뛸 수는 없다. 각 발달 단계의 특성을 구체적으로 살펴보고자 한다.

(1) 감각운동기(sensory motor period: 0~2세)

감각운동기는 출생 직후부터 약 2세까지의 시기로 영아는 감각적 경험(보기, 듣기, 만지기 등)과 신체적 운동(움직이기, 잡기 등)을 통해 세상을 탐색하고 이해해 나간다. 초기에는 반사적인 행동에서 출발하지만, 점차 자신의 행동과 그 결과 사이의 관계를 인식하게 되며 단순한 자극-반응 중심의 행동에서 목적 지향적인 활동으로 발달해 간다. 이 시기의 주요 인지 발달은 감각과 운동의 통합, 대상영속성의 획득, 그리고 표상적 사고의 출현이다. 피아제는 이러한 감각운동기의 발달 과정을 보다 구체적으로 설명하기 위해 이 시기를 6개의 세부 단계로 구분하였다.

① 1단계: 반사작용(출생~1개월)

출생 직후의 영아는 입에 닿는 것은 빠는 빨기 반사, 손에 닿는 것은 움켜쥐는 잡기 반사, 소리가 나는 쪽으로 고개를 돌리는 청각 반사 등 타고난 반사행동을 반복하며 환경과 접촉한다. 이러한 반사작용은 아기가 외부 자극에 적응하고 세상과 상호작용하는 초기 방식으로 자연스러운 동화를 통해 적응행동이 형성된다. 이 과정에서 아기는 젖을 먹기 위해 머리를 돌려 가슴을 찾거나, 젖꼭지의 크기에 맞춰 입 모양을 조절하며 물체의 크기에 따라 방법을 달리하는 등 초기 수준의 조절도 함께 일어나게 된다.

② 2단계: 1차 순환반응(1~4개월)

순환반응이란 영아가 우연히 한 행동에서 흥미로운 결과를 경험한 후 그 행동을 의도적으로 반복하려는 과정을 말한다. 이 시기의 영아는 자신의 신체에서 비롯된 행동에 흥미를 느끼고 이를 반복하며 즐거움을 얻는다. 예를 들어 아기가 우연히 손가락을 빨았을 때 즐거움을 느끼면 같은 다시 손가락을 입으로 가져가는 행동을 반복한다. 이러한 반복을 통해 영아는 기존에 분리되어 있던 빨기 도식과 잡기 도식을 점차 협응하게 된다. 즉 이전에는 입 가까이에 있을 때만 물체를 빨 수 있었지만, 이제는 손을 뻗어 물체를 잡고 입으로 가져가는 행동을 보이며 도식을 상황에 맞게 수정하고 연계하는 능력이 나타난다. 이러한 경험을 통해 영아는 도식 간의 협응 능력을 발달시키며 점차 더 정교하고 목적 지향적인 행동 체계를 만들어 나간다. 피아제는 이처럼 자기 신체를 통해 이루어지는 반복적 행동 속에서 도식 간의 협응이 이루어지는 초기 단계를 1차 순환반응(primary circular reaction)이라고 정의하였다.

③ 3단계: 2차 순환반응(4~8개월)

2차 순환반응에서는 외부 환경에서 나타나는 흥미로운 결과에 주목하고 이를 반복하는 행동이 나타난다. 예를 들어 아기가 우연히 손으로 침대 옆의 장난감을 건드려 그것이 흔들리는 것을 보고 흥미를 느끼면 같은 행동을 반복하며 즐거움을 얻는다. 이 시기의 아동은 자신의 행동이 외부 사물에 영향을 미칠 수 있다는 것을 경험하며 욕구를 충족하기 위해 의도적으로 행동하기 시작한다. 그러나 아직 행동 결과를 완전히 예측할 수는 없어 예상하지 못한 결과가 나타나면 놀라는 반응도 보인다. 이 단계는 최초로 주변 사물이나 사건에 관심을 가지고 탐색하기 시작하는 시기로 이러한 반응을 2차 순환반응(secondary circular reaction)이라 한다.

④ 4단계: 2차 도식의 협응(8~12개월)

이 시기의 영아는 두 가지 이상의 도식을 협응하여 의도적이고 수단·목적적인 행동을 수행한다. 익숙한 행동을 새로운 상황에 맞게 수단으로 활용하며 하나의 도식을 목표를 달성하기 위한 수단으로 사용하는 능력이 나타난다. 예를 들어 장난감을 잡기 위해 앞을 막고 있는 상자를 먼저 밀어낸 후 장난감을 잡는 행동은 밀기와 잡기라는 두 도식을 순서에 맞게 협응하여 목표를 달성한 결과이다. 이처럼 영아는 목적을 이루기 위해 두 가지 행동을 유기적으로 연결하는 능력이 나타나기 때문에 피아제는 이 단계를 2차 도식의 협응기(coordination of secondary circular reactions)라고 명명하였다. 또한 이 시기의 영아는 모방 행동이 활발해지고 반복된 경험을 통해 상황을 예측하는 능력도 함께 발달한다. 예를 들어 어른이 윙크하는 모습을 보면 두 눈을 감았다 뜨는 행동을 따라 하며, 어머니가 젖병을 들고 주방으로 가는 모습을 보고 우유를 줄 것이라고 기대하며 손을 뻗는 등의 반응을 나타낸다.

⑤ 5단계: 3차 순환반응(12~18개월)

이 시기의 영아는 외부 세계에 대한 호기심이 활발해지며 다양한 행동을 시도하면서 사물의 특성과 반응을 탐색한다. 예를 들어 수도꼭지에 손을 대고 물이 퍼지는 방향을 바꾸어 보거나 탁자를 두드릴 때 힘을 달리하여 나는 소리의 차이를 관찰하는 행동이 이에 해당한다. 이처럼 흥미로운 결과를 유도하기 위해 행동을 변화시키고 반복하는 과정을 3차 순환반응(tertiary circular reaction)이라고 한다. 이전 단계에서는 같은 결과를 얻기 위해 동일한 행동을 반복했다면 이 단계에서는 새로운 결과를 얻기 위해 행동을 변화시키는 점에서 차이가 있다.

⑥ 제6단계: 상징적 표상단계(사고의 시작: 18~24개월)

이 시기의 영아는 눈앞에 없는 대상이나 상황을 마음속으로 떠올리고 상징적으로 표상할 수 있는 능력이 발달한다. 이는 감각운동기의 마지막 단계로 직접적인 행동 없이도 사고와 문제해결이 가능해진다. 예를 들어 성냥갑 안의 구슬을 꺼내기 위해 한참 바라보다가 스스로 방법을 떠올려 상자를 여는 행동은 이전에 관찰한 어른의 행동을 기억하고 적용한 결과이다. 이처럼 관찰한 행동을 시간이 지난 후 재현하는 지연모방(deferred imitation)이 가능해지며 이는 영아의 사고가 단순 감각 운동을 넘어 내적 표상에 기반한 사고로 전환되고 있음을 보여준다. 또한 이 시기에는 대상영속성(object permanence)이 완성되는데, 이는 대상이 시야에서 사라져도 계속 존재함을 인식하는 능력으로 경험과 반복을 통해 획득된다. 이러한 표상의 발달은 영아가 보이지 않는 대상을 사고하고 기억할 수 있는 능력을 갖추게 하며 이후의 개념적 사고발달의 기초가 된다.

(2) 전조작기(pre-operational period: 2~6세)

전조작기는 약 2세부터 6세까지에 해당하는 아동의 인지 발달 단계로 정신적 표상을 통해 사고할 수는 있으나 개념적 조작이 부족하기 때문에 전조작기라 불린다. 이 시기 아동은 언어 사용, 상징 놀이, 모방 행동 등을 통해 사물이나 사건을 표상하고 기억할 수 있게 되며 감각운동기보다 사고능력이 확장된다. 그러나 이 시기의 사고는 논리성이 부족하고 자기중심적이며 변형된 정보를 논리적으로 되돌리는 데 어려움을 겪는다. 이러한 전조작기 아동의 인지적 특징은 다음과 같다.

① 보존개념(conservation)

보존개념이란 사물의 겉모양이나 배열이 변해도 그 양, 수, 길이, 넓이, 무게, 부피 등 속성은 변하지 않는다는 것을 이해하는 인지능력을 말한다. 그러나 전조작기의 아동은 이러한 개념이 발달하지 않아 물리적인 형태나 배열이 바뀌면 그 속성까지 달라졌다고 인식한다. 이 시기의 아동은 자기중심적이고 직관적 사고 특성으로 인해 보이는 대로 판단하며 외형의 변화에 쉽게 영향을 받는다. 예를 들어 두 컵에 같은 양의 물을 담아 보여준 후 한 컵의 물을 더 길고 좁은 컵에 옮겨 따르면 아동은 그 컵의 물이 더 많다고 대답한다. 또한 일대일로 배열된 달걀과 컵을 보았을 때는 수가 같다고 하지만, 한쪽의 간격을 넓히면 그쪽이 더 많다고 판단한다. 마찬가지로 같은 양의 진흙으로 만든 두 개의 공 중 하나를 길쭉하게 늘리면 그쪽이 더 많아졌다고 생각한다. 이처럼 전조작기 아동이 보존개념을 이해하지 못하는 이유는 동일성, 보상, 역조작의 개념이 아직 발달하지 않았기 때문이다.

② 유목화(classification)

유목화는 사물이나 개념을 공통된 속성에 따라 분류하고 전체와 부분의 관계를 이해하는 인지능력이다. 이는 일반화와 변별을 통해 이루어지며 상위 범주와 하위 범주 간의 관련성을 파악하는 능력을 포함한다. 그러나 전조작기의 아동은 유목화 능력이 아직 형성되지 않아, 예를 들어 18개의 갈색 구슬과 2개의 흰 구슬이 모두 나무 구슬이라 알려준 후, "갈색 구슬이 많니, 나무 구슬이 많니?"라고 물으면 전체보다 부분이 더 많다고 판단하여 "갈색 구슬이 더 많다"고 대답한다. 이는 갈색 구슬이 나무 구슬의 하위 범주임을 인식하지 못한 결과이다.

③ 자아중심성(egocentrism)

자아중심성이란 아동이 자신의 관점과 다른 사람의 관점을 구별하지 못하고 모든 사람이 자신과 같은 방식으로 생각하고 본다고 믿는 인지적 특성을 말한다. 예를 들어 아동이 전화 통화 중 "이거 왜 이래?" 라고 말하며 장난감을 보여주려는 행동은 상대방도 자신이 보는 것을 함께 보고 있다고 여기는 사고에서 비롯된다. 또한 자신이 배가 고프면 인형도 배가 고플 것이라 생각하거나 자신이 좋아하는 장난감을 엄마도 좋아할 것이라고 여긴다.

이러한 자아중심성은 이기적이거나 독단적인 성향이 아니라 발달 단계에서 나타나는 자연스러운 특징이다. 아동은 또래와 함께 놀고 있어도 상대방의 입장을 이해하지 못하기 때문에 실질적으로는 혼자 노는 것과 유사하다. 자아중심성은 또래와의 상호작용을 통해 점차 감소하며 다른 사람의 관점을 고려하는 능력이 서서히 발달하게 된다.

④ 상징놀이(symbolic function)

상징놀이는 아동이 실제로 존재하지 않는 대상이나 상황을 마음속에서 떠올려 다른 사물이나 행동으로 표현하는 놀이를 말한다. 이는 언어, 그림, 상상놀이 등을 통해 나타나며 아동은 내적 표상을 바탕으로 대상과 상황을 재현하게 된다. 예를 들어 베개를 아기처럼 업거나 빗자루를 말 삼아 타고 노는 행동이 이에 해당한다. 또래와의 역할 놀이에서 친구가 의사가 되고 자신은 환자가 되는 등의 사회적 상징놀이도 활발히 나타난다. 상징놀이는 감각운동기의 말기에 시작되어 전조작기에서 가장 왕성하게 발달하며 아동의 인지 발달과 사회성 발달에 중요한 기반이 된다.

⑤ 물활론(annimism)

물활론은 아동이 생명이 없는 사물에도 생명이나 감정이 있다고 믿는 사고로 모든 사물이 자신의 의지로 움직인다고 생각한다. 아동은 4~6세경 태양에 얼굴을 그리거나 인형이 다치면 아프다고 여기는 등 사물에 생명을 부여하는 행동을 보인다. 그러나 6세 이후에는 움직이는 것에만 생명을 인정하며 예를 들어 꽃은 움직이지 않으므로 죽었고 구름은 움직이니 살아 있다고 생각한다. 8세가 되면 생명 있는 존재를 동물과 식물로 한정하며 물활론적 사고는 점차 줄어들고 현실적인 생명 개념이 형성된다.

⑥ 비가역적 사고(irreversibility)

비가역적 사고란 사물이나 사건의 변화과정을 거꾸로 되돌려 생각하지 못하는 사고 특성을 말한다. 즉 어떤 과정을 한 방향으로는 이해하지만 그 과정을 반대로 추론하거나 역으로 사고하는 데 어려움을 겪는다. 예를 들어 "너의 사촌이 누구니?"라고 물으면 "재윤이에요."하고 대답하지만, "그럼 재윤이의 사촌은 누구니?"라고 되묻는 질문에는 쉽게 대답하지 못한다.

(3) 구체적 조작기(concrete operational period: 7~11세)

구체적 조작기는 약 7세에서 11세 사이의 아동이 해당되는 발달 단계로 구체적인 사물이나 상황에 대해 논리적으로 사고할 수 있다. 보존개념과 같은 인지과제를 수행할 수 있지만 이러한 사고는 직접 보고 만질 수 있는 대상에 한정되며 추상적이거나 가설적인 문제에는 어려움을 느낀다. 이 시기를 구체적 조작기라 부르는 이유는 아동의 논리적 사고가 구체적인 경험과 사물에 의존하여 이루어지기 때문이다. 즉 아동은 현실 세계에서의 직접적인 경험을 통해 점차 일관되고 조리 있는 사고를 형성해 나가게 된다. 구체적 조작기의 인지적 특징은 다음과 같다.

① 보존개념의 획득

보존개념이 획득되어 이 시기의 아동은 형태와 위치가 변화하더라도 사물의 양, 수, 길이 등이 변하지 않는다는 것을 이해하게 된다. 이는 이전처럼 눈에 보이는 변화에만 의존하지 않고 물리적 속성이 본질적으로 유지된다는 사실을 인식하게 된 것이다. 아동은 이제 동일성, 보상, 역조작성의 논리를 바탕으로 생각하며 구체적인 상황에서 보다 정확한 합리적인 판단을 할 수 있게 된다.

② 서열화와 유목화 개념 발달

서열화와 유목화 개념이 발달하면서 아동은 사물이나 개념을 일정한 기준에 따라 분류하거나 순서대로 배열할 수 있게 된다. 유목화 능력이 발달하여, 동물과 식물이 생물이라는 더 큰 범주에 속한다는 상위-하위 개념의 관계를 이해할 수 있다. 전조작기에는 전체와 부분의 관계를 혼동했지만, 이제는 여러 하위 범주를 하나의 상위 범주로 통합하는 사고가 가능해진다. 이를 통해 아동은 사물 간의 포함 관계나 위계 구조를 논리적으로 파악할 수 있게 된다.

③ 탈중심성

이 시기의 아동은 자아중심적인 사고에서 벗어나 자신과 타인의 관점이 다를 수 있음을 인식하고 이를 이해하려는 사고가 가능해진다. 이러한 탈중심성은 또래와의 상호작용이 활발해지고 언어를 통한 의사소통 능력이 향상되면서 더욱 발달한다. 아동은 점차 상대방의 입장에서 생각하고 타인의 감정이나 관점을 고려하여 대화하고 행동할 수 있게 된다.

(4) 형식적 조작기(formal operational period: 12세 이후)

형식적 조작기는 약 12세 이후에 나타나는 인지 발달 단계로 아동은 직접적인 경험이 없어도 추상적 사고와 논리적 추론이 가능해진다. 이 시기의 아동은 가설을 세우고 논리적으로 검증하는 능력, 여러 변수를 동시에 고려하는 조합적 사고(combination thinking), 종합적 분석력을 갖추게 된다. 예를 들어, "재영이가 준희보다 작고 영수보다 크다"는 정보를 듣고도 머릿속에서 비교하여 누가 가장 큰지를 추론할 수 있다. 또한 문제해결 시에는 조건을 통제하고 변인을 분석하며 실험을 계획하는 능력도 나타난다. 예를 들어, 새로운 토양이 식물에 미치는 영향을 알아보려 할 때, 햇빛, 물, 온도 등 다양한 요인을 고려하고 이를 통제하여 보다 과학적으로 접근한다. 이러한 형식적 조작기의 인지

발달 특성은 다음과 같다.

① 추상적 사고(abstract thinking)

추상적 사고는 실재적·구체적으로 경험할 수 없는 사건이나 개념을 머릿속으로 생각하는 능력을 말한다. 형식적 조작기에는 어떤 사물에 대해 다양한 요인을 함께 고려할 수 있을 뿐만 아니라 사물이 존재하는 방식과 기능하는 방식에 대해 창의적으로 사고할 수 있다. 또한 이 시기에는 자신의 미래나 사회의 본질 등에 대해 추상적으로 사고할 수 있으며, 현실과 다른 이상적이고 유토피아적인 사회를 상상하며 현실적 검증 없이 혁명적인 변화를 구상하기도 한다.

② 가설 연역적 추리(hypothetical-deductive reasoning)

가설 연역적 추리는 제시된 문제에 내포된 정보를 바탕으로 가설을 설정하고 일반적인 원리에 근거하여 구체적인 결론을 논리적으로 도출하는 사고 과정이다. 구체적 조작기의 아동은 과거의 경험을 바탕으로 문제를 해결하려는 경향이 있지만, 형식적 조작기에서는 문제 상황에 대해 관련된 가설을 설정하고 이를 체계적으로 검증함으로써 논리적이고 과학적인 방식으로 해결 방안을 도출할 수 있다.

③ 조합적 사고(combination thinking)

조합적 사고는 하나의 문제를 해결하기 위해 여러 가지 가능한 해결책을 논리적으로 구성하고 체계적으로 조합하여 해결에 이르는 사고방식이다. 구체적 조작기에는 문제해결을 위한 다양한 방법을 체계적으로 조합하는 데 어려움이 있지만, 형식적 조작기에는 모든 가능한 방법을 사전에 고려하고 이를 논리적으로 조합하여 해결책을 도출할 수 있는 능력이 발달한다.

4) 도덕성의 발달

피아제는 도덕성이 인지 발달과 함께 단계적으로 발달한다고 보았다. 그는 아동이 또래와의 상호작용을 통해 규칙을 이해하고 옳고 그름에 대한 판단 능력을 키워간다고 설명하였다. 피아제는 놀이 규칙에 대한 아동의 이해를 관찰하여 도덕성 발달이 전도덕성 단계에서 시작되어 타율적 도덕성을 거쳐 자율적 도덕성으로 발달한다고 보았다. 전도덕성 단계는 5세 이전으로 인지 발달이 미숙하여 도덕적 판단이 어려운 시기로 본다.

(1) 타율적 도덕성(heteronomous morality)

타율적 도덕성(사실적 도덕성)은 5~10세의 아동이 성인이나 권위자가 부여한 규칙을 절대적으로 지켜야 한다고 믿고 의도보다는 결과를 중시하는 도덕적 사고를 말한다. 예를 들어 공기놀이의 규칙을 어기면 무조건 벌을 받아야 한다고 생각하거나 위급한 환자를 병원으로 데려가기 위해 도로 규칙을 위반한 경우에도 벌을 받아야 한다고 여긴다. 또한 엄마를 도우려다 컵을 5개 깬 아이와 몰래 사탕을 먹으려다 컵을 1개 깬 아이 중 더 나쁜 아이를 묻는다면, 결과가 더 큰 5개의 컵을 깬 아이를 더 나쁘다고 판단한다. 이러한 사고는 구체적 조작기에 들어서면서 점차 자율적 도덕성으로 전환된다.

(2) 자율적 도덕성(상대적 도덕성)

자율적 도덕성은 10~11세 이후의 아동에게 나타나는 도덕적 사고로 규칙이 절대적인 것이 아니라 사람들 간의 상호 합의에 따라 만들어지고 상황에 따라 변경될 수 있다는 이해를 바탕으로 한다. 이 시기의 아동은 규칙이 타인의 욕구나 상황에 따라 유연하게 적용될 수 있음을 인식하며 규칙 위반이 항상 처벌로 이어지지 않는다는 것을 이해한다.

5) 피아제 이론의 평가

피아제의 인지발달이론은 아동이 단순히 성인의 축소판이 아니라 고유한 방식으로 사고하고 이해하는 존재임을 밝혀낸 점에서 아동 발달 이해의 중요한 틀을 제공하였다. 특히 아동의 일상 행동을 관찰하고 이를 바탕으로 이론을 구성했기 때문에, 사회복지실천이나 학습지체 아동을 위한 교육 프로그램 개발 등 실제 적용이 용이하다는 강점이 있다. 또한 그의 이론은 아동의 과학적·수학적 추리 능력이 어떻게 질적으로 변화하는지를 설명하는 데 탁월하며, 아동의 인지 발달을 단계적으로 이해할 수 있도록 도와준다.

그러나 이러한 기여에도 불구하고 피아제 이론의 한계점이 있다 첫째, 피아제의 연구는 주로 통제된 실험 상황에서 이루어졌으며, 실제 아동의 다양한 문화적·사회적·정서적 배경을 충분히 반영하지 못하여 일반화에 제약이 따른다. 둘째, 감각운동기나 형식적 조작기에서는 연령에 따른 인지 발달 개념이 비교적 명확하게 입증되었지만, 전조작기와 구체적 조작기에서는 발달 단계의 타당성에 대한 일관된 증거가 부족하다. 셋째, 피아제는 대부분의 청소년이 형식적 조작기에 도달한다고 보았으나 실제로는 많은 성인이 이 단계에 이르지 못한다는 반론이 제기되며 성인기의 인지 발달 가능성을 고려하지 않은 점은 비판을 받고 있다. 넷째, 피아제는 아동의 인지 발달이 성인의 가르침 없이 자발적으로 이루어진다고 보았으나, 실제 연구에서는 학습과 훈련을 통해 인지구조의 변화가 유도될 수 있음이 확인되어 자발성에 대한 그의 주장은 과도하다는 비판이 따른다. 다섯째, 피아제는 과학적이고 논리적인 사고발달에는 정교한 설명을 제공하였지만 자아중심성이나 도덕 판단과 같은 사회적 발달 영역에 대해서는 설명이 미흡하다는 지적이 있다.

2. 콜버그의 도덕성 발달이론

콜버그(Kohlberg)는 피아제 인지발달이론을 바탕으로 도덕성 발달 과정을 보다 세분화하고 체계화하여 독자적인 도덕성 발달이론을 구축하였다. 그는 도덕적 신념이나 가치가 사회나 문화에 따라 다를 수 있다는 점에 주목하며 도덕성의 내용보다는 도덕적 사고의 구조와 추론 과정에 초점을 맞추었다. 콜버그는 도덕적 딜레마 상황(예: 하인츠 딜레마)을 다양한 연령층의 응답자에게 제시하고 그들이 옳고 그름을 어떻게 판단하는지, 즉 도덕적 추론의 수준을 분석하였다. 이를 통해 도덕성이란 단순한 결과 판단이 아니라 그 판단에 이르게 되는 사고의 틀과 추리 과정을 통해 발달한다고 보았다.

또한 그는 도덕성 발달이 개인의 심리적·인지적 구조와 사회적 환경 간의 상호작용에 의해 이루어지며 발달의 속도와 수준은 개인이 지닌 자기완성의 잠재력에 따라 차이가 날 수 있다고 설명하였다. 콜버그 이론의 핵심은 도덕성 발달이 인지 발달 수준에 따라 순차적으로 이루어진다. 각 단계는 선행 단계를 기반으로 하며 단계를 건너뛰거나 생략할 수 없고 발달은 정해진 순서에 따라 진행된다. 한편 콜버그는 도덕성 발달에 성별 차이가 존재한다고 보았으며 일반적으로 남성이 여성보다 더 높은 수준의 도덕적 추론에 도달할 수 있다고 주장하였다.

1) 콜버그의 생애

로렌스 콜버그(Lawrence Kohlberg)는 1927년 미국의 뉴욕 브롱스빌의 부유한 가정에서 태어나 매사추세츠의 명문 사립 고등학교를 졸업하였다. 그는 대학에 진학하지 않고 이스라엘 건국 운동에 참여하여 유럽에서 오는 귀환자를 태우는 수송기의 부조종사로 활동하였다.

로렌스 콜버그
(Lawrence Kohlberg, 1927~1987)

1948년 콜버그는 시카고 대학에 입학하여 심리학을 전공하였으며 피아제의 인지발달이론에 영향을 받아 아동과 청소년의 도덕적 사고 과정에 대한 연구를 수행하였고 이 연구는 그의 박사학위 논문에서 처음으로 제시되었으며 이는 이후 도덕 교육 및 심리학 분야에 큰 영향을 미쳤다. 그는 시카고 대학교 심리학과 교수를 거쳐 하버드 대학의 교수로 재직하였고 학문적 업적을 이어가던 중 1987년 60세에 생을 마감하였다.

2) 주요개념

(1) 이론적 배경

콜버그는 피아제의 인지발달이론에 영향을 받아 도덕적 사고 과정과 추론 구조에 주목하였다. 그는 도덕적 판단이 단순히 외적 기준에 따른 판단이 아니라 발달적으로 변화하는 사고 체계에 따라 달라진다고 보았다. 피아제는 아동이 도덕적 판단을 내리는 방식이 연령에 따라 달라진다고 보았으며 특히 행위의 결과보다 행위자의 의도나 상황 맥락을 고려한 판단이 가능해지는 발달적 변화에 주목하였다. 콜버그는 이러한 피아제의 관점을 바탕으로 도덕성 발달 개념을 보다 정교하고 체계적으로 확장하고자 하였다.

(2) 도덕적 추론 접근

콜버그는 보다 복잡하고 현실적인 도덕적 갈등 상황(도덕적 딜레마)을 고안하여 사람들이 해당 상황에서 어떻게 도덕적 결정을 내리는지를 분석하였다. 그는 판단의 내용보다 그 판단을 정당화하는 논리와 사고 구조에 관심을 두었으며, 이를 설명하기 위해 대표적인 예로 하인츠 딜레마를 활용하였다. 이 상황을 제시한 후 "하인츠의 행동이 옳은가? 왜 그렇게 생각하는가?"와 같은 질문을 통해 개인이 도덕적 판단을 내릴 때 사용하는 추론의 수준과 사고방식을 분석하였다. 콜버그는 이러한 분석을 통해 도덕성 발달의 과정을 체계화해 나갔다.

다음은 그가 사용한 하인츠 딜레마의 내용이다.

> 하인츠는 죽어가는 아내를 살리기 위해 필요한 약을 구하고자 한다. 그 약을 발견한 약제사는 그 약으로 돈을 벌고자 한다. 약의 원료는 200달러밖에 되지 않는데 이 약제사는 한 알에 2,000달러를 달라고 한다. 하인츠가 구한 돈은 1,000달러밖에 되지 않는다. 약제사에게 찾아가 사정하며 나중에 돈을 갚겠다고 해보았지만 약제사는 이 약으로 돈을 벌어야 하므로 안 된다고 거절하였다. 결국 하인츠는 약방문을 부수고 들어가 약을 훔쳤다.

3) 발달 단계

콜버그의 도덕성 발달이 인지적 성숙에 따라 단계적으로 발달한다고 보았으며 각 단계는 순차적으로 진행되고 상위 단계일수록 사고가 분화되고 추상적으로 발전한다고 설명하였다. 그는 도덕성 발달 수준을 전인습적 수준, 인습적 수준, 후인습적 수준의 3수준으로 구분하고 2단계씩 총 6단계의 발달과정을 제시하였다.

(1) 전인습적 수준(pre-conventional level: 4~10세)

전인습적 수준에서는 아동이 규칙을 내면화하지 못하므로 처벌을 피하거나 보상을 얻기 위해 외부에서 주어진 규칙을 따른다. 여기서 인습이란 사회규범이나 관습에 적절히 순응하지 못하는 상태이다. 이 시기의 판단은 처벌과 복종, 수단적 쾌락을 중심으로 이루어진다.

① 1단계: 복종과 처벌지향(처벌 회피 단계)

아동은 처벌을 피하기 위해 규칙과 권위에 복종하며 선과 악을 판단 기준은 행위의 내용이 아니라 결과에 따라 결정된다. 규칙은 권위자가 정한 것으로 이를 어기면 벌을 받고, 벌을 받는 것은 나쁜 일이라고 여긴다. 따라서 하인츠의 행동은 벌을 받을 수 있으므로 나쁜 행동이라고 판단한다. 즉, 이 시기의 아동은 행위가 어떤 결과를 초래하는지에 따라 도덕적 판단을 내린다.

② 2단계: 상대적 쾌락주의

이 단계에서는 도덕적 행위를 자신과 타인을 만족시켜 주는 수단으로 본다. 도덕은 절대적인 규칙이 아니라 개인의 욕구 충족을 위한 실용적 수단이다. 1단계가 처벌 회피에 초점을 둔다면 2단계는 보상(이익) 추구에 중점을 둔다. 하인츠의 입장에서는 아내를 살리기 위한 행위이므로 훔치는 것이 정당화될 수 있으나 약제사의 입장에서는 그것이 나쁘다고 여겨질 수 있다. 즉, 어느 쪽의 입장에서 판단하느냐에 따라 도덕적 판단이 달라질 수 있음을 인식하게 된다.

(2) 인습적 수준(conventional level: 10~13세)

인습적 수준에서는 타인의 승인을 얻거나 사회적 질서를 유지하기 위해 규칙과 규범을 따르고자 노력한다. 이 시기에는 외적인 벌과 보상보다는 사회적 칭찬을 얻고 비난을 피하려는 동기가 도덕적 행위의 기반이 된다. 즉, 선한 행동과 질서 유지를 통해 칭찬과 인정을 받기 위해서 집단이 요구하는 규칙을 따르려는 경향이 강하다.

③ 3단계: 대인관계 조화(착한 소년/소녀 지향)

이 단계에서는 타인과 좋은 관계를 유지하고 칭찬받는 행동이나 타인에게 도움이 되는 행동이 도덕적이라고 여겨진다. 판단 기준은 행동의 동기와 감정이 선의가 담겨 있는가에 있으며 타인에게 얼마나 인정받을 수 있는가에 중요한 기준이 된다. 따라서 하인츠는 '아내를 사랑했다', '생명을 구하려고 애썼기 때문에' 착한 사람이고, 반대로 약제사는 '탐욕스럽다', '생명을 소홀히 여겼다'고 판단하여 강한 분노를 표현하고 처벌을 요구하기도 한다. 이 시기의 도덕적 행동은 타인에게 인정받을 수 있는 선의의 행위여야 한다고 본다.

④ 4단계: 법과 질서준수(사회질서와 권위의 유지)

이 단계에서는 사회 전체의 질서 유지를 중시하며 이를 위해 법과 규칙을 존중하고 준수해야 한다고 본다. 하인츠의 상황에 대해 동정심을 느끼더라도 '모든 사람이 각자의 이유로 법을 어긴다면 사회가 어떻게 되겠는가?'라고 반문하며 하인츠가 법을 어겼다면 정당한 처벌을 받아야 한다고 판단한다. 법은 사회기능을 유지하는 수단이므로 개인의 선의보다 법의 존중이 더 우선된다고 여긴다. 이 단계의 판단은 1단계처럼 '훔치는 것은 나쁘다'는 결론에 도달할 수 있지만 그 이유가 사회적 기능을 위한 법 개념에 근거한다는 점에서 차이가 있다.

(3) 후인습적 수준(post-conventional level: 13세 이상)

후인습적 수준에서는 개인이 사회 규범과 법을 이해하고 존중하지만 그 자체를 절대적인 것으로 보지 않고 내면화된 도덕 원리와 가치를 우선시한다. 즉 법이나 권위보다 보편적으로 타당한 도덕적 원칙에 따라 옳고 그름을 판단하며 도덕적으로 옳은 것이 반드시 법적으로 옳은 것은 아님을 인식하게 된다. 이 시기에는 도덕적 기준이 개인 내부에 자리 잡으며 자신이 도덕적 판단의 주체이자 책임자로 자리매김하게 된다.

⑤ 5단계: 사회계약 정신(민주적 법률)

이 단계에서는 법과 제도는 사회 구성원 간의 합의에 기반한 것으로 공동체의 이익과 개인의 권리를 보호하기 위한 장치로 본다. 그러나 법이 정의롭지 못하거나 사회 구성원의 요구를 반영하지 못할 경우 민주적 절차를 통해 수정할 수 있다고 인식한다. 하인츠 딜레마의 경우 아내의 생명을 구하는 것은 중요하다고 보지만 도둑질을 정당화하긴 어렵다며 옳고 그름을 단정 짓기 어렵다고 응답한다. 이처럼 판단은 개인 권리와 사회적 규범 사이에서 균형을 고려하는 태도를 반영한다.

⑥ 6단계: 보편적 도덕 원리에 대한 확신

이 단계에서 스스로 선택한 도덕 원리에 따라 판단하고 행동하며 이를 양심의 기준으로 삶는다. 옳고 그름은 법이나 사회적 기준 이전에 존재하는 보편적 윤리 원칙(예: 인간의 존엄성, 정의, 평등 등)에 따라 판단된다. 이러한 원칙은 모든 사람에게 동등하게 적용되며 성별, 인종, 국적을 초월하여 인간의 권리를 보호하는 것을 핵심 가치로 본다. 따라서 하인츠의 행동은 법적으로는 도둑질이지만 보다 상위의 도덕적 권리, 즉 생명권을 보호하기 위한 정당한 행동으로 여긴다. 이 단계는 극히 소수의 사람만이 도달하는 고차원인 도덕 발달 수준이며 특정 연령으로 규정되기 어렵다. 하지만 이 단계의 사고는 도덕적 판단이 양심에 기반한 자율적 실천이어야 함을 강조하며 사회 전체를 하나의 공동체로 보고 모두를 위한 정의와 평등을 실현하려는 보편적 윤리 의식을 반영한다.

4) 콜버그 이론의 평가

콜버그는 피아제의 이론을 토대로 도덕 판단의 결과보다 추론 과정을 중시하는 이론으로 발전시켰으며 도덕성 발달을 인지적 성숙과 연계하여 체계적으로 설명하였다. 그의 이론은 연령에 따른 도덕적 추론 발달을 입증한 대표적 이론으로 인간의 도덕적 성장 가능성을 긍정으로 조명했다. 그러나 이 이론은 몇 가지 측면에서 비판을 받고 있다.

첫째, 이 이론은 개인의 권리와 정의를 중심으로 한 서구적 가치에 기반하고 있어 공동체 조화나 관계를 중시하는 문화에는 적절하지 않을 수 있다. 둘째, 도덕적 추론이 곧 도덕적 행동으로 이어진다고 보기 어렵다는 점에서 행동 예측력에 한계가 있다. 셋째, 길리건은 콜버그가 남성 중심의 관점에서의 이론을 구성했다고 지적하며 여성은 배려와 책임을 중시하는 도덕적 관점을 가진다고 주장하였다. 이외에도 이론이 인지 발달 중심이기 때문에 도덕성의 퇴보나 정서·상황의 영향을 충분히 설명하지 못한다는 점도 한계로 지적된다.

3. 인지발달이론과 사회복지실천

피아제와 콜버그의 인지발달이론은 인간을 사고하고 판단하는 합리적이고 능동적인 존재로 전제하며 인지 발달을 단순한 자극-반응이 아닌 환경과 상호작용을 통해 스스로 구성해 가는 자발적 과정으로 이해한다. 두 이론 모두 인간이 환경에 적응하며 점진적으로 사고능력을 발달시킨다고 보며 이는 사회복지실천에서 '상황 속의 인간'을 이해하고 개입하는 데 중요한 이론적 토대가 된다.

이러한 인지발달이론은 다음과 같이 사회복지실천에 적용할 수 있다

첫째, 피아제는 인지발달이 고정된 단계로만 나뉘는 것이 아니라 지속적이고 점진적인 변화 과정임을 강조하였다. 이에 따라 사회복지사는 클라이언트가 자신의 발달 수준에 맞는 경험을 충분히 할 수 있도록 적절한 자극과 환경을 제공하고, 발달 수준에 맞는 교육과 개입을 수행해야 한다.

둘째, 콜버그는 도덕성 발달이 인지 구조와 밀접하게 연관된다고 보았으며, 도덕성에 어려움을 겪는 클라이언트에게는 도덕적 가치 갈등이나 사회적 딜레마 상황을 중심으로 소집단 토론이나 사고 촉진 활동을 통해 자율적 판단 능력

을 기를 수 있도록 개입하는 것이 효과적이라고 보았다.

셋째, 인지발달이론은 개인과 환경의 상호작용을 중시하므로, 사회복지사는 클라이언트가 환경과 어떤 관계를 맺고 있는지를 파악하고, 그에 적절한 개입 전략을 수립해야 한다.

넷째, 인간은 외부 현실을 개인 고유의 인지 틀로 해석하며 이는 정서와 행동에 직접적인 영향을 준다. 따라서 사회복지사는 클라이언트가 경험하는 현실을 있는 그대로 이해하고 그 관점에서 개입을 시작해야 한다.

다섯째, 인지발달이론은 권한부여(empowerment) 접근의 이론적 기반이 된다. 왜곡된 인지로 인해 스스로를 부정적으로 인식하는 클라이언트에게는 인지 재구성을 통해 자기효능감과 자율성을 회복하도록 돕는 것이 중요하다.

CHAPTER 06

인본주의이론

1. 로저스의 인간중심이론
2. 매슬로우의 욕구단계이론
3. 인본주의이론과 사회복지실천

06 CHAPTER 인본주의이론

20세기 중반 정신분석학이 인간을 본능적 충동과 갈등에 지배되는 존재로, 행동주의가 인간을 외부 자극에 반응하는 수동적 존재로 간주하던 흐름에 대한 반발로 인간을 보다 전체적이고 긍정적인 시각에서 이해하려는 움직임이 나타났다. 인본주의 심리학은 이러한 배경 속에서 등장하여 제3의 심리학으로 불리게 되었다. 인본주의 심리학은 인간을 능동적이고 성장 지향적인 존재로 보고 각 개인이 자신만의 가능성과 창조성을 실현할 수 있는 잠재력을 지니고 있다고 본다.

이 이론은 실존주의, 현상학, 형태주의, 지각주의 심리학 등의 영향을 받아, 자유, 선택, 책임, 창조성, 의미, 가치, 자아실현 등 인간의 고차원적 특성에 주목한다. 또한 인간의 삶을 있는 그대로 수용하고 현재 '지금-여기'의 경험과 자각을 중시하며 내면의 자율성과 자기실현 가능성을 강조한다. 이처럼 인본주의 심리학은 희망, 성장, 사랑, 가능성 등 인간의 본질적인 긍정성에 기반을 둔다. 이 장에서는 인본주의 심리학을 대표하는 칼 로저스와 매슬로우의 이론을 중심으로 살펴보고자 한다.

1. 로저스의 인간중심이론

로저스의 인간중심이론은 인간을 본질적으로 선하고 성장지향적인 존재로 보며 스스로 삶을 선택하고 책임질 수 있는 자율성과 잠재력을 지닌 존재로 이해한다. 그는 인간이 공감과 수용, 진정성이 충족되는 관계 속에서 자아실현을 향해 나아가며 자기개념에 대한 이해와 자기지향적 태도를 통해 긍정적 변화를 이끌어낼 수 있다고 보았다. 이 이론은 처음에 상담자와 내담자가 함께 해답을 찾아가는 협력적 관계를 강조하여 비지시적 상담(non-directive counseling)이라 불렸다. 이후 내담자의 능동성과 자율성을 중시하면서 내담자 중심 상담(client-centered counseling)으로 명칭이 바뀌었고, 인간의 전인적 성장과 자기실현 가능성을 보다 잘 반영하고자 하여 인간중심적 접근(person-centered approach)으로 발전하였다. 로저스는 인간의 행동이 주관적인 경험과 자기 인식에 기반하며 문제의 원인보다 현재의 경험과 감정에 주목하는 것이 중요하다고 강조하였다. 또한 인간을 전체성과 통합성을 향해 나아가는 존재로 보며 환경과의 진정성 있는 관계 속에서 변화와 성장이 가능하다고 보았다.

1) 로저스의 생애

로저스는 1902년 미국 일리노이주에서 태어나 엄격하지만 경제적으로 안정되고 애정이 많은 종교적 가정에서 성장했다. 어린 시절에는 가족 외에 친구가 거의 없었으며 대부분 혼자 독서하고 사색하며 시간을 보냈다. 대학 재학 중 세계기독학생연합회 참가로 6개월간 중국에 머물며 다양한 문화와 종교를 경험했고 이는 기존 신념에서 벗어나 자신만의 길을 찾는 계기가 되었다.

칼 로저스
(Carl Rogers, 1902~1987)

로저스는 위스콘신대학교에서 사학을 전공한 뒤 신학을 공부하다가 심리학으로 진로를 전환했고 컬럼비아대학교에서 임상심리학 박사학위를 취득했다. 이후 아동연구기관에서 불우아동을 대상으로 상담 활동을 하였으며, 1940년대부터 여러 대학에서 교수로 재직하며 주요 저서를 출간했다. 특히 1951년 출간한 『클라이언트 중심 치료』는 상담 분야에 큰 전환점을 가져왔다. 말년에는 인간의 잠재력과 진정성 있는 만남을 강조하며 연구소 활동을 이어갔고, 기존의 정신분석이나 행동주의와는 다른 제3의 심리학적 접근을 제시하였다. 그는 심리학 발전에 기여한 공로로 다수의 상을 수상했으며, 1987년 생을 마감할 때까지 인간 중심 접근의 선구자로 활동했다.

2) 주요개념

(1) 기본가정

로저스는 인간을 자신의 경험을 주관적으로 해석하고 의미를 부여하는 존재로 보았다. 이는 현상학적 관점에 기반하며 인간의 행동은 객관적 현실이 아니라 그것을 어떻게 지각하느냐에 따라 결정된다고 보았다. 따라서 인간은 내적 준거 틀을 바탕으로 삶의 방향을 스스로 선택하는 주체적이고 능동적인 존재이다.

이러한 이해를 바탕으로 로저스는 다음과 같은 기본가정을 제시하였다. 첫째, 인간은 실현 경향성을 통해 자기 잠재력을 실현하고자 한다. 둘째, 인간은 자기 이해와 변화의 능력을 지니며 공감적이고 수용적인 환경에서 자연스럽게 성장한다. 셋째, 인간은 조건 없는 긍정적 존중을 필요로 하며 이는 건강한 자아 형성을 돕고, 반대로 조건적인 존중은 자기개념의 왜곡을 초래할 수 있다.

(2) 현상학적 장

로저스는 인간을 이해하기 위해 개인이 주관적으로 경험하고 지각하는 세계, 즉 현상학적 장(phenomenal field)을 중심에 두어야 한다고 보았다. 이는 한 사람이 특정 시점에 의식적·무의식적으로 느끼고 해석하는 모든 경험의 총합으로 각 개인에게는 그것이 곧 현실로 작용한다. 같은 사건이라도 사람마다 다르게 해석하고 반응하는 것은 각자의 내적 준거 틀과 독특한 지각 체계에 기반한 것이며, 로저스는 이를 통해 인간이 단순한 자극-반응의 존재가 아닌 의미를 구성하는 능동적 존재임을 강조하였다. 따라서 어떤 사람의 행동을 온전히 이해하려면 그가 세계를 어떻게 인식하고 경험하는지를 함께 살펴보는 것이 중요하다.

(3) 실현 경향성

실현 경향성(actualizing tendency)은 인간이 태어날 때부터 타고나는 성향으로 자신을 유지하고 성장시키려는 에너지를 뜻한다. 이는 단순히 생존을 넘어서 잠재력을 실현하고 보다 완전한 자아로 나아가려는 욕구를 포함한다. 이 과정에서 유기체적 평가과정(organismic valuing process)이 내면의 판단 기준으로 작용하여 각 경험이 성장에 촉진하는지 혹은 방해하는지를 구분하게 된다. 로저스는 인간은 환경이 허용하는 한 건설적이고 성숙한 방향으로 나아간다고 보았다. 또한 그는 자기실현을 단순한 목표 달성이 아니라 창조적인 형성 과정으로 이해하며 이를 통해 개인이 삶의 의미를 발견하고 자율적인 선택을 실천하며 점차 성숙하고 통합된 인격으로 성장한다고 보았다.

(4) 자기와 자기개념

로저스는 자기(self) 혹은 자기개념(self-concept)을 인간행동을 이해하는 핵심 개념으로 보았다. 그는 두 용어를 혼용하여 사용하였으며 일반적으로 자기개념은 개인이 자신에 대해 지속적이고 체계적으로 가지고 있는 인식, 즉 '나는 누구인가'에 대한 자아상을 의미한다. 이러한 자기개념은 개인의 경험 세계 속에서 분화되어 형성되며 자신에 대해 의식적으로 지각한 내용뿐 아니라 스스로 중요하게 여기는 가치까지 포함한다. 로저스에 따르면, 아동은 어린 시절부터 자기 경험과 타인에 대한 경험을 구별하기 시작하면서 자기 인식이 발달한다. 이 과정에서 타인, 특히 중요한 인물로부터 사랑과 인정을 받고 싶은 긍정적 존중의 욕구가 함께 성장한다.

자기개념은 크게 두 가지 차원으로 구성된다. 하나는 현재 자신의 모습과 상태에 대한 인식인 현실적 자기(real self)이다. 다른 하나는 자신이 되고자 하거나 되어야 한다고 여기는 이상적 자기(ideal self)로, 이는 종종 중요한 타인으로부터 긍정적인 평가와 인정을 받기 위해 내면화된 가치나 조건을 반영한다.

(5) 가치의 조건화

가치의 조건화(condition of worth)란 아동이 중요한 타인으로부터 사랑과 인정을 받기 위해 자신의 실제 욕구나 경험보다 타인의 기준과 기대를 우선시하며 그 가치를 내면화하는 과정을 말한다. 사람은 타인의 따뜻함, 존중, 수용을 받고자 하는 욕구를 지니는데 이러한 긍정적 관심이 특정 조건을 충족해야만 주어질 경우, 아동은 그 조건을 자신의 가치처럼 받아들이게 된다. 이로 인해 경험의 좋고 나쁨은 자신의 유기체적 판단이 아니라 타인의 평가에 의해 결정되며 자신의 내적 욕구는 억압된다. 부모나 교사가 조건부로 사랑과 관심을 제공하면 아동은 그들이 인정하는 행동과 기준을 따르기 위해 자신의 경험을 왜곡하거나 부정하게 된다. 이러한 조건화가 지속되면 자아와 실제 경험 간의 불일치가 심화되어 자기소외를 경험하고 성장 잠재력이 위축될 수 있다.

(6) 자기와 경험의 불일치

자기와 경험의 불일치(incongruence between self and experience)란 개인의 실제 경험이 자기개념과 부합하지 않을 때 나타나는 상태를 말한다. 로저스는 심리적으로 건강한 상태를 유기체적 경험이 자기개념 속에 수용·통합된 경우로 보았다. 그러나 실현 경향성에 따른 욕구와 타인의 기대를 충족하려는 자기존중 욕구가 충돌하면 개인이 원하는 것과 실제로 추구하는 것 사이에 불일치가 생긴다. 이러한 현실적인 자기와 이상적 자기 간의 간극이 클수록 경험이 자아상에 의해 거부되거나 왜곡되어 자기구조와 경험의 통합이 깨지고 불안과 심리적 부적응이 발생한다. 결국 불일치는 개인이 살아가는 현실과 그가 형성한 자기개념이 조화를 이루지 못하는 상태를 의미한다.

(7) 무조건적인 긍정적 관심

로저스는 무조건적인 긍정적 관심(unconditional positive regard)을 건강한 성격발달의 핵심 요인으로 보았다. 이는 개인을 조건 없이 있는 그대로 수용하는 태도로 어떠한 상황에서도 진실하고 온전한 사랑과 존중을 제공한다는 의미이다. 그러나 이것이 부모가 아동의 모든 말과 행동을 무비판적으로 받아들인다는 뜻은 아니다. 즉, 중요한 것은 행동 자체가 아니라 아동의 존재 그 자체를 귀하게 여기고 온정과 수용을 통해 한 인간으로서 사랑받고 있다는 확신을 심어 주는 것이다. 아동이 부모로부터 이러한 무조건적인 긍정적 관심을 경험할 때 비로소 자신을 가치 있는 존재로 인식하게 된다. 그리고 자신의 욕구와 자아개념에 따라 행동하며 잠재력을 최대한 발휘해 성장할 수 있다.

(8) 완전히 기능하는 사람

로저스는 건강한 삶을 특정한 목표에 도달해 멈추는 것이 아니라 지속적으로 자기 이해와 성장을 추구하는 과정으로 보았으며 이를 실천하는 사람을 완전히 기능하는 사람(fully functioning person)이라 하였다. 이러한 사람은 잠재력과 능력을 발휘하며 자신에 대한 이해와 경험을 확장해 나가고 자기실현을 향해 나아가면서 진정한 자기 자신으로 살아가되 자신을 과장하거나 숨기지 않는다. 결국 완전히 기능하는 사람은 자기실현의 과정을 통해 성숙하고 통합된 인격으로 발전하며 다음과 같은 다섯 가지 특징을 지닌다.

① 경험에 대한 개방성

완전히 기능하는 사람은 긍정적이든 부정적이든 자신의 감정과 경험을 방어하거나 왜곡하지 않고 있는 그대로 받아들인다. 이는 자기개념과 상충되는 경험까지도 자신의 일부로 수용하여 보다 진실한 자아로 나아가게 한다. 이렇게 경험에 개방적인 사람은 내면의 감정을 자유롭게 인식하고 표현하며 타인과의 관계에서도 솔직하고 개방적인 태도를 유지할 수 있다.

② 실존적인 삶

완전히 기능하는 사람은 과거나 미래에 집착하지 않고, 현재 이 순간의 경험에 충실하며 살아간다. 매 순간을 열린 마음으로 받아들이고 새로운 경험을 기꺼이 자신의 것으로 수용하면서 삶을 자발적이고 융통성 있게 만들어 간다. 이러한 실존적 삶의 태도는 순간순간의 경험을 통해 자신이 무엇이 되고 어떻게 살아갈지를 스스로 결정하게 한다.

③ 자신의 유기체에 대한 신뢰

완전히 기능하는 사람은 자신의 감정, 직관, 신체적 반응 등 유기체적 경험을 믿고 이를 판단의 핵심 기준으로 삼는다. 그는 사회적 규범이나 타인의 기대가 아닌, 순간순간의 실제 경험에서 오는 내면의 감각과 반응을 존중하며 그에 맞춰 행동 방향을 정한다. 이러한 자기 신뢰는 외부의 영향에 휘둘리지 않고 자신에게 가장 적합한 결정을 내릴 수 있도록 돕는다.

④ 자유로움

완전히 기능하는 사람은 다양한 가능성 중에서 스스로 선택할 수 있는 자유를 느끼며 그 선택과 결과에 대한 책임을 자신이 진다. 그는 사회적 압력이나 과거 경험의 영향을 인정하면서도 자신의 가치와 바람에 따라 삶의 방향을 정하고 새로운 도전을 기꺼이 받아들인다. 이러한 자유로움은 삶에 대한 주도권과 만족감을 높이고 미래를 능동적으로 설계하게 한다.

⑤ 창조성

완전히 기능하는 사람은 틀에 얽매이지 않고 삶을 창조적으로 이끌며 사회 속에서도 독창적이고 건설적인 방식으로 살아간다. 새로운 경험과 변화를 추구하며 이를 통해 자신의 욕구를 충족시키고 삶의 즐거움을 느낀다. 이러한 창조성은 자발성과 독립성을 바탕으로 하여 사회문화적 구속에 수동적으로 동조하지 않고 자신만의 방식으로 세상에 기여하게 한다.

3) 로저스 이론의 평가

인간중심이론은 무조건적인 긍정적인 존중, 공감적 이해, 그리고 일치성(진실성)을 바탕으로 한 클라이언트 중심의 치료적 관계를 강조하며 상담 분야에 큰 기여를 하였다. 여기서 일치성은 자신의 느낌과 생각을 정확히 인식하고 솔직하게 표현하는 능력을 의미하며, 무조건적 존중은 클라이언트의 가치를 조건 없이 인정하는 것을 의미한다. 공감적 경청은 편견과 판단 없이 클라이언트의 감정 세계에 깊이 들어가 소통하는 태도를 말한다. 이 이론의 강점은 비위협적·비심판적인 환경 조성, 공감과 진실성 유지, 무조건적 긍정적 관심, 그리고 문제해결자로서의 클라이언트 존중 등 치료적 관계의 구성 요소를 제시한 데 있다.

그러나 구체적 실천 방안이 부족하고 통찰 지향적인 접근으로 인해 개입 효과를 측정하기 어렵다는 한계가 있다. 또한 심리적으로 취약한 클라이언트를 대상으로 긍정적 존중과 공감, 진실성을 바탕으로 한 효과적인 상담을 지속적으로 유지하기가 현실적으로 쉽지 않다. 더불어 전통적인 진단과 평가를 부정함으로써 정신건강 분야에서의 의사소통에도 어려움이 따른다는 점이 한계로 지적된다.

2. 매슬로우의 욕구단계이론

매슬로우는 인간을 본질적으로 선하며 존중받을 가치가 있는 존재로 보았다. 그는 인간이 본래 성장과 자기실현을 향한 경향성을 지니고 있으며 이를 방해하는 조건이 없을 때 건강하게 발달한다고 보았다. 인간행동은 병리적 측면보다 건강하고 창조적인 측면에서 이해되어야 하며 모든 행동은 욕구를 충족하려는 동기에서 비롯된다고 주장했다. 특히 인생 초기의 기본적 욕구 충족 여부가 이후 성격발달과 사회적 적응에 중요한 영향을 미친다고 강조하였다. 매슬로우는 신경증이나 정신질환을 잠재력 실현의 실패로 해석하며 이를 자아실현의 미완성 상태로 간주했다. 그는 인간의 동기를 위계적 구조로 설명하고 그 최상위에 자아실현을 두었으며, 이러한 관점은 심리학과 상담, 교육·사회복지 등 다양한 분야에 긍정적 영향을 미쳤다.

1) 매슬로우의 생애

에이브러햄 매슬로우
(Abraham Maslow,
1908~1970)

매슬로우는 1908년 뉴욕 브룩클린에서 러시아계 유대인 가정의 장남으로 태어났다. 외로운 어린 시절을 보내며 책에 몰두했고 대학에서는 법학을 전공하다가 위스콘신대학교로 전학해 심리학을 전공하게 되었다. 1934년 원숭이의 성적·지배 특성에 관한 연구로 박사학위를 취득한 뒤, 연구 관심을 동물에서 인간으로 확장하였다. 첫 딸의 출생 이후 행동주의의 한계를 인식하고 제2차 세계대전을 계기로 인간의 긍정적 가능성과 성장 잠재성 연구에 주력했다. 1951년부터 1969년까지 브랜다이스대학교에서 교수로 재직하며 인본주의 심리학 발전에 기여했으며, 말년에는 인간 잠재성 개발 운동을 지원했다. 그는 기존 심리학이 간과한 인간의 밝고 창조적인 측면을 강조하며 전 생애에 걸친 자기실현 가능성을 탐구했다. 1970년 심장마비로 사망하기까지 평생을 인간의 발달과 잠재력 연구에 헌신하였다.

2) 주요개념

(1) 기본가정

매슬로우는 인본주의 심리학의 대표적인 학자로, 인간의 본성과 성장 가능성에 대해 낙관적인 관점을 지녔다. 그의 욕구단계이론은 다음 네 가지 기본가정에 기초한다. 첫째, 인본주의적 인간관으로 인간은 본질적으로 선하며 존중받을 가치가 있는 존재이며 각 개인은 유일하면서도 통합된 전체로 이해되어야 한다. 매슬로우는 성격의 본질이 단일성과 전체성에 있다고 보았으며 인간을 긍정적 가능성과 성장 잠재력을 지닌 존재로 인식하고 병리보다 건강과 창조성을 기반으로 연구해야 한다고 강조하였다.

둘째, 인간의 잠재적 창조성으로 모든 인간이 태어날 때부터 가지고 있는 보편적 능력이다. 자기 본성을 실현하려는 능동적 노력 속에서 창조성은 더욱 발달하며 사회·문화적 제약이 이를 약화시킬 수 있지만 자기실현의 과정에서 뚜렷하게 드러난다. 셋째, 형성되어 가는 존재로서 인간은 고정된 상태가 아니라 끊임없이 변화하고 발전하는 형성되어 가는(becoming) 과정에 있다. 스스로 자신의 행위에 책임을 지며 잠재력을 최대한 실현하는 것이 자유로운 인간으로서의 책임이다. 형성을 거부하는 것은 성장 가능성을 부정하는 것이며 이는 자기실현을 방해한다.

넷째, 두 가지 경향성으로 인간이 태어날 때부터 지니는 생존적 경향과 실현적 경향을 의미한다. 생존적 경향(결핍동기)은 생리적 욕구, 안전, 사랑과 소속, 자존감 등 기본적 욕구를 충족시켜 생존을 유지하려는 동기이며, 결핍 시 심리적 문제가 발생할 수 있다. 실현적 경향(성장동기·메타욕구)은 잠재력과 재능을 발휘하고 성장을 추구하려는 동기로, 기본 욕구가 충족된 후 나타나며, 궁극적으로 자아실현으로 나아가게 한다.

(2) 욕구

매슬로우는 인간행동의 핵심 동기를 욕구로 보고 이를 강도와 중요성에 따라 단계적으로 배열한 욕구 위계를 제안하였다. 이는 흔히 동기화 이론이라고도 불리며 기본 욕구가 충족되면 더 높은 수준의 욕구를 추구하는 경향이 있다고 설명한다. 욕구는 크게 생존과 안정에 필요한 생리적·안전·사랑과 소속·자아존중의 기본 욕구(결핍욕구)와 정의·미·조화·질서 등 자기실현을 지향하는 메타 욕구(성장 욕구)로 나뉜다. 기본 욕구는 대체로 메타 욕구보다 우선하며 하위 욕구가 충족되어야 상위 욕구가 활성화된다. 이는 생리적·안전 욕구가 충족되지 않으면 사랑·존중·자아실현과 같은 욕구가 동기화되기 어려움을 의미한다. 욕구 자체는 선천적이지만 이를 충족하는 구체적 행동양식은 학습과 경험에 의해 형성되므로 개인차가 존재한다. 매슬로우는 심리적 건강과 완전한 성장을 위해서는 기본 욕구와 더불어 메타 욕구의 충족이 필수적이라고 보았다.

① 생리적 욕구(physiological needs)

생리적 욕구는 인간의 욕구 중 가장 기본적이고 강하며 생존과 유지에 직접적으로 관련된다. 음식, 물, 공기, 수면, 건강 등 의식주와 관련된 모든 요소가 이에 해당하며, 생명을 유지하기 위해 반드시 충족되어야 한다. 이러한 기본적인 욕구가 충족되기 시작하면 생리적 욕구 이외의 다른 계층 욕구가 점차 중요해지고 지배적인 동기가 되어 행동을 유발한다.

② 안전에 대한 욕구(safety needs)

생리적 욕구가 충족되면 신체적 위험과 불안으로부터 벗어나고자 하는 안전 욕구가 나타난다. 이는 기본적인 생리적 욕구의 충족을 위협하는 위험에서 해방되려는 욕구이며, 전쟁, 범죄, 홍수, 지진, 사회 불안정 등 위기 상황에서 특히 강하게 드러난다. 이러한 안전 욕구는 아동기에서 두드러지지만, 성인에게도 위기 상황에 직면했을 때 뚜렷하게 나타난다.

③ 소속과 사랑에 대한 욕구(belongingness and love needs)

생리적 욕구와 안전의 욕구가 충족되면 인간은 타인과 애정의 관계를 맺고 가족이나 집단에 소속하고자 하는 욕구를 갖게 된다. 사랑과 포용을 통해 자신이 가치 있는 존재임을 느끼며 가족, 친구, 공동체와의 유대는 심리적 안정에 중요한 역할을 한다. 반대로, 이러한 관계가 부족하면 공허감, 무가치감, 적대감 등이 나타난다. 현대사회의 산업화와 도시화로 인해 이러한 소속 욕구를 충족하기가 점점 어려워지고 있다. 이에 사람들은 이를 보완하기 위해 다양한 조직, 단체, 모임 등에 참여하려는 경향을 보인다.

④ 자아존중의 욕구(self-esteem needs)

자아존중의 욕구는 자기 자신에 대한 긍정적 평가와 타인으로부터의 존경으로 나뉜다. 자기 존중은 능력, 성취, 독립, 자유에 대한 확신을 포함하며, 타인으로부터의 존경은 명성, 지위, 인정 등 사회적 평가를 포함한다. 이러한 욕구가 충족되면 자신감과 자기효능감이 높아지고, 반대로 충족되지 않으면 열등감, 무력감, 나약함이 나타난다. 매슬로우는 진정한 자아존중이란 타인의 평가보다 자신의 실제 능력을 바탕으로 한 자기 존중에 기반한다고 보았다.

⑤ 자아실현의 욕구(self-actualization needs)

가장 높은 단계의 욕구로 잠재력과 재능을 최대한 발휘하여 자신이 원하는 사람이 되려는 욕구이다. 이는 자아의 완전한 발달을 의미하며 개인이 추구하는 가치와 목표를 실현하는 과정에서 나타난다. 자아실현은 생리적·심리적으로 생산적이고 유용하며 행복감, 평화, 내적 성취감을 제공한다. 그러나 자기 능력에 대한 의심이나 사회·환경적 제약이 이를 방해할 수 있다. 매슬로우는 자기실현에 도달한 사람도 완벽하지 않으며 실제로 이 단계에 이르는 사람은 매우 소수에 불과하다고 보았다.

(3) 자아실현 욕구를 충족한 사람의 특징

매슬로우(Maslow, 1970)는 자아실현에 도달한 사람은 존재가치에 의해 동기화되고, 성장지향적이며, 삶의 체험을 확장하고 풍부하게 하는 사람으로 보았다. 자아실현자는 하위 단계의 욕구가 충분히 충족된 상태에서 자신의 잠재능력과 재능을 최대한 발휘하는 건강한 인간을 의미한다. 매슬로우는 자아실현을 성취한 사람들의 공통된 성격적·행동적 특징을 체계적으로 제시하였다.

① **효율적인 현실지각:** 사물을 자신이 보고 싶은 방식이 아니라 있는 그대로 지각하며, 현실을 편안하게 받아들인다.

② **자기와 타인 수용:** 자신의 장점과 약점을 포함해 있는 그대로의 자신을 수용하고, 다른 사람과 인류 전체의 결함에도 관대하다.

③ **자연스러운 행동:** 사고와 감정, 행동에 꾸밈이 없으며, 일상에 감사하고 자율적인 윤리 규범을 따른다.

④ **문제 중심적 태도:** 자기중심적이지 않고 외부의 문제에 더 관심을 가지며, 세부보다 전체를 보려 한다.

⑤ **고독과 사생활 존중:** 혼자 있는 시간을 불편해하지 않고 사생활을 즐기며, 다른 사람의 간섭을 최소화한다.

⑥ **환경으로부터의 독립성:** 물리적·사회적 환경에 크게 구애받지 않고 자율성을 유지하며, 자신의 성장과 발전을 위해 노력한다.

⑦ **삶의 경외감과 감사:** 자연이나 어린아이처럼 삶의 기본적인 것들에서 경이와 기쁨을 느끼며, 순수하게 감사할 줄 안다.

⑧ **절정 경험:** 환희와 경이, 신비한 체험을 하는 절정 경험을 자주 경험한다.

⑨ **효율적인 현실지각:** 모든 사람에 대해 깊은 감정이입과 애정을 가지며, 인류 전체와의 연대감을 느낀다.

⑩ **깊이 있는 인간관계:** 많은 사람과 폭넓게 관계를 맺기보다, 소수와 깊은 유대 관계를 형성한다.

⑪ **민주적 성향:** 사회적 지위, 교육 수준, 인종, 정치적 신념 등에 관계없이 차별 없이 존중하며, 누구에게나 우호적이다.

⑫ **수단과 목적의 구분:** 목적을 수단보다 중요시하며, 분명한 도덕 기준을 가지고 옳은 일을 실천한다.

⑬ **철학적 유머감각**: 타인을 상처 주거나 조롱하지 않는 은은한 유머를 구사한다.
⑭ **순수한 창조성**: 때 묻지 않은 어린아이의 순수함에 가까운 창의성을 발휘한다.
⑮ **문화 초월성**: 특정 문화나 사회적 압력에 쉽게 동화되지 않으며, 독립적이고 자율적인 사고와 행동을 유지한다.

3) 매슬로우 이론의 평가

매슬로우의 욕구단계이론은 인간행동을 이해하는 데 있어 욕구를 위계적으로 배열하여 설명함으로써 동기 이론의 구조적 틀을 제시한 점이 강점이다. 특히 하위 욕구 충족이 상위 욕구 추구의 전제가 된다는 점을 강조하여, 기본적인 생리적·안전 욕구가 결핍된 상황에서는 다른 욕구 실현이 어려움을 설득력 있게 보여준다. 또한 자아실현 욕구를 포함시켜 인간의 긍정적 성장 가능성과 심리적 건강의 중요성을 부각시켰다는 점에서 의의가 있다.

그러나 이 이론에는 몇 가지 한계가 있다. 첫째, 자아실현 연구 표본이 소수이고 자료 수집·분석 방법이 명확하지 않아 일반화와 과학적 검증에 어려움이 있다. 둘째, 성장욕구·메타병리·자아실현 등 핵심 개념이 모호하며, 자아실현 욕구를 선천적이라고 보기는 어렵다. 셋째, 이론은 건전하고 창조적인 인간상을 지나치게 강조해 환경·내적 갈등 등 부정적 요인을 간과하는 경향이 있다. 넷째, 욕구 단계가 항상 순차적으로 충족되는 것은 아니며, 배고픈 예술가처럼 상위 욕구가 하위 욕구보다 우선되는 사례도 존재한다.

3. 인본주의이론과 사회복지실천

인본주의이론은 인간을 존엄하고 가치 있는 존재로 보며 내면의 창조성과 성장 가능성을 강조한다. 이러한 관점은 사회복지실천의 핵심 가치인 인간존중과 일치하며, 클라이언트의 어려운 환경과 상황을 이해·수용·존중하는 철학적 기반을 제공한다. 인본주의는 인간이 스스로 사고하고 선택하며 삶을 통제할 수 있는 능력을 지닌 존재라는 전제 아래, 사회복지실천에서 클라이언트 중심의 개입을 뒷받침한다.

사회복지 현장에서 인본주의적 접근은 인간을 전체적·통합적으로 바라보고 환경과의 상호작용 속에서 이해하게 하며 덜 결정론적이고 판단적이지 않은 개입을 가능하게 한다. 또한 자발성과 자기 동기가 있는 클라이언트를 대상으로 할 때 포괄적이고 융통성 있는 실천 전략을 제시한다. 사회복지사는 클라이언트가 자신의 경험과 세계를 해석하고 의미를 부여할 수 있도록 돕고 이를 바탕으로 새로운 자아 인식을 형성하도록 지원한다.

더불어 인본주의적 관점은 사회복지사와 클라이언트 간의 관계의 질을 중시한다. 사회복지사는 진실성, 일관성, 무조건적 긍정적 관심, 공감을 기반으로 협력적인 관계를 형성해야 하며, 이를 통해 클라이언트는 부정적 감정을 이해하고 방어적 태도를 완화하여 경험에 개방적으로 변화할 수 있다. 이러한 관계 형성은 클라이언트가 갈등과 문제 상황에 보다 통합적이고 효과적으로 대처할 수 있도록 돕는다.

03 PART

사회환경과 사회복지실천

Chapter 07. 생태체계이론 / Chapter 08. 사회환경체계

CHAPTER 07

생태체계이론

1. 체계이론의 기본 개념
2. 생태학적 체계이론
3. 체계이론에 대한 평가
4. 기능주의 이론
5. 상징적 상호작용이론
6. 역할이론

07

CHAPTER

생태체계이론

과거에 인간의 문제를 다루는 많은 전문가들은 문제를 단순한 원인과 결과(cause and effect) 측면에서 보는 경향이 있었다. 이러한 단선적 원인론은 사회복지문제를 검토하는 데 적절하지 않은 경우가 많다. 단순한 원인결과관계는 X가 Y의 원인이라면 X를 제거하면 Y도 제거할 수 있다는 것을 제시한다. 예를 들어 비행을 저지르고 있는 김 군이 있다고 하자. 김 군의 문제는 아마도 어머니로부터의 어릴 적 학대 경험, 부모의 이혼, 아버지의 음주, 어머니의 돈 걱정, 김 군의 약물남용과 폭력조직 연계, 제한된 사회적 지지체계 등에 의해 복합적으로 영향을 받았을 가능성이 있다. 이 요인들 중 단지 어느 하나가 김 군이 문제를 일으켰다고 보이지는 않는다. 그러므로 사회복지문제에 관련된 요인을 볼 때는 어느 한 요인 이 사회문제에 직접적으로 원인이 되었다고 말하기보다는 많은 여러 가지 요인이 문제에 관련되어 있다고 보는 것이 더 적절하다. 즉 순환적 원인론(circular causality)으로의 전환이 필요하다.

사회복지사들은 다른 전문가 집단보다 개인과 환경 양자 모두에 초점을 둔다. 사회복지실천은 개인의 사회적 기능향상을 도우며 이 목표의 실현에 필요한 사회적 조건을 창조하기 위한 전문적 활동이다. 사회복지에서는 개인과 환경 그리고 이들의 상호작용을 다루는 데에 모든 강조점이 주어지므로, 사회복지사에게는 사회문제나 개인문제와 연관된 다양하고 복잡한 모든 요인들, 즉 생리심리사회적 요인들을 파악해 내고 어떻게 이 요인들이 문제를 발생시키는데 상호작용하는지를 이해하며, 개인에 대한 개입으로부터 전 사회 차원으로까지 이르는 개입전략의 결정을 가능케 하는 광범위한 이론적 틀이 필요하다. 여기에 적합한 이론이 바로 체계이론이다.

체계이론은 1970년대 이후 사회복지실천에 중대한 영향을 끼쳐 왔고 많은 논쟁의 쟁점이 되어 왔다. 체계이론은 총체적인 견지로 클라이언트의 욕구를 측정할 수 있게 하는 기반을 제공하고 사회복지사로 하여금 클라이언트와 사회지지체계 간의 연결에 초점을 맞출 수 있도록 해준다. 이 이론은 전통적인 미시적 / 거시적 분리에 의존하지 않고 총체적인 관점에서 적절한 클라이언트 체계를 규정하고 변화가 필요한 체계가 무엇인지 파악할 것을 강조한다. 그리고 사회복지사들은 모든 클라이언트 집단에게 환경적인 요인을 다룰 수 있는 기회를 주는 생태학적인 개입을 지속적으로 기울인다. 이 과정에서 사회복지사는 클라이언트를 가능케 하고(enabling), 중재(mediating), 옹호(advocating), 중계(brokering), 교육시키는 역할을 주로 하게 된다.

사회복지의 일반실천은 생태학적 견지를 포함하고 있는 체계이론에 기반을 두고 있다. 여기서는 개인 및 가족이 직면하는 사회문제와 이슈를 이해하는 데 사용될 수 있는 체계/생태학적 틀(systems/ecological frame work)에 대해 검토하도록 한다(Payne, 1997). 사회복지에서 체계이론은 두 가지 형태로 구분된다.

- 일반체계이론(general systems theory)
- 생태학적 체계이론(ecological systems theory)

헌(Hearn.1958, 1969)은 일반체계이론을 가장 먼저 사회복지에 적용시킨 대표적 인물이다. 또한 반 버틀란티피(von Bertalanffy, 1971)의 일반체계이론도 사회복지에 체계 개념을 응용하는데 기반이 되었다. 이들의 영향으로 위스콘신 대학의 핀커스와 미나한(Pincus & Minahan, 1973)은 체계 개념을 사회복지 실천에 응용하는 방법을 출판하였고, 시포린(Siporin, 1975)과 저메인과 기터맨(Germain & Gitterman, 1980; Germain, 1979)에 의해 새로운 생태학적 체계이론이 개발되었다.

1. 체계이론의 기본 개념

일반체계이론은 모든 유기적 조직체는 체계, 즉 상부체계와 이의 일부분들인 하부체계로 구성되어 있다는 것을 제안하는 생물학적 이론이다. 예를 들어, 인간이라는 체계는 가족과 사회의 일부분이고 또한 순환체계와 세포로 구성되어 있다고 본다. 이 이론은 개인뿐만 아니라 집단, 가족 및 사회와 같은 여러 사회체계에 응용되고 있다(Payne, 1997). 중심이 되는 개념은 다음과 같다.

- 체계(a system): 물질적 또는 정신적 에너지가 교환되는 경계(bound-aries)를 가지고 있는 실재
- 닫힌 체계(a closed system): 에너지가 경계를 넘나들지 못해 에너지의 상호교환이 일어나지 않는 체계
- 열린 체계(an open system): 에너지가 경계를 넘나들면서 상호교환되는 체계

체계가 작용하는 방식과 어떻게 그것이 변화되는지는 투입(input), 전환(throughput), 산출(output), 피드백(feedback)이라는 일련의 과정과 엔트로피(entropy)라는 개념으로 설명될 수 있다. 여기서 투입은 다른 체계로부터 받은 에너지, 정보, 의견을 말한다. 이 과정의 예를 들면, A가 B에게 어떤 것을 말하게 되면(B에 대한 투입), 이것은 B가 행동하는 방식에 영향을 주게 된다(전

환). 그러면 A는 B의 행동변화(산출)를 볼 수 있게 된다. A는 이런 B의 행동변화를 보게 됨으로써 B가 A의 말한 것을 듣고 이해했기에 저런 행동을 한다는 피드백을 받는다. 이 예에서 체계는 전환이 일어나고 있는 B가 된다. 우리는 투입과 결과는 볼 수 있지만 B라는 체계 내에서 무슨 일이 일어나고 있는지는 볼 수 없다. 피드백을 통해 우리는 체계 내에서 무슨 일이 일어났는지를 추론하게 된다. 엔트로피라는 개념은 자신을 유지하기 위해 자신의 에너지를 사용하려는 체계의 경향을 뜻한다. 이는 체계가 경계를 넘어 외부에서 투입을 받지 못하면 자신의 에너지를 소모하며 소멸한다는 것을 뜻한다. 항-엔트로피(부정적 엔트로피, negative entropy)는 엔트로피의 반대 현상으로 일종의 안정상태(steady state)이다. 즉 조직이 엔트로피 현상을 겪지 않도록 대항해 나가며 에너지를 보존하고 축적해 가는 과정으로 일종의 성장과정이다. 어느 한 시점에서 체계의 상태는 다음의 특징을 갖는다(Payne, 1997).

- 안정상태(steady state)

투입요소를 받아들이고 사용함으로써 자신의 안녕을 유지하는 방식이다. 체계는 멈춰 있지 않고 꾸준히 움직인다. 에너지를 주고받으면서 그리고 일정한 질서와 안정성을 유지하면서 목표를 향해 꾸준히 적응해 나간다.

- 항상성(homeostasis)[1)]

투입을 받고 전환하고 결과를 배출하면서 변화함에도 불구하고 자신의 기본적 성격을 유지하려는 능력이다.

체계는 자신에게 주어지는 외부자극이 있으면 이에 대해 반응함으로써 역동

1) 생존은 대부분의 체계의 주요 목적 중 하나이다. 체계가 그 목적을 성취하기 위해서는 체계의 구성요소들 사이에서 환경적 요인과의 균형이 유지되어야 한다. 항상성(home-ostasis) 의 개념이 바로 체계가 자신을 구성하는 다양한 요소들 사이에서 지속적인 안정성을 유지하는 체계의 속성을 말한다. 즉 체계가 내적, 외적 균형상태를 성취하기 위한 자기조절 과정을 말한다.

적으로 균형(equilibrium)을 유지하려는 경향을 가지고 있다. 위의 안정상태는 체계가 자신의 안녕을 위해 전향적으로(proactive) 균형을 유지하는 것이라면, 부정적 의미의 항상성은 닫힌 체계에서 흔히 볼 수 있는 외부자극에 대한 반응으로서 고정된 상태(fixed state)를 유지하려는 역동적 과정이라고 볼 수 있다(reactive approach).

- 분화(differentiation)

시간이 지남에 따라 더욱 복잡하고 다양한 구성요소를 갖도록 성장하는 성격이다.

- 연합효과 또는 상승작용(synergy)

전체는 부분의 합 이상이라는 개념이다. 간단히 전체는 부분의 합 이상이라는 개념을 한 예를 들어 설명해 보자. 인간은 결혼이나 집단에 소속함으로써 유대감을 세워 나간다. 그러나 유대감이라는 것은 체계 내부에서의 상호작용이라는 어떤 새로운 속성이 없이는 성취될 수 없는 것이다. 그러므로 유대감은 집단 멤버들, 또는 결혼 당사자들 플러스 상호작용으로 인해 발생한다. 그러므로 다음의 공식이 성립한다.

전체 = 부분 1 + 부분 2 ········ 부분 N +α

항상성을 통한 균형을 유지하려는 노력이 긍정적 의미도 강하지만 항상성에 대한 비판적 입장은 항상성이 현상유지를 주요 목적으로 하는 즉, 현상유지가 체계의 주요 동기가 되어버리는 보수적 개념이라는 것이다(Berger & Federico, 1985). 항상성을 통해 균형은 유지되지만 이것이 바람직한 것만은 아니다. 안정뿐만 아니라 변화와 새로운 경험을 찾도록 체계를 유도하는 목적도 중요하다. 생물체계를 보더라도 성장하면서 분화하는 것을 알 수 있듯이, 현상유지만이 아닌 성장과 새로운 형태로의 진화가 생명체의 또 다른 특징이다.

이는 신생속성(emergent properties)이라고도 하는데, 어떤 체계를 구성하고 있는 하부체계들은 가지고 있지 못하는 전체 체계만의 독특한 새로운 속성을 말한다. 그러므로 전체 체계를 이해하기 위해서는 상위체계를 구성하고 있는 체계들 간의 관계를 잘 검토해 보아야 한다. 이러한 특성은 사회체계를 따로 하나씩 떼어서 생각할 수 없고, 그 사회환경과의 관계 속에서만 이해될 수밖에 없다는 개념을 제공해 준다.

• 상호교류(reciprocity)

체계는 연결되어 있기에 체계의 한 부분이 변화하면 그 변화한 부분은 다른 부분들과 상호작용함으로써 다른 부분들도 변화시키는 특성이다. 상호교류의 결과로서 체계는 동일귀결성(equifinality, 여러 다른 방식으로 같은 결과에 도달할 수 있다)과 다중귀결성(multifinality, 체계의 부분 들은 서로 다른 방식으로 상호작용하기 때문에 유사한 상황이라도 다른 결과로 나타날 수 있다)을 모두 나타낼 수 있다. 체계이론은 인간행동을 포함한 모든 현상이 상호연결되어 있다는 가정에 기반을 둔다.

• 홀론(holon)

각 체계는 전체(a whole)인 동시에 부분(a part)이 된다. 각 체계는 더 작은 부분의 하부체계로 구성되어 있고, 또한 더 커다란 상위체계의 일부가 된다. 관심 또는 분석의 대상이 되는 대상체계(subjectsystem)와 연결된 외부의 사회환경은 주로 상위체계(suprasystem)가 된다. 대상체계 내부에 있는 하위구성요소들은 하위체계(subsystem)가 된다. 예를 들어 확대가족은 핵가족의 상위체계가 된다. 부부체계, 형제체계 등은 가족체계의 하위체계들이다.

• 공유영역(interface)

둘 또는 그 이상의 체계가 만나거나 겹쳐지게 되는 것을 말하는 개념이다. 예를 들어 가족과 학교의 공유영역 또는 환자와 병원과의 공유영역을 그려 볼 수 있다. 사회복지사는 체계들의 공유영역에 개입하여 상호작용을 향상시키게 된다.

• 경계

각 체계는 경계를 가지고 있어 다른 체계와 구별되며 이를 통해 정체감을 갖게 된다.

• 피드백

개방체계에서 전형적으로 볼 수 있는 과정이다. 체계가 변화의 기반으로서 정보를 수용하고 활용하는 과정을 말한다. 부정적 피드백은 체계가 어떤 실수나 정상적이지 못한 것을 수정하는 데 도움을 준다. 긍정적 피드백은 체계가 올바른 것을 수행함으로써 얻게 되는 투입을 말한다.

2. 생태학적 체계이론

저메인과 기터맨(Germain & Gitterman, 1980)의 생태학적 체계이론(Ecological systems theory-the life model, 생활 모델)은 유기체와 환경과의 관계를 연구한다. 즉 사람과 환경이 서로 영향을 주고, 변화시키고, 만들어 가는 지속적인 상호교환 또는 교류를 연구하는 것이다. 이 이론은 적응(adaptation)과 대처(coping)의 개념을 중시한다. 이 이론은 개인들은 환경의 여러 양상과 상호작용하면서 계속적으로 적응해 나간다는 견지를 띠고 있다. 개인들은 환경에 의해 영향을 받고 또한 환경을 변화시킨다. 즉 상호적응(reciprocal adaptation)이 존재하게 된다. 사회문제(예: 빈곤, 낙인, 차별)는 상호적응의 가능성을 희소시키면서 사회환경을 오염시킨다. 개인이나 집단 같은 생명체계는 환경과의 조화를 유지해 나가도록 힘써야 한다. 또한 우리 모두는 우리 자신을 유지하고 발달시키기 위한 적당한 투입(예: 정보, 음식, 자원)을 필요로 한다. 환경과의 적응적 교류(transactions)의 균형이 깨어지면 스트레스가 발생하게 되는데, 스트레스는 다음 상황으로부터 발생한다(Payne, 1997).

- 생활주기 변화(life transitions)나 외상적 사건

성장 발달 면에서의 변화, 지위와 역할의 변화, 생활공간의 재구성, 다시 말해 결혼이나 이혼, 아이의 출생, 자녀의 분가, 중년기에 접어드는 경우 스트레스가 발생할 수 있다.

- 환경의 압력

기회의 불균등이나 융통성 없는 조직들, 빈곤, 억압으로 인해 스트레스를 받게 된다.

- 가족이나 집단 내에서의 역기능적 대인관계의 과정

대인관계상의 착취나 비일관적·비합리적인 기대감이 스트레스를 발생시킨다. 예를 들어 알코올중독 가정에는 전형적으로 나타나는 비생산적인 의사소통 형태를 가지고 있다.

모든 스트레스적 사건이 실제적 스트레스를 유발하는 것은 아니다. 모든 것은 개인적 및 환경적 상황에 의해 좌우되는 것이고 특별히 사건에 대한 인지방식에 의해 좌우된다고 볼 수 있다(이런 의미에서 생활 모델은 외부세계를 통제할

수 있는 인지능력을 강조한다). 사회의 목적은 환경과 개인과의 상호교류가 더욱 적응적이도록 하기 위해 개인의 적응능력을 강화하고 그들의 환경에 영향을 주는 것이다. 개인의 문제는 개인의 생활공간에서의 상호교류가 비적응적일 때 일어나는 것이므로 클라이언트가 가지고 있는 문제에 대한 견해와 그의 상호교류 형태를 고려해야 한다. 감정이입(empathy)은 클라이언트의 세계를 이해하는 데 매우 중요하다. 위의 스트레스 조건을 동시에 다룰 수도 있겠지만 우선순위를 결정하는 것이 좋다.

생태학적 모델에서는 사회복지사들이 지역사회, 조직, 제도가 사람들의 생활스트레스에 어떻게 영향을 주는지에 민감해야 한다고 주장한다. 이 모델에서는 사회개혁운동과 임상실천이 연합하여 개인 및 지역사회의 욕구를 충족하도록 도와주게 된다.

1) 핵심 개념

저메인과 기터맨(Germain & Gitterman, 1996)은 이전 모델에 3가지를 추가하여 다음과 같은 7가지 중요한 개념을 제시하였다. 개인에 대한 상황을 분석할 때는 다음 7가지 개념을 고려해 보아야 한다.

- 인간과 환경의 교환(person: environment exchange)

첫 번째 개념은 사람들(그들의 성격, 행동, 기능수준, 목적)과 환경의 요구 사이에서의 유동적이고 다방향적인 상호작용을 묘사한다.

- 다양한 수준의 적합도(fit)

두 번째 개념은 개인과 환경의 교환의 적합도를 말한다. 인간과 환경 사이의 높은 적합도는 사람들과 지역사회의 긍정적인 성장과 잠재력 개발을 초래하게 되고 결과적으로 활력 있는 환경을 만들어 가게 된다. 낮은 적합도는 손상된 기능과 손상된 환경을 초래하게 되어 성장을 지원하지 못하게 된다. 생태학적 접근의 목적은 개인이 환경에 잘 적응하도록 돕는 과정을 통해 적합도의 수준을 증진시키는 것이다. 적응성(adaptedness)은 환경이 개인의 생물심리사회적 기능을 증진시키는 데 필요한 자원이나 기회를 제공할 때 발생한다. 적응(adaptation)이란 개인이 환경과의 적합도 수준을 높이기 위해 겪는 변화지향적 과정을 말한다.

- 적합도와 대처능력을 위협하는 생활스트레스 요인

생활스트레스 요인은 인간과 환경 간에 부정적인 교환을 창출한다. 외부의 생활스트레스 요인은 스트레스적 반응을 일으키는데, 보통 불안이 그 유형이다. 사람들은 불안해하지 않고 스트레스 요인에 적응할 수 있는 법을 배울 수 있다. 새로운 직장, 결혼, 그리고 다양한 생활주기 변화가 종종 어려움을 일으킨다. 죽음이나 사고, 재난 등은 심각한 스트레스를 유발시킨다. 개인이 어떻게 스트레스 요인을 바라보고 어떤 의미를 두는가에 따라 개인과 환경의 적합도와 대처전략이 달라진다. 개인은 일차평가를 통해 스트레스 요인이 유익한가, 해로운가, 중요하지 않는가를 사정한다. 이런 평가는 개인의 이전의 경험이나 생활배경에 따라 상당히 다양하다. 도전(challenge) 또는 유스트레스(eustress)는 상당한 에너지가 소모될지 라도 개인이 극복할 수 있다고 느끼는 생활사건이다. 스트레스 요인 또는 디스트레스(distress)는 개인의 대처능력을 압도하는 사건이고 효과적으로 적응하지 못할 것으로 느껴지는 사건이다.

저메인과 기터맨(1996)의 수정된 모델에서는 '생활 속의 문제(problems in living)'라는 개념을 '생활스트레스 요인-스트레스-대처(life stressor-stress-coping)' 패러다임으로 대치했다. 즉 클라이언트가 결핍되어 있다는 의미를 피하고 강점 견지를 취하기 위해서이다.

• 인간관계, 유능성, 자존감, 자기방향감

이러한 요소들은 인간이 자신의 환경 속에서 과거와 현재에 경험한 것들의 결과이며, 이 요소들은 상호 연결되어 있다. 인간관계는 애착이론에 기반을 두는데, 애착이론에 따르면 애착행동은 기본적으로 선천적이며 생존을 위해 필요한 것이다. 유아는 성장하고 생존하기 위해 애착을 활용하는데, 애착이 부족하게 되면 사회적으로 쇠약하게 될 뿐만 아니라 신체적으로 위험하게 된다. 유능성(competence)은 개인이 환경과 효과적으로 상호작용할 수 있는 능력을 말한다. 자존감과 자기방향감은 유능성과 애착의 질에 영향을 받는다.

• 억압, 학대, 사회적 오염/공해에 대한 취약성

많은 집단이 제도적으로 억압받고 있고 희생자가 되고 있다. 사회복지사는 취약한 집단의 권한이 강화되고 억압을 극복하도록 도와야 한다.

• 건강 및 불건강한 거주환경과 적소

거주환경(habitat)이란 개인이 생활하는 물리적 환경을 말하고 적소(niche)란 개인이 그 환경 속에서 갖는 사회적 지위나 수준을 말한다. 물리적 거주환경은 개인의 생활양식을 지원할 수 있는 건강한 환경이어야 한다. 한편 개인이 가지고 있는 사회적 지위(특히 낙인)에 대한 평가는 바로 그 개인의 관점에서 검토되어야 한다. 그 이유는 사회적 차별 속에서 얻어진 지위의 가치와 그 의미는 개인마다 중대한 차이가 있기 때문이다. 우리가 인식해야 할 한 가지는 지배집단은 개인이 가지고 있는 성별이나 사회경제적 지위, 종교, 장애, 성적 기호 등의 특성에 기반하여 차별을 하는 경우가 있기 때문에, 많은 사람들이 그들의 지위나 권리, 열망을 제한하는 적소(사회적 지위)를 차지하도록 강요받는다는 것이다. 지배집단은 취약집단을 억압하기 위해 사회적 오염(예: 빈곤, 성차별, 장애인차별, 학력 차별 등)을 창출하거나 유지시키면서 강압적으로 권력을 사용하는 경향이 있다(Gitterman, 1996). 그리고 차별적 경쟁에서 지는 개인이나 집단은 다른 적소(낮은 사회적 지위)로 이주하게 마련이다.

• 인생경로(life course)

마지막 개념은 바로 사람들의 독특한 발달경로를 말한다. 사회복지사는 특정 시대의 개인들이 공통적으로 겪는 시대적 경험을 고려함은 물론, 개인이 사회적, 정치적, 경제적 변화를 어떻게 독특하게 경험하는지를 고려해야 한다.

3. 체계이론에 대한 평가

체계이론과 생태학적 이론은 개인에 초점을 두고 심리학을 강조하는 전통적 사회복지실천으로부터 벗어나 매우 다른 타입의 이론을 형성하고 있다. 체계접근방식의 이점은 다음과 같다(Payne, 1997).

- 심리학적 접근에 비해 환경변화에 대한 더 많은 강조를 한다.
- 내부적 사고와 감정보다 개인과 다른 체계 간의 상호작용 결과에 초점을 둔다. 같은 목적을 성취하기 위해 여러 가지 접근방식이 있음을 상기시킨다.
- 통합적이고 총체적이다. 개인, 집단, 지역사회와의 협력을 모두 포함하며 어떤 특별한 개입방식을 강조하지 않고 모든 접근방식이 영향력 있는 체계로 이해된다. 사회사업이 개인의 변화에 초점을 두어야 하는지 아니면 사회변화에 초점을 두어야 하는가에 대한 논쟁을 피하게 한다.
- 행동과 사회현상의 단선적인 원인 결과적 설명을 피하고 어떻게 여러 에너지가 서로 다른 방식으로 체계에 영향을 주는지를 보여준다.

그러나 다음과 같은 문제점이 있다.

- 체계이론은 처방을 내리는 스타일이 아니기 때문에 체계에 영향을 주기 위해 무엇을 어디서 어떻게 해야 할지를 구체적으로 말해 주지 않는다(Mancoske, 1981).
- 체계이론, 특별히 생태학적 체계이론은 통합과 유지를 강조하기 때문에 갈등과 급진적 변화를 덜 바람직한 것으로 가정하는 경향이 있다(Leighninger, 1978). 그러나 체계이론이 고정적이라는 비판은, 사회사업에 있어 상당한 관심이 개인과 사회의 변화에 주어진다는 데에서 설득력이 약하다는 주장이 있다(Mancoske, 1981). 에반스(Evans, 1976)는 체계통합은 갈등적이며 변화지향적일 수 있는 서로 다른 사회구조들의 연결에 관계되는 것이기 때문에 체계이론은 고정적이지만은 않으며, 체계에는 닫힌 체계들과 열린 체계들이 있는데 열린 체계는 매우 유연성이 있다는 주장을 하고 있다.
- 체계이론은 매우 일반화된 이론이기 때문에 어떤 구체적 상황에 적용하기가 어렵고, 적용한다 해도 개인마다 상황을 해석하는 방식이 다를 수 있어 응용범위가 매우 다양해지기 때문에 어느 것이 옳은지 판단하기 어렵다.
- 체계이론의 복잡하고 기계적인 용어는 사회복지실천 같은 인간활동에는 적합하지 않다.

4. 기능주의 이론

탈콧 파슨스(Talcott Parsons, 1902~1979)는 사회학에서 기능주의 이론의 주요한 공헌자이다. 그는 모든 사회체계가 대략 두 가지 축을 중심으로 구조적으로 분화된다는 명제를 제시하였다. 파슨스(Parsons)는 사회체계는 개방체계로서 사회 환경과 기능적으로 연결되어 있다고 주장하였는데, 이런 개념을 반영하는 첫 번째 축은 수직적 축으로서 체계와 환경을 연결하는 역할을 한다. 이 축은 내적·외적 차원으로 구성된다. 파슨스(Parsons)는 또한 사회체계는 목적을 가지고 있다고 보았는데, 두 번째 축은 수단과 목적(완성) 차원을 나타낸다. 사회체계가 생존하기 위해서는 두 가지 축을 중심으로 네 가지 핵심기능이 필요하다고 주장하였다. 네 가지 기능은 적응(adaptation), 목적달성(goal attainment), 통합(integration), 형태유지(pattern maintenance)이다. 이 네 가지 요소는 사회체계가 수행해야 하는 역할을 이해하는 데 도움을 준다. [그림 7-1]을 참고하기 바란다. 이 모형은 사회체계의 구조적 분석을 위해 활용될 수 있다(Norlin, Chess, Dale, & Smith, 2003).

	도구적	완성적(목적)
외적	적응	목적달성
내적	형태유지	통합

[그림 7-1] 파슨스(Parsons)의 체계의 네 가지 기능적 문제 패러다임

(1) 목적달성

모든 사회체계는 환경 속에 존재하는 어떤 욕구, 기회, 또는 상태를 만족시키기 위해 존재한다. 목적달성의 기능은 외부 차원과 목적(완성)의 차원에 해당되는 문제이다. 예를 들어, 대학(대상체계)의 졸업생들은 지역사회에서 직장을 잡으려 한다. 직장은 대상체계 외부에 존재하는데, 이 직장에서 학생들을 고용한다면 대학 입장에서는 목적이 달성된 것이다.

(2) 적응

이 기능은 외부 차원과 수단 차원에 해당되는 문제이다. 사회체계는 자연적으로 전향적으로 발전해 나가는 속성이 있다. 체계는 목적성취를 위해 외부환경에 적응하려고 노력하는 것이 지극히 자연스러운 일이다. 예를 들어 보자. 대학(대상체계)이 교육부 평가에서 1위를 차지하기 위해(목적달성) 교수들에게 업적에 대한 인센티브를 제공한다면 이것이 적응이다. 수단과 목적의 관계를 보면 수단이 좋을수록 목적성취가 잘 되는 것을 알 수 있다. 적응의 과정을 성공적으로 수행하게 되면 목적달성이 촉진된다고 보아야 한다.

(3) 통합

통합은 내적 차원과 목적(완성) 차원에 해당되는 문제이다. 체계의 성원들은 자신이 수행하는 역할에 관해, 그리고 서로에 대해 만족해야 한다. 예를 들어, 대학의 교수와 학생이 자신들에게 만족하고 있고 또한 상호 좋게 느끼고 있다면 통합의 기능이 적절히 수행되고 있다는 것을 암시한다. 통합은 역동적 상태로 지속적으로 변화하면서 더 좋아질 수도 있고 악화될 수도 있다. 만일 통합의 상태가 악화된다면 체계의 복지상태는 위협을 받게 된다.

(4) 형태유지

이 기능은 통합기능을 성취하기 위한 내적 차원과 수단의 차원에 해당되는 문제이다. 모든 체계는 기본 과정과 절차를 지켜야 한다. 예를 들어 보자. 어느 집단의 성원들이 의사결정의 기본 과정(수단)을 지키지 않는다면 구성원들 간의 통합(목적)은 이루어지지 못한다. 즉 수단과 목적의 관계가 어려워지게 된다. 통합의 기능수행에 방해가 되지 않도록 유형유지 기능이 수행되어야 한다.

5. 상징적 상호작용이론

상징적 상호작용(symbolic interactionism)은 개인과 사회의 상호작용을 다루는 사회학이론이다. 구체적으로 이 접근은 상징적 의사소통(몸짓이나 언어)에 관심을 갖는다. 상징적 상호작용의 관점은 인간은 단지 사회와의 지속적인 상호작용의 과정에 의해서만 완전해진다고 본다. 상징적 상호작용은 의사소통에 초점을 두는 모든 인간행동이론의 토대를 이루고 있다. 이 이론은 조지 허버트 미드와 찰스 호튼 콜리(George Herbert Mead & Charles Horton Cooley)의 과업에 의거한다. 이들은 개인의 성격과 자아감 형성에 있어 사회의 중요성을 강조하였다. 특별히 미드(Mead)는 사회화과정에서 언어의 중요성을 강조했다. 언어는 다른 사람들과의 의사소통하는 방법과 사건을 해석하는 방법을 학습할 수 있게 하는 공유된 상징이라 할 수 있다. 미드는 아동이 다른 사람의 입장을 취할 수 있는 능력과 사회적 관계를 지배하는 규범체계를 이해할 수 있는 능력을 갖춤으로써 완전한 인간으로 성장한다고 믿었다. 즉 다른 사람들의 기대를 예견할 수 있게 됨에 따라 자아감이 출현한다는 것이다.

궁극적으로 아동은 자신과 다른 사람들의 행동을 관찰하고 또한 아동이 사회적 기대를 이해하게 됨에 따라 사회적 기대가 자아 속으로 내면화된다. 이 과정이 일생 동안 지속되면서 자아감을 형성하게 된다. 미드는 자아는 고정된 구조가 아니라 반사적 과정이라고 보았다.

미드는 반사적 과정에 필요한 것으로서 자아(self)에 두 양상이 있다고 보았는데, 바로 주체로서의 자아(I)와 대상으로서의 자아(Me)이다. 'I'는 자아의 활동적이고 자발적인 양상이다. 스스로 행동하고 다른 사람의 반응을 관찰한다. 그때 다른 사람의 반응이 내면화된다. 이 과정 속에서 'Me'가 발전한다. Me는 다른 사람들의 태도에 대한 인식이 내면화된 것이다. 예를 들어 보자. 아동이 처음으로 학교에 가서 놀면서 다른 아동의 장난감을 빼앗아 놀았다(I). 장난감을 빼앗긴 아동은 울기 시작했고, 선생님은 야단을 쳤다. 자아는 이러한 반응을 관찰하고 정보를 저장한다. 다른 사람들의 기대를 이해하게 되면서 사회화된 Me는 아동이 사회적 기대를 따르도록 촉구한다. 아동은 다른 사람의 행동을 모방해 보고, 실제 놀이를 통해 다른 사람의 역할을 해보면서 상호작용의 규범을 상징적으로 이해하게 되고, 다른 사람들의 태도를 예견하는 것을 배우게 된다. 이런 식으로 사회적 규범이 자아 속으로 통합되면서 Me가 발전한다.

궁극적으로 자아의 발전은 '일반화된 타인(generalized other)'이라는 상을 형성한다. 이 개념은 자아에 대한 사회적 기대가 확산되었다는 것을 말한다. 즉 행동규범의 내면화를 말한다. 이것은 개인의 가치로 이해될 수도 있다. 개인이 얼마나 잘 사회화되었는가의 정도를 알 수 있는 지표이다.

일생을 통해 자아는 주체와 객체의 역할을 지속한다. 자아의 자발적이고 의지적 부분은 충동과 열망을 경험한다. 동시에 이러한 충동과 열망이 다른 사람들에게 어떻게 영향을 줄지 계산해야 한다. 다른 사람들의 반응을 상상하면서 자아는 바람직한 목적을 성취하는 데 가장 적합한 역할을 선택하게 된다. 자아의 두 양상은 모두 필요하다. 만일 'I'가 없다면 개인의 독특한 개성은 없어지고 단지 사회적 기계에 불과할 것이다. 'Me'가 없다면 자신의 행동에 무책임하게 되고, 사회적 상호작용이 힘들 것이다. 자아는 일생 동안 변화하지만, 미드는 어린 시절의 경험이 일반화된 타인을 형성하는 데 더 결정적이라고 믿었다(Norlin et al., 2003).

6. 역할이론

역할이라는 개념은 체계 내의 상호작용에 응용될 수 있는 개념이면서 개인과 사회체계 사이의 상호교류적 연결 역할을 해줄 수 있는 개념이다. 역할은 사회체계 내의 어떤 사회적 지위에 있는 사람에게 기대되는 행동이라고 할 수 있다. 역할이론(role theory)에서 나온 다음 개념들은 사회복지사들에게 중요하다(Compton & Galaway, 1989).

- 어떤 행동은 체계 내의 지위에 따라 좌우된다.
- 모든 역할은 우리 자신의 기대와 능력에 관계되는 것이고 기타 다른 사람들의 기대와 능력에도 관련된다.
- 역할기대라는 개념은 체계 내 또는 체계 간의 지위 사이에 일치된 상호작용을 이끌어내는 어떤 사회적 규범이 있다는 것을 함축하고 있다.
- 사회적 기능이라는 것은 인간체계에 의해 수행되는 역할의 산물이라고 볼 수 있다.
- 역할이라는 개념, 역할기능, 역할기대, 역할 상호교류라는 개념들은 문제상황에 대한 측정에 유용하게 활용될 수 있다. 역할실패나 역할갈등은 다음 상황에서 발생하는 경향이 있다.
  - 체계가 역할을 잘 수행하는 데에 필요한 자원의 손실 또는 부재
  - 체계가 역할기대를 알지 못하고 새로운 역할을 맡게 될 때
  - 상호작용하는 체계들 간에 역할기대에 갈등이 있을 때
  - 한 체계에 의해 수행되는 다양한 역할 때문에 역할기대에 갈등이 있을 때
  - 체계로서의 개인 또는 사회체계의 성원으로서 개인이 역할을 맡았지만 그 역할이 요구하는 신체적 · 지적 · 사회적 능력에 장애가 있을 때
  - 위기상황이 갑작스럽게 발생하여 예전부터 해오던 효과적인 역할 유형을 방해할 때

역할처방은 우리의 행동에 어떤 변화를 이끌어 낼 수 있고, 또한 체계의 요소들이 자신의 역할(행동, 감정, 존재)을 바꾸는 것은 중대한 체계변화를 도출할 수 있다는 원리가 사회복지실천에 적용될 수 있다.

CHAPTER 08

사회환경체계

1. 가족
2. 집단
3. 조직
4. 지역사회

08 사회환경체계

CHAPTER

1. 가족

1) 가족의 개념과 기능

가족은 하나의 사회기관이며 사회체계이다. 전통적으로 가족은 결혼, 혈통, 또는 입양에 의해 연결된 사람들이 공유된 가구에서 함께 살고 있는 집단이라고 규정되었지만(Coleman & Cressey, 1990), 현대사회는 가족의 유형이 매우 다양하기에 가족에 대한 유연하고 다양한 정의가 필요하다. 예를 들어, 부부가 각자 떨어져 지내야만 하는 가족도 있고, 자녀가 심한 장애가 있어 지역사회 치료시설에 입소시켜야 하는 가족도 있다. 최근에는 동거하는 남녀들도 많아지고 있으며 또한 동성애 가족도 출현하고 있다. 우리가 가족을 어떻게 규정하는가에 따라 가족에 대한 가족 이슈를 어떻게 다룰 것인지에 대한 사회복지실천방법과 가족정책에 영향을 미치게 되므로 가족의 정의가 중요하다. 하트만과 레어드(Hartman & Laird, 1983)는 가족을 두 형태로 분류한다. 하나는 전통적인 가족 개념처럼 혈연에 기반을 둔 것이고 또 하나는 관계형성에 기반을 둔 것이다. 관계형성에 기반을 둔 가족 개념은 다음과 같다.

> 주거공간을 같이하고, 친밀한 정서적 유대를 발전시키며, 생물심리사회적 욕구를 충족시키기 위해 필요한 다양한 역할과 기능을 공유하고자 노력하는 둘 이상의 사람들로 구성된 집단

많은 다양성에도 불구하고 사회학자들은 가족의 유형을 크게 확대가족과 핵가족으로 분류한다. 확대가족은 부부, 조부모, 손자녀와 더불어 다양한 친족들로 구성된다. 핵가족은 부부와 자녀로 구성된다. 확대가족은 산업사회 이전에 일손이 많이 필요했던 시대에 더욱 기능적이었다. 핵가족은 산업사회의 복잡한 요구 및 빠른 변화에 대응하는 데 있어 더 기능적이라 할 수 있고 우리나라에서도 대표적인 가족 유형이 되었다. 그러나 핵가족화로 인해 다양한 가족문제가 대두되고 있는 것도 사실이다.

다양한 가족 유형이 출현하고 있지만 공통적이며 핵심적인 가족의 기능을 찾아볼 수 있다. 첫째, 인구의 재생산 기능이다. 가족은 일반적으로 자녀를 출산한다(물론 동성애 가족이나 불임부부는 예외다). 이러한 역할로 인해 사회는 안정성을 유지한다. 둘째, 가족은 아동을 보호하는 기능을 한다. 가족은 아동양육의 1차기관이다. 셋째, 사회화의 기능이다. 아동이 그 사회의 생산적인 성원이 되기 위해서는 그 문화 속으로 사회화되어야 한다. 언어를 습득해야 하고, 사회의 가치를 배우며, 사회의 규범에 따라 행동해야 한다. 가족은 이 사회화 과정에 중요한 역할을 한다. 넷째, 성행동을 규제한다. 성행동을 규제하는 데 실패한다면 개인들 간의 충돌을 일으키게 된다. 또한 성행동을 적절히 규제하지 못한다면 사회의 혼란이 초래된다. 아버지 없는 아동이 많아지고 버림받는 아동이 많아진다. 마지막으로 가족은 애정의 원천이 된다. 인간은 애정과 정서적 지지, 그리고 긍정적 인정을 필요로 한다. 그러한 애정과 인정 없이 개인의 정서적·지적·신체적·사회적 성장은 부진하게 된다. 가족은 애정과 인정을 받을 수 있는 중요한 소스다(Zastrow, 2003).

산업화, 도시화로 특징지어지는 현대사회에 있어서 가장 큰 문제들 중의 하나는 가족기능의 약화라고 지적할 수 있으며 많은 개인 및 사회의 문제들이 여기에서 비롯된다고 말할 수도 있다. 가족이란 가장 작은 일차적 집단 내지 체계로서, 성원들은 혈연과 결혼에 의해 결합되어 있으며, 주요 기능은 성원들을 사회적·신체적·정신적으로 발달시키는 것이다. 또한 가족체계는 각 개인의 체계와 사회체계를 연결 짓는 매체가 되는 것이다. 건전한 가족이란 후세를 이을 젊은 층에게는 제반 사회생활의 기능을 학습할 수 있는 사회화의 기회를 제공하고 성인들에게는 사회생활의 적응을 가능케 하는 정서적 지원과 재창조의 기회를 제공하는 것이다. 따라서 사회의 기본 단위 내지 체계로서의 가족이 붕괴된다면 개인은 물론 사회의 번영과 발전이 지장을 받게 되는 것이다.

모든 체계들 중에 아마도 성원들 사이의 복합적인 상호작용 및 관계가 가장 뚜렷한 것이 가족일 것이다. 즉 이들의 관계는 가장 밀접하고, 가장 요구적이며, 또한 가장 보상적인 관계라고 할 수 있다. 따라서 사회복지 또는 다른 전문직들이 다양한 개입을 실시하는 데 있어 가장 가치 있는 대상이 가족이라고 규정한 것은 별로 이상한 것이 아니다.[1] 따라서 1950년대 이래로 일부의 정신과 의사들, 심리학자들, 사회학자들 그리고 사회복지사들은 다양한 가족중심적 치료 모델을 개발해 왔다(조휘일·이윤로, 1999: 266).[2]

2) 가족주기의 개념 및 단계

가족의 형성과 유지, 그리고 해체의 과정을 이해하기 위해 발달 단계적 접근을 고려해 볼 수 있다. 발달 단계적 견해에서는 가족생활주기가 일련의 단계로

1) Piccard, B. J. (1975). *An Introduction to Social Work*. Home wood, ILL: The Dossey Press. p. 65.

2) Sax, P. (1967). A Discussion : What is Family – Centered Case Work. *Social Case Work, 48*(7), 426.

구성되어 있고, 가족들이 겪는 다양한 문제는 한 단계에서 다음 단계로의 전이가 어떻게 이루어지는가와 연관이 있다고 본다.

가족주기는 가족이 결혼, 자녀출생 및 출가, 퇴직, 배우자 사망 등 일련의 가족생애사건들을 단계적으로 경험하면서 형성 – 확대 – 축소 – 해체되어 가는 과정을 의미한다. 가족주기는 2세대 핵가족을 중심으로 부부가 가족을 이루는 초혼연령에 기반하여 산출한다. 세계보건기구(1978)에 의하면, 가족주기는 가족형성기, 가족확대기, 가족축소기, 가족축소완료기, 가족해체기의 6단계로 구분한다.

〈표 8-1〉 핵가족의 가족주기 기본 모형

가족주기의 단계	단계의 시작	단계의 끝
형성기	결혼	첫째아 출생
확대기	첫째아 출생	막내아 출생
확대완료기	막내아 출생	첫째아 출가
축소기	첫째아 출가	막내아 출가
축소완료기	막내아 출가	배우자 사망
해체기	배우자 사망	본인 사망

출처: WHO(1978). Health and the Family : Studies on the Demography of Family Life Cycles and their Health Implications, Geneva, p. 20. 참조; 김승권 외(2000). 한국가족의 변화와 대응방안, 한국보건사회연구원.

우리나라의 경우 부부만 생활하는 가족형성 기간은 짧아지는 추세에 있다. 즉 초혼연령이 상승하여 첫 자녀 출산시기가 빨라진다. 출산기간에 해당되는 가족확대기는 막내아의 출생과 함께 종료되며 이 확대기는 점차 짧아지는 추세이다. 출산완료와 자녀의 첫 결혼시점에 이르는 확대완료기는 길어지고 있다. 막내아 출산이 빨라지고 자녀의 초혼연령은 높아지기 때문이다. 자녀가 결혼을 시작하면서 확대완료기가 끝나고 축소기가 시작된다. 자녀의 첫 결혼에서 시작하여 자녀의 결혼이 완료되면서 축소기는 끝나고(출산율 저하로 인해 축소기는 점차 짧아지는 경향이다) 노인부부만 남는 빈둥지 시기인 축소완료기가 시작된다. 축소완료기는 점차 길어지고 있다. 배우자(남편)의 사망시기부터 부인이 사망할 때까지를 가족해체기라 한다.

카터와 맥골드릭(Carter & McGoldrick, 1980)은 가족주기 단계를 다음과 같이 구분하였다.

① 원가족으로부터의 독립기
② 결혼을 통한 가족형성기
③ 아동을 둔 가족기
④ 청소년을 둔 가족기
⑤ 자녀진수기
⑥ 노년가족기

원가족으로부터의 독립기를 둔 것이 특징인데, 성인이 원가족으로부터 분리되어 독립성을 유지할 것을 강조하였다. 이 과정에서 자신의 고유한 정체감을 형성하고 성인과의 친밀한 관계형성을 배우며, 직업정체성을 확보해야 한다고 보았다. 성인이 결혼을 하면서 가족을 형성하고, 부부는 자신을 파트너에게 헌신하는 방법을 배우게 된다. 새로운 관계형성, 즉, 부부간 그리고 확대가족 및 친구들 간의 관계를 새로이 정립하는 과업 속에서 어려움이 발생할 수 있다.

아동이 태어나면서 부모의 관계형성이라는 새로운 과업이 나타나고 남편과 아내는 아버지와 어머니가 된다. 기존의 부모는 할머니와 할아버지가 된다. 새로운 역할을 맡는 것은 적응과정을 필요로 하고 어려움을 야기시킨다. 아동이 성장하여 청소년이 되면 청소년 자녀는 가족에게 새로운 스트레스를 안겨준다. 예를 들어, 부모는 청소년 자녀를 보호하기 위해 자녀를 가두려 하고 청소년 자녀는 독립을 추구한다.

자녀가 성인이 되어 가정을 떠나게 될 때도 새로운 문제가 나타난다. 빈둥지 현상을 잘 다루어야 하고, 부부간의 관계를 재정립해야 한다. 또한 할머니, 할아버지 역할을 맡을 준비를 해야 한다. 또한 노후준비도 해야 한다. 마지막 단계에서 부부는 노인으로서의 역할을 수용해야 한다. 신체적 질환이나 배우자의 죽음을 준비해야 한다.

많은 가족들이 단계마다 이러한 어려움을 맞이한다. 각 문제를 심각하게 경험하는 경우도 많다. 성공적으로 어려움을 이겨내지 못할 때 소위 '이탈된 가족(derailed families)'이라고도 한다.

가족주기 모델은 가족이 발달하면서 경험하게 될 고충이나 사건을 예견할 수 있게 해준다. 그러한 고충을 당연한 것으로 인정함으로써 가족이 비난받는 것을 방지할 수 있다. 가족 내에 어떤 상황이 잘못되었을 때 그것이 반드시 가족의 잘못은 아닌 것이다. 사회복지사는 이 모델을 활용하여 이탈된 가족을 다시 정상패도로 올려놓는 데 도움을 준다. 가족치료기법을 통해 가족 성원들은 가족생활주기와 관련된 과업을 수행하도록 도움을 받는다. 그리고 한 단계에서 다음 단계로의 전이(transitions)를 잘 수행할 수 있게 된다.

가족생활주기 모델의 한계는 어떤 문제가 발생할 수 있을지를 묘사해 주기는 하지만 왜 어떤 가족은 그러한 문제를 잘 해결하고 어떤 가족은 그렇지 못한지를 설명해 주지는 않는다는 데 있다.

3) 가족체계이론

가족은 하나의 개방적 체계로서 각 성원의 행동은 다른 성원들의 행동에 영향을 행사한다. 미누친(Minuchin)은 구조적 체계이론(structural systems theory)의 대표 주자이다. 그는 가족을 하나의 체계로 보고 개인의 문제를 심리적·내적인 요인보다 체계와의 관련성에 두었다. 그는 가족의 구조를 변화시킴으로써 체계 내의 개인의 위치가 변경되면 그의 경험이 변화되어 결국 개인에게 변화를 초래하게 된다고 보았다. 체계론적 관점에서 가족과 관련된 주요 개념을 소개하면 다음과 같다(조휘일·이윤로, 1999: 287-291; 이명홍, 1980; Minuchin, 1974).

(1) 정상적 내지 비정상적 가족체계

이상적인 가족체계는 가족 성원들의 사회화(socialization) 내지 지속적인 발달의 기회를 제공해야 한다. 즉 가족체계는 가족의 내부에서 오는 요구 내지 가족 외부의 변화에 적응할 수 있는 적절한 기전(mechanisms)을 제공해야 한다. 따라서 가족 내부에서 일어나는 사회적 학습(social learning)의 질은 보다 넓은 사회에의 적응에 결정적 역할을 한다. 그러므로 개인의 요구는 다른 성원들의 희생을 대가로 충족될 수 없으며, 모든 성원들의 신체적·정서적 욕구가 채워지지 않은 채 지나쳐서는 안 된다. 그러므로 가족 내의 의사소통은 자유롭고 직접적이어야 하며, 역할수행도 합리적이고 명백하며 상황에 적절해야 한다.

그러나 가족도 다른 사회체계들과 마찬가지로 개인 성원의 잠재적 능력의 발달을 저해하는 방향에서 운영될 수 있다. 즉, 가족의 단합이 어느 한 성원의 희생에 의해 달성될 수 있다. 아이들이 부모 사이의 갈등 내지 불평형의 사이에 끼일 수도 있다. 어떤 성원들은 자신들의 역할에 책임을 지지 않으려고 다른 성원을 끌어들일 수도 있다. 한 성원이 자신의 욕구충족을 위해 다른 성원을 희생양으로 만들 수도 있다. 그리고 어떤 가족은 완고한 체제유지를 고집하여 사회의 역동적 변화에 대처하지 못하는 결과를 초래하기도 한다.

이와 같이 가족 내의 일부 성원들의 발달에 해를 주는 가족이 얼마간은 기능적으로 보일 수 있으나, 보다 큰 사회의 요구라는 관점에서 볼 때 이는 완전히 비기능적인 것이다. 그리고 궁극적으로는 내부 또는 외부로부터 변화를 강요당하는 위기에 처하게 된다. 그리고 이들은 많은 가족문제의 증상들을 동반한다.

(2) 경직된(rigid) 또는 무형의 역할구조

경직되고 완고한 역할구조에 의해 특징지어진 가족을 보면, 모든 성원들이 규정된 역할들에 적응해야 하는 계속적인 압력을 받게 된다. 따라서 개별화의 출현 또는 규정된 역할로부터의 이탈은 전체 가족의 안정성에 위협으로 간주된다. 따라서 이러한 가족은 감정이나 생각의 개방적 표현이 회피되어 성원들 간의 의사소통이 극소화되며 외형적인 정보들만이 취급된다. 부모는 성원들의 욕구를 진지하게 고려하지 않으며 부모들의 욕구가 항상 우선시된다. 이때에는 부적절한 역할행동들이 나타나서 아이들은 동일시의 모델을 잃고 극도의 신경증적 증상들이 나타나게 된다.

이와 반대로 무형적인 역할구조를 가진 가족은 사실상 구조가 결여된 가족이다. 즉 일반적으로 다양한 역할들이 배당되어야 하는데 아무도 어떤 특정한 역할을 가지고 있는 것처럼 행동하지 않는 경우이다. 이러한 가족에서는 모든 성원들이 어떤 행동에 대해서 책임을 거부한다. 아무도 역할을 담당하고 있지 않기 때문에 상호 경청할 필요가 없다. 가족은 지속적으로 비조직화(disorganization) 상태에 있게 되고 규범도 없다. 이러한 가족은 대개 부모가 자신들의 역할을 감당할 수 없는 처지일 때에 발생하며, 아동이 행동화 문제를 갖게 되더라도 부모는 무기력(helpless)하게 느낀다.

(3) 가족의 항상성(homeostasis)

모든 체계는 자체의 평형(equilibrium) 상태를 유지하기 위한 자체규제적인 기전(mechanism)을 가지고 있다. 가족에 있어서 항상성이란 가족이 관계상의 균형을 달성하기 위해서 행동하는 것을 말한다. 예를 들어 보자. 가족 내의 한 환자가 호조를 보이면 가족성원들은 병을 유지하기 위해서 압력을 발휘한다. 또는 환자가 회복되기 시작하면 가족의 다른 성원이 증세를 나타내는 경우도 있다. 즉 가족 내에 이미 형성된 관계의 유형을 유지하기 위해서는 증상을 가진 성원이 필요하다는 것이다. 이렇게 가족은 자체의 항상성 상태를 유지하는 노력을 기울이게 되는데, 이를 볼 때 항상성이 항상 가족 성원들의 최상의 이익에 기여하지 않는다는 것을 알 수 있다.

(4) 가족의 규범

가족은 자체적으로 규범을 만들고 또한 그 규범에 의해 통제되는 사회체계라고 할 수 있다. 가족은 일련의 규범들을 생성하는데, 이들은 명시적일 수도 있고 암묵적일 수도 있다. 그러나 성원들이 체계와 조화를 이루며 살기 위해서는 이들 모두를 지켜야 한다. 만약 어떤 한 성원이 가족규범을 위반하면 가족은 하나의 단위로서 교정하려는 힘을 행사하게 된다. 이와 같이 가족규범은 기본적으로 가족의 행동에 영향을 주는 기능을 한다. 어떤 규범들은 각 성원의 특정한 역할 내지 기대의 맥락에서 형성된 명확한 것들(공식적 규범)이라 타협과 변화의 가능성이 있으나, 어떤 가족규범은 불명확하고 무언중에 동의된 규범으로(비공식적 규범) 변화되기 어려운 경우가 많다.

(5) 가족의 신화(myth)

가족신화란 근본적으로 가족 성원들 서로 간에 지켜지는 어떤 신념 내지 기대들로 구성된다. 즉 이는 모든 가족 성원들에 의해 의문의 여지없이 받아들여지는 공통적 신념 내지 기대들로 자동적 동의(automatic agreement)로 귀결된다. 예를 들면 '부인은 절대로 차를 운전하지 않고 남편이 모신다' 또는 '남편은 원래 기계에는 소질이 없다' 등의 신념이다. 이러한 신화는 가족의 변화를 저해하고 가족 내의 부정적인 항상성 유지에 기여한다.

(6) 가족의 하위체계들(subsystem)

• 부부 하위체계(spouse subsystem)

가족의 가장 기본적인 하위체계로서 결혼유지의 기능을 담당한다. 각 배우자는 상대방이 효과적으로 기능하는 데 도움이 될 수 있는 행동 유형을 발전시켜야 한다. 그러나 각자가 자신의 개별성(individuality)을 유지하고 독립적으로 행동할 수 있는 능력도 동시에 필요하다. 즉 내부적으로는 부부 사이에도 어느 정도 경계가 확립되어야 한다. 부부 하위체계는 외부적으로는 경계를 적절하게 설정하여, 각 배우자의 출생가족과 적절히 독립하고 분화될 수 있어야 한다. 출생가족으로부터 일일이 간섭받거나 전적으로 의존적이어서는 안 된다.

• 부모 하위체계(parental subsystem)

아이가 출생하면서 부모 하위체계가 형성된다. 자녀들이 부부 하위체계에 침입하게 되는 것이다. 아이가 성장하면서 개별성의 욕구가 증가할수록 부모의 역할은 힘들어진다. 아이들의 자율성을 지원하면서도 필요한 통제를 행사하는 것, 즉 통제와 허용의 기능을 잘 수행해야 한다.

• 형제 하위체계(sibling subsystem)

아이들은 자신들끼리 상호작용을 통해 협의와 타협, 그리고 상호보완하는 대인관계를 배운다. 부모는 이들의 경계를 인정해 줄 필요가 있으며, 가족 외부와의 상호작용도 도와주어야 한다.

• 부모 자녀 하위체계(parent child subsystem)

부모와 자녀가 하나의 기능적 단위로서 상호작용하는 이색적인 하위체계이다. 보통은 엄마와 자녀 또는 아버지와 자녀가 하나의 단위로 상호작용하는 경우가 많다. 이때 경계의 명확성이 중요하다. 경계가 너무 경직되어 다른 성원의 개입을 허용하지 않거나 너무 허술하여 역할혼란이 발생한다면 병리적이 된다. 예를 들어, 엄마와 자녀의 하위체계가 아버지를 배척하는 방식으로 연합하게 되면(경계가 너무 경직됨) 역기능적이 된다. 또한 한 자녀가 한쪽 부모의 역할을 대신하면(경계가 너무 허술) 역할이 혼합되어 권위의 계통과 대인적 경계에 혼란이 오게 된다.

(7) 가족의 경계(boundary)

가족의 기능이 원활히 수행되려면 체계의 경계가 명확해야 한다. 즉 경계는 체계 간의 차이를 보호하는 기능을 갖는다. 한 하위체계는 다른 하위체계들로부터 방해받지 않도록 경계가 분명해야만 그 하위체계 내의 개인 간의 교류가 적절히 이루어진다. 반면에 하위체계 성원들과 다른 사람들과의 접촉이 허락될 정도로 경계의 융통성은 있어야 한다. 그러므로 경계의 명확성은 가족의 기능을 평가하는 척도가 된다. 가족 성원들이 지나치게 친밀하여 체계 간의 구분이 어려운 극단적인 상태를 밀착된 경계(enmeshed boundary)라 하고, 반대로 경계가 너무 굳어져서 문제가 되는 경우를 격리된 경계(disengaged boundary)라고 부른다.

4) 이혼과 재혼

아래의 표에서 보듯이 한국의 이혼율은 꾸준히 증가하고 있다. 1980년 5.9%이었던 단순이혼율이 2023년에는 47.7%까지 치솟았다.[3)]

---

3) 국내에서는 크게 두 가지 방식의 이혼율 산정방식이 있다. 우선 특정 연도에 이루어진 혼인 및 이혼 건수를 단순 비교하는 것이다. 2002년 결혼한 부부 수(30만 6,600쌍)와 같은 해 이혼한 부부 수(14만 5,300쌍)를 비교하면 이혼율은 47.4%나 된다. 두 쌍 중 한 쌍이 이혼한다는 주장의 배경이다. 둘째로 경제협력개발기구(OECD) 회원국 대부분과 우리나라 통계청이 사용하는 방식이다. 한 해 발생한 이혼 건수를 인구 1,000명으로 나눈 '조(粗)이혼율(Crude Divorce Rate, 단위는 천

〈표 8-2〉 **한국 이혼률 추이**

구분	단위	2023	2022	2021	2020	2019
혼인 건수	건	193,657	192,000	193,000	214,000	239,000
이혼 건수	건	92,394	93,200	101,700	106,500	110,800
조이혼율	천 명당	1.8	1.8	2	2.2	2.1

출처: 통계청.

이혼은 많은 가족 구성원의 삶에 영향을 주는 것이 사실이다. 특히 전통적으로 많은 연구들이 이혼 가족의 아동이 겪는 어려움과 문제를 강조해 왔다. 그러나 최근 연구들은 이혼이나 재혼이 긍정적인 결과를 가져올 수 있음을 인정하고 있다. 예를 들어, 이혼은 심각한 갈등과 학대로부터의 해방구가 될 수 있다. 또한 개인적인 성장과 발전을 위한 기회를 제공해 준다. 재혼 역시 만족스럽고 조화로운 관계를 새롭게 시작하는 기회를 제공해 준다(Hetherington, Law, & O' Conor, 1993). 이혼율이 증가함에 따라 재혼도 증가하게 되는데, 재혼을 하게 되면 배우자 각각이 상대 배우자의 자녀를 맞이하게 될 가능성이 크다. 재혼가족이 성공적으로 적응하기 위한 요소는 다음과 같다(Visher & Visher, 1993).

- 현실적인 기대를 갖는다. 즉각적으로 모두 친밀해지고 쉽게 적응하리라는 것은 신화에 불과하다. 정서적 유대가 형성되기 위해서는 시간이 필요하다. 각 가족 성원에게 시간을 주어야 한다.
- 상실에 대해 슬퍼하도록 허용한다. 이혼을 통해 상실한 관계를 슬퍼하도록 허

분율인 %)'이다. 우리나라는 2002년의 경우 인구 4,700만 명에 이혼 건수가 14만 5,300건으로 조이혼율이 0.3%(1,000명 당 3건)이다. 통계청은 이를 근거로 우리나라의 조이혼율이 같은 해 미국(4)보다는 낮지만 스웨덴, 일본 등과 비교할 때 OECD 국가 내에서도 매우 높다고 밝혔다. 하지만 이혼율 산정의 기준이 된 1,000명 안에 결혼과는 무관한 15세 이하의 아동까지 포함하고 있어 정확한 통계라고 할 수 없다는 지적이 있다. 또한 혼인신고를 하지 않은 '동거 부부'가 이 통계에 포함되지 않는 것 도 단점이다(법률신문, 2004. 4. 12.).

용하고 상실을 인정한다. 특히 아이들이 슬퍼하는 것을 허용할 필요가 있다.

- 아이들에게 안정된 분위기를 제공한다. 부부가 동시에 팀으로 협력하는 것이 필요하며, 또한 청소년인 자녀에게는 친밀한 관계를 형성할 수 없을지라도 관용과 존중의 관계를 형성해야 한다.
- 유연하고 타협적인 가족행사나 의식을 형성한다. 집안 청소, 각종 기념일, 휴일 보내는 방법 등에 있어 특정 방식을 고집할 필요는 없다.

5) 가족 치료

자주 활용되는 가족치료이론을 개관하면 다음과 같다(Bentley, 2002).

(1) 구조적 가족 치료

구조적 가족 치료의 가정은 다음과 같다. 만족스러운 가족기능은 성원이 적절한 권위를 행사하고, 가족 성원의 상호작용 방식을 조직화하는 분명한 구조가 있을 때 최대화된다는 점을 가정하고 있다. 따라서 개입은 가족구조를 재편하여, 성인에게 맞는 적합한 권한(power)을 세워 주고, 성원들과 하위체계가 적합한 권리와 역할, 그리고 책임감을 개발하도록 하며, 하위체계 간의 경계(접촉의 양을 규제하는 역할을 함)를 분명히 하도록 하는 데(경계가 너무 밀착되거나 엄격하게 분리되지 않도록) 초점을 둔다. 구조적 가족 치료의 모든 전략은 성원들 간의 동맹(alliances)을 형성하거나 강화하고, 약화시키거나 분리하는 데 초점을 둔다. 이러한 전략은 구체적이고 활동지향적인 방식으로 수행된다. 치료자는 의사소통기술을 가르치고, 어떤 구체적 상호작용을 촉진하거나 방해하기 위한 여지를 만들어 나가며, 역할놀이와 총연습을 통해(단지 토론시간을 늘리기보다는) 직접 시연하도록 한다. 치료자는 새로운 가족교류의 방향을 만들어 가고, 가족 성원의 역할을 바꾸며, 경계를 재조정한다. 치료자는 과제를 내주고 치료 시간에 배운 것을 직접 연습하도록 한다.

(2) 가족정서체계이론

가족정서체계이론(family emotional systems theory)의 대표적 학자인 보웬(Bowen)은 개인의 정서적 행동 유형은 원가족 속에서 형성된다고 가정한다. 또한 최적의 사회적 기능은 다른 사람들로부터의 자아분화로 나타나게 된다고 가정한다. 즉 애착에 대한 욕구와 자기효능감 사이의 균형을 성취해야 한다. 정서적 문제는 원가족에서 시작된 정서적 단절이나 밀착의 경험으로부터 초래된다. 개입의 목적은 각 성원이 가족 성원들로부터 자아를 분화시키도록 돕는 것이며, 성원들이 부정적인 삼각관계를 활용하지 않도록(삼각관계는 보통 불안정한 관계형성을 고착화시키는 수단으로 활용된다) 하는 것이다. 주로 활용되는 기법은 다세대 간 가계도를 그려 삼각관계나 밀착의 근원 및 가족 내의 기능을 이해하도록 돕는다. 가족성원의 행동을 다세대 간에 걸쳐 나타난 가족의 주제나 사건에 비추어 검토해 본다. 가족 성원이 다른 성원과 새롭게 기능적으로 애착관계를 형성하도록 이끌어 준다.

(3) 의사소통이론/전략적 접근

사티어(Satir)의 성장지향적이고 인본주의적인 철학은 인간은 본래 착하며 자신의 잠재력을 발전시킬 수 있는 능력이 있다고 믿는다. 이러한 잠재력 개발이 방해를 받을 때에 병리가 발생한다고 본다. 사티어의 중심 개념은 성숙으로 이러한 성숙을 개발하려면 자신을 가족으로부터 분리시켜 분화된 자아를 확립하는 것이 중요한 것으로 간주되는데, 이는 보웬의 입장과 맥을 같이하는 것으로 보인다.

의사소통이론의 개척자로 볼 수 있는 사티어는 가족의 의사소통 유형이 명확해야 한다는 것을 강조했다. 문제가 있는 가족은 의사소통 유형이 모호하고 간접적인 경향이 있다고 지적한다. 자신의 욕구와 희망에 대해 서로에게 이야기하는 것을 피하거나 자녀를 통해 이야기하여 결과적으로 자녀가 한쪽 부모와 연합하게 되는 결과가 초래되기도 한다. 보통 간접적인 의사소통을 하는 것은 낮은 자존감에 기인한다. 이러한 사람들은 자신이 가치 없다고 느끼지만 강한 것처럼 행동함으로써 무가치한 감정을 숨긴다.

자존감이 낮아 두려움을 가지고 있는 배우자는 자신과 상대방과의 의견이나 행동양식의 차이점을 나쁘게 또는 바람직하지 않은 것으로 인식하여 그 차이를 드러내지 않으려 하기에 자신의 의견을 분명히 나타내기보다는 점차 간접적인 표현을 하게 된다. 기본적으로 사티어의 치료목표는 가족 내의 의사소통을 증진시키는 것인데, 각 성원이 자신 및 다른 사람들에 대해서 보고, 듣고, 느끼고, 생각하는 것을 완벽하게, 확실하게 말할 수 있게 하는 것이다. 또한 가족 내의 의사결정이 힘에 의해서보다는 각 개인의 독특성에 관련된 탐색과 타협에 의해 이루어지게 하는 것이며, 각 개인의 차이가 공개적으로 인식되고 성장을 위해 활용될 수 있도록 하는 것이다.

사티어가 활용하는 기법의 예를 들면, 'I-message'를 통해 자신의 의견을 말하도록 하고, 개인 간의 차이는 정상이며 성장을 위한 촉진제라는 것을 가르쳐 준다. 불일치한 메시지나 이중구속언어를 지적하고 분명한 메시지를 전달하도록 돕고, 가족조각(family sculpting) 기법을 통해 가족관계형성을 상징적으로 이해하는 방법 등을 활용한다.

헤일리(Haley)의 전략적 접근은 정신분열증 가족의 이중구속이론을 확대시키며 발전하였다. 그러한 메시지는 정신분열증에만 영향을 주는 것이 아니라 대부분의 가족장애에 영향을 미친다고 한다. 의사소통이론이나 전략적 접근에서는 치료자가 모순적 메시지를 찾아내어 메시지를 전달하는 사람에게 그들이 무엇을 말하고 있고, 그런 메시지가 상대방을 어떻게 약화시키는지를 지적해 준다. 치료자는 가족 성원을 자극하여 서로가 진정 느끼고 있는 것을 말하고 또한 그들이 진정 어떤 종류의 관계형성을 맺고 싶은지를 전달하도록 설득한다.

헤일리(Haley)는 의사소통 유형을 보면 부부간의 관계의 본질을 규명할 수 있다고 보는데, 모든 관계에 숨겨진 것은 힘 내지 권력으로서, 두 사람 간의 관계는 권력투쟁의 관계라고 본다. 배우자가 문제증상을 갖는 것은 부부간 대인관계에 문제가 있다는 것으로서, 한쪽 배우자의 문제증상으로 인해 양자 간의 균형을 유지하게 된다고 본다. 보통 힘이 없는 배우자는 불안, 공포, 우울, 알코올중독 등의 증상을 통해 힘의 관계를 재구성해 보려고 노력하게 된다. 예를 들어, 남편이 자주 바람을 피우는 경우, 아내는 심각한 질병에 걸려 남편이 집에 일찍 귀가하여 자신을 보호하도록 이끈다. 이렇게 하여 아내는 부부간의 관계에서 통제력을 회복하려 한다.

헤일리는 가족 성원의 문제행동을 유지시키는 현재의 행동 유형을 변화시키기 위한 구체적 계획을 세우고 이를 시행하기 위해 지시를 하거나 과제를 내준다. 전략적 가족치료이론은 인간의 행동을 설명하거나 범주화하기보다는 해결중심이론처럼 변화전략에 좀 더 관심을 갖는다. 가족은 보통 새로운 도전을 꺼리는 경향이 있다고 간주한다. 이 이론은 가족이 변화를 희망하지만 변화하는데 대한 저항이 많은 상황에 매우 적합한 전략이다. 가족은 보통 무의식적으로 변화가 자신에게 어떤 면에서는 좀 위협적이라고 느끼기에 변화에 저항을 보이는 경향이 있다. 사회복지사는 가족문제를 해결하기 위해 새롭고 창조적인 방법을 고안하도록 돕는데, 대부분의 전략들은 가족이 새로운 행동을 하는 데 있어 예상되는 가족의 저항을 극복할 수 있도록 고안된다. 예를 들어, 종종 잘못된 의사소통체계를 깨기 위해 치료자는 역설적 기법을 활용한다. 치료자는 가족 성원들에게 그들이 이미 행하고 있는 부적응적인 행동 유형을 지속하라고 지시한다. 이러한 전략은 부적응적 유형을 뒤엎고 그들의 문제를 새로이 다룰 수 있는 유용한 방법을 찾도록 자극한다.

2. 집단

소집단에 대한 지식은 사회복지사에게 핵심이 된다. 사회복지실천의 상당 부분이 집단이라는 맥락에서 발생하기 때문이다. 사회복지실천을 하다 보면 치료집단을 직접 운영할 수도 있고, 가족을 다룰 수도 있고, 위원회를 이끌 수도 있고, 치료팀에서 활동할 수도 있기에 소집단의 역동성을 이해하는 것이 필요하다. 집단은 인간행동에 영향을 주고 문제해결을 위한 네트워크를 형성해 주는 통로가 되어 왔다. 집단세팅에서의 서비스의 제공을 통해 개인들에게 일상에서 발생할 수 있는 상호작용을 대신할 수 있는 상황을 만들어 줄 수 있다. 집단세팅에서 배우는 행동을 통해 개인들이 외부 사회에 더 잘 참여하고 적응할 수 있게 된다. 사회학습이론에 따르면 집단 맥락에서 배운 행동은 일반화가 더 잘 되고 더 오래 유지된다고 한다. 집단의 이점은 비용 측면에서 효과적일 뿐만 아니라 집단에 단순히 참여하고 다른 사람들을 보고 있는 것만으로도 학습효과가 나타난다는 것이다.

집단은 소속과 인정에 대한 욕구를 충족시켜 줄 수 있는 장이 되며 개인을 자극하고 성장을 촉진시키는 장이 될 수 있다. 또한 소집단의 구조나 기능을 설명하기 위한 많은 개념들은 조직적 또는 지역사회 수준에서 인간행동을 설명하는 데도 응용될 수 있기에 소집단에 대한 이해가 필요하다. 리더십, 역할, 규범, 사회화 등의 개념들은 조직과 지역사회를 탐색하는 데도 대두되는 개념들이다.

집단의 기본 개념은 “어떤 목적을 성취하기 위해 상호작용하는 소규모 사람들의 대면(face-to-face)적 모임”(Brown, 1991)이라 할 수 있다. 또 다른 개념정의는 “집단은 둘 또는 그 이상의 사람들이 대면적인 상호작용을 하면서, 서로 집단에 소속한 것을 알고 있고, 긍정적인 상호의존성을 인식하며, 상호 목적성취를 위해 노력하는 조직”(Johnson & Johnson, 1991)이라 할 수 있다. 집단은 공유된 목적을 가지고 있고, 상호작용한다는 것이 특징적이다.

1) 집단의 유형

집단의 유형은 일반적으로 다음과 같이 구분 된다(Toseland & Rivas, 2001; Norlin et al., 2003).

(1) 일차집단과 이차집단

일차집단(primary groups)과 이차집단(secondary groups)은 사람들 간의 관계형성의 유형에 의해 구분된다. 일차집단에서는 게마인샤프트(Gemeinschaft)적인 관계형성이 주를 이루고, 이차집단에서는 게젤샤프트(Gesellschaft)적인 관계형성이 주를 이룬다. 게마인샤프트적인 관계형성이란 비공식적이고 개인적이며 스스로를 위해 자연발생적으로 이루어지는 관계형성이다. 게젤샤프트적인 관계형성은 공식적이며 계약적이고 어떤 목적을 이루기 위해 형성된다. 이러한 구분은 쿨리(Cooley)에 의해 이루어졌다.

(2) 형성집단과 자연집단

토스란드와 리바스(Toseland & Rivas, 2001)는 형성집단(formed group)과 자연집단(natural group)을 구분하였다. 자연집단은 자연적으로 발생하는 사건이나 대인관계상의 매력, 또는 상호 인지된 욕구에 기반한 자연발생적인 집단이다.

형성집단은 외부의 영향이나 개입을 통해 모여진 집단이다. 보통 외부의 후원이나 제휴 없이는 존재하지 않는다. 형성집단은 전형적으로 특정 목적을 가지고 만들어진다. 예를 들어, 치료집단, 위원회, 동아리, 운동팀 등이다. 형성집단은 보통 공식적 규범을 가지고 있으며 수행해야 할 일련의 과업을 갖는다. 다음의 과제집단과 치료집단이 이에 해당된다.

(3) 과제집단과 치료집단

토스랜드와 리바스(Toseland & Rivas, 2001)는 집단을 과제집단(task group)과 치료집단(treatment group)으로 구분하였는데 이 두 집단은 모두 형성집단(formed groups)이다. 치료집단은 교육집단, 성장집단, 교정치료집단(remediation), 사회화집단을 포함한다. 이 치료집단들에게 공통점은 변화를 추구한다는 것이고, 주요 목적은 성원들의 욕구를 충족시킨다는 점이다. 과업 집단은 주로 특정 과업을 완성하거나 명령을 수행하기 위한 목적이 주를 이룬다.

2) 사회체계로서의 집단의 특성

소집단은 하나의 사회체계로서 볼 수 있다. 체계적 관점을 살펴보면 집단이 어떻게 운용되어 나가는지를 이해하는 데 도움이 된다. 체계적 관점에서 볼 때, 소집단은 더 커다란 환경 속에 있는 체계들과 상호 연결되어 있고 상호 영향을 주는 체계라고 할 수 있다. 또한 집단 내부적으로 보면, 다양한 하부요인들이 서로 연결되어 영향을 주고 있는 것도 인식할 수 있다. 따라서 집단은 외부환경에서 발생하는 사건의 영향을 받게 되고, 각 구성원 개인의 경험은 다른 사람의 경험에 영향을 주게 된다는 점을 인식하면서 집단을 진행할 필요가 있다. 집단의 성원은 집단 내에서 역할을 맡게 된다. 역할은 개인의 지위에 의해 결정되는, 사회적으로 기대되는 행동 유형이다. 성원은 리더, 정서적 지지자, 아이디어 개발자, 과제 진행자 등의 역할을 맡게 된다.

베일(Bales, 1950)는 집단에서 성원들이 맡아야 하는 역할을 크게 과업활동과 사회정서적 유대를 강화하는 활동으로 나누어 제시하였다.

- **과업 역할**: 집단에 의해 규정된 목적을 성취하기 위해 필요한 역할이다.
- **정보 및 의견 제공자**: 집단의 토론을 돕기 위해 필요한 정보나 아이디어 또는

사실을 제공한다.

- **정보 및 의견 탐색가**: 집단의 토론을 돕기 위해 성원들에게 정보나 아이디어, 느낌 등을 묻는다.
- **주창자(starter)**: 집단 내에서의 행동을 주도하기 위해 목적이나 과업을 제안한다.
- **방향제시자**: 수행되어야 할 과업에 대한 관심을 모으고, 추진방법에 대한 계획을 개발한다.
- **요약자**: 아이디어나 의견을 모아 재정립하고 토론된 주요 요점을 요약한다.
- **조정자**: 다양한 아이디어 간에 관련성을 보여주면서 의견을 조정하고, 집단 성원 간의 활동이 조화를 이루도록 한다.
- **진단자**: 집단 목적을 성취하는 데 있어 장애물이나 어려움의 요소를 찾아낸다.
- **충전자(energizer)**: 집단이 양질의 일을 할 수 있도록 자극한다.
- **가능성 검증자(reality tester)**: 아이디어의 실용성과 가능성을 검토하고 대 안을 평가하며 실제상황에 적용해 본다.
- **평가자**: 집단의 목적이 성취되었는지를 평가한다. 집단유지 역할은 집단의 사회적 / 정서적 유대를 강화하는 역할이다.
- **참여고무자**: 모든 사람들이 집단과정에 참여하도록 고무한다. 다른 사람의 아이디어를 개방적으로 수용하는 방법을 보여준다.
- **화합가(hamonizer)**: 의견 차이를 건설적으로 분석하고, 공통요소를 찾도록 설득한다.
- **긴장 완화자**: 긴장을 완화시키고 집단활동에 즐거움과 재미를 갖도록 제안한다.
- **의사소통 촉진자**: 훌륭한 의사소통 기술을 보여주며 성원들 서로가 말하는 것을 이해할 수 있도록 한다.
- **분위기 평가자**: 성원들에게 집단이 진행되는 방식을 어떻게 느끼는지 묻고,

성원들이 자신의 감정을 공유하도록 한다.

- **진행 관찰자**: 집단이 진행되는 과정을 지켜보고 관찰한 내용을 활용한다.
- **적극적 경청자**: 성원들의 의견을 적극적으로 들으며 반응해 준다.
- **신뢰 형성자**: 성원들이 개방적일 수 있도록 지지해 주고 수용해 주며 각 성원의 개별성을 인정하고 고무한다.
- **대인관계 문제해결자**: 갈등을 공공연히 토론하도록 하여 갈등을 해결하고 집단응집력을 증대시킨다.

한편, 개인적인 욕구충족을 위한 행동을 하는 방해자 역할에는 다음이 있다(이인정 외, 2000 재인용).

- **공격자(aggressor)**: 다른 구성원의 입지를 약화시키고 다른 구성원의 행동이나 감정을 배척하며 집단에 기여하는 사람을 질투한다.
- **방해꾼(blocker)**: 비합리적인 이유로 집단토의에서 반대의견을 내고 반대하는 사람을 모아 집단을 방해한다.
- **인정추구자(recognition seeker)**: 열등감을 보상받기 위해 자신의 업적이나 행동을 과도하게 내세워 관심을 집중시킨다.
- **원조추구자(help seeker)**: 불안이 심해 다른 구성원으로부터 동정을 구하는 행동을 하고 의존적이다.
- **플레이보이(playboy)**: 집단 밖의 여러 가지 사건을 끌어들인다. 집단과정에서 냉소, 무관심, 수다 등 부적절한 행동을 한다.
- **독재자(dominator)**: 집단과정에서 자기과시와 위압적 행동을 하며 권위와 우월감을 내세우는 행동을 한다.

다음은 체계이론 차원에서 고려될 수 있는 집단의 기능을 살펴보자. 파슨스

(Parsons)의 구조기능론적 입장에서 집단체계는 다음 4가지의 기능을 수행하려 노력한다(Parsons, Bales, & Shils, 1953; Toseland & Rivas, 2001).

첫째, 통합(integration)을 추구한다. 집단 성원들은 협력하여 일하고, 일을 진행시키기 위한 의사소통을 잘 수행해야 한다. 즉 갈등을 잘 조정하고 결속력을 높여야 한다.

둘째, 집단체계는 형태유지(pattern maintenance)를 추구한다. 집단은 기본과정과 절차를 유지해야 한다. 집단 성원들은 성원들 간의 지속적인 상호작용(예: 의사결정과정, 의사진행, 관계형성)에 대한 절차와 기대를 설정하게 된다.

셋째, 집단체계는 목적달성(goal attainment)을 추구한다. 집단체계는 목적을 위해 존재한다. 집단이 가치를 갖기 위해서는 목적을 성취해야 한다.

넷째, 집단체계는 적응(adaptation)을 추구한다. 집단은 지속적으로 변화하는 과정을 통해 환경적 조건에 적응하는 능력을 갖추어야 한다. 예를 들어, 집단에 제공되던 자원이 중단된다면 집단은 새로운 자원을 찾아 나가야 한다.

3) 집단의 발달 단계

많은 학자들이 집단이 발달해 가는 단계를 공식화해 왔다. 다양한 집단이 존재하기 때문에 이런 모든 집단에 공통적으로 존재하는 단계를 공식화하기는 힘든 것이 사실이지만 여기서는 대표적인 모델 두 가지를 소개한다.

첫째는 클라인(Klein, 1972)에 의해 제시된 집단의 발달 단계이다.

① 오리엔테이션: 집단의 목적을 설정하고 성원을 소개한다.

② 저항(resistance): 개인 성원들이 집단과정 동안 인지된 위협에 대해 방어를 한다.

③ 협상(negotiation): 집단의 규범을 설정하고 핵심 이슈에 대해 일치점을 찾

아 나간다.

④ **친밀(intimacy)**: 성원들에 대해 안전감을 느끼고, 유대를 형성하며, 집단과 그 목적에 대해 동일시하면서 집단의 목적을 이루어 나간다.

⑤ **종결(termination)**: 성원들은 집단의 과업을 종결하고 집단으로부터 분리된다.

둘째는 갈랜드와 자오네스, 콜로드니(Garland, Jaones & Kolodny, 1965)가 제시한 집단 발달 5단계이다(Hepworth & Larson, 1993).

제1단계: 친밀전(pre-afiliation) 단계

성원들의 접근-회피행동(approach-avoidance behavior)이 나타난다. 책임을 맡거나 성원들과 상호작용을 하거나 프로그램 활동에 참여하는 데 있어 자신의 분명한 입장을 나타내지 않는 경향이 있다. 성원들은 불안감이나 두려움에 사로잡힌 모습으로 침묵을 지키거나 유보적인 대답을 하면서 집단활동의 참여에 주저하는 모습을 보여주곤 한다.

제2단계: 권한 및 통제(power and control) 단계

성원들은 집단 경험이 잠재적으로 안전하고 가치 있다고 판단함에 따라 자치, 권한, 통제에 관한 문제에 관심을 갖게 된다. 즉, 집단의 역동성이나 분위기가 종종 갈등적인 시기에 접어들게 된다. 이 단계의 준거틀은 '과도기(transition)'다. 이 단계에서 성원들은 비친밀에서 친밀로 관계형성이 변화되는 과도기적 혼란을 참아내야만 한다. 그리고 안정된 상황을 만들어 내야 한다.

제3단계 친밀(intimacy) 단계

갈등이 사라지고 성원들 사이에 개인적 관심이 깊어진다. 집단 경험의 중요성에 대한 인식이 증가한다. 사기와 공동체 의식이 높아지고 집단 목적을 이루려는 동기가 높아진다. 자신의 삶을 탐색하고 변화시키려 노력하면서 집단 경험이란 도대체 무엇인가 검사해 보려고 노력한다. 서로의 독특성을 인정해 감에 따라 상호 신뢰도 높아지고 자신의 감정과 문제를 자발적으로 노출시키며 집단의 의견을 구한다.

제4단계: 분화(differentiation) 단계

이 단계는 확고한 집단응집력과 조화로써 특징지어진다. 집단의 정체감이 발달된다. 집단은 자기 고유의 구조와 습성을 창출하며 이는 내부 준거 틀이 된다. 고도의 신뢰와 자유로운 감정의 표현, 안정감, 분화된 역할, 개방된 의사소통이 나타난다. 관계형성은 더욱 동등해진다. 리더십은 더욱 균등하게 공유된다. 권력갈등은 최소화된다. 성원들은 특별한 전문성과 능력발휘에 대한 욕구가 나타나면서 리더 역할을 자발적으로 떠맡기도 한다. 개별 차이에 대한 완벽한 수용이 일어나므로 의견의 불일치가 억압되지 않고, 반대 의견을 가진 성원의 지위를 주의 깊게 고려하면서 토론을 통해 일치점을 이끌어 낸다.

제5단계: 분리(separation) 단계

집단 목적이 성취되고 성원들이 새로운 행동 유형을 학습하게 되면 마지막 단계로 접어든다. 종결이 늘 쉽게 수행되는 것은 아니다. 집단에 매우 깊이 관여해 왔던 성원들에게는 특히 힘든 시간이다. 성원들은 집단의 존재를 더 유지시키고자 퇴행적인 행동을 보이기도 한다. 성원들은 불안감과 노여움을 표시하기도 하고 종결을 부정하기도 한다. 리더에 대한 의존성이 나타나기도 하고 싸움을 벌이기도 한다. 집단 경험의 긍정적인 의미를 부정하는 것도 흔히 발생한다. 예전의 버림받은 감정, 거절당한 감정을 다시 경험할 수도 있다.

4) 효과적 집단

집단은 다음 세 가지를 성취할 때 효과적이라 말할 수 있다(Schriver, 1995).

- 목적 성취
- 성원 간의 좋은 관계 형성 및 유지
- 효과성을 유지할 수 있도록 변화하는 환경적 조건에 적응하기

존슨과 존슨(Johnson & Johnson, 1991)은 다음의 9가지 차원을 포함하는 효과적인 집단 모델을 제시하였다.

- 집단 목적은 분명하게 이해되어야 하고 집단 성원의 욕구에 타당해야 하며, 성원들의 긍정적인 상호의존성을 강조해야 하고 모든 성원들이 목적성취에 헌신할 수 있도록 유도해야 한다.
- 성원들은 자신의 생각과 감정을 분명하고 정확하게 전달해야 한다.
- 리더십과 참여가 성원들 사이에 적절히 분배되어야 한다.
- 합당한 의사결정과정이 마련되어야 한다.
- 어느 정도의 갈등이 발생하도록 고무하는 것이 바람직하며 또한 갈등은 건설적으로 해결되어야 한다.
- 갈등은 집단과업에의 관여, 그리고 의사결정에 있어서의 질과 창의성을 증진시킨다. 소수의견도 수용되고 활용될 필요가 있다.
- 권한은 성원들 사이에 어느 정도 동등하게 배분되어야 한다. 권한은 권위에 기반을 두는 것이 아니라 전문성, 능력, 정보력에 기반을 두어야 한다.
- 집단응집력이 높아야 한다. 응집력이란 성원들 간에 연결이 잘 되고 성원이 집단에 계속 소속하기를 원하며 다른 성원들에게 만족감을 갖는 것을 말한다.
- 문제해결능력이 높아야 한다.

- 대인관계적 효과성이 높아야 한다.
- 대인관계 효과성이란 특정 사람에 대한 개인들의 의도와 행동이 얼마나 잘 조화를 이루는가를 말한다.

3. 조직

1) 조직의 개념과 유형

조직이란 무엇인가? 탈콧 파슨스(Talcott Parsons)는 조직이란 특정 목적을 추구하기 위해 의도적으로 구성된 사회단위라 하였다(Etzioni, 1964). 또 다른 정의를 보면, 조직은 목적이나 임무를 성취하기 위한 전문화되고 상호의존적인 활동에 관여하는 사람들의 모임이다(Gortner, Mahler, & Nicholson, 1987). 이아넬로(Iannello, 1992)는 조직은 둘 또는 그 이상의 사람들이 지속적이고 의도적이며 목표지향적인 활동에 관여하는 체계라고 정의하였다. 이들 정의에서 나타나는 공통적인 특징은 조직을 목적성취를 위해 협력하는 사람들의 집합체라고 인식하는 것이다. 인간서비스 조직에 의해 추구되는 목표는 보통 사람들의 삶의 질을 향상시키는 기본 목적을 갖는다. 그렇지만 조직마다 그 구체적 목적은 다양할 것이다. 누거보런(Neugeboren, 1985)은 인간서비스 조직에 의해 추구되는 세 가지 목적을 제시하였다.

- **사회적 보호(social care) 목적:** 사람들이 자신의 삶의 질을 높이고 잠재력을 최대한 발휘하도록 환경을 변화시키는 것이다. 예를 들어, 어린 아동들에게 좋은 환경을 제공하기 위해 데이케어센터를 인가한다든지, 서비스를 제공하는 것이다.

- **사회통제 목적:** 다른 사람의 삶의 질이나 잠재력을 방해하는 사람들이나 비행을 일삼는 사람들의 행동을 통제하는 것이다. 예를 들어, 아동학대가 발생했을 경우 부모에 대한 법적 조치를 취하는 것이다.
- **재활 목적:** 사람들을 변화시켜 그들이 더 나은 삶의 질을 갖고 잠재력을 발휘할 수 있는 더 나은 기회를 갖도록 하여 사회적응을 잘하도록 하는 것이다. 예를 들어, 정신장애인에게 취업훈련을 시켜 지역사회에서 적응을 잘하도록 돕는 것이다.

조직은 복수의 목적을 갖기도 하여 그 다양한 목적에 투자할 에너지와 자원의 양에 대해 갈등을 빚기도 한다. 또한 어떤 본래의 목적과 반대되는 목적을 추구하는 행위를 하기도 한다(목적치환, goal displacement). 예를 들어 비행청소년의 재활을 목적으로 했던 기관이 사회통제를 목적으로 수용 위주의 목적을 추구하는 것이다. 한편, 본래의 목적을 성취했거나 또는 본래의 목적을 포기하고 새로운 목적으로 재배치하는 목적승계(goal suc cession)를 하기도 한다. 목적승계는 기능적 변화이고, 목적치환은 역기능적이라 할 수 있다(Etzioni, 1964).

조직은 ① 공공/정부기관, ② 민간 비영리기관, ③ 민간 영리기관의 세 가지 기본 유형으로 분류할 수 있다(Johnson & Rhodes, 2005). 공공 사회기관은 정부 단위에서 운영되고 법에 의해 규제를 받는다. 공공/정부기관의 예는 국립대학, 국립 또는 시립 사회복지기관, 경찰서 등이다. 민간 비영리기관은 민간이 소유하고, 재정적 이익을 추구하지 않는다. 모금회나 재단을 예로 들 수 있다. 영리기관의 대표적 예는 기업이다. 한편 요즘은 보건서비스 제공 조직(예: 요양원)도 영리를 추구하는 경우가 많다.

2) 조직에 대한 관점

조직의 기능과 운용에 대한 다양한 관점을 정리하면 다음과 같다(Schriver, 1995; Kirst-Ashman, 2000).

(1) 과학적 관리이론

과학적 관리란 실증주의적, 과학적, 객관적 차원의 전통적 패러다임과 일치하는 조직관리의 이론적 틀이다. 명칭이 의미하듯 조직을 이해하는 데 있어서 과학적 가정에 밀접히 연결되어 있다. 과학적 관리는 프레드릭 테일러(Frederick Taylor)에 의해 20세기 초반에 주창된 이론이다. 테일러(Taylor)의 과학적 관리는 산업체의 효율성을 극대화시키기 위한 것이었는데, 조직의 효율성은 조직 이론의 주요한 관심사이다(Taylor, 1911). 효율성이란 투입에 비해 최대의 산출을 얻어내는 것이다. 효과성도 조직이론의 기본 개념인데, 효과성이란 목적이나 목표의 성취 정도를 말한다. 테일러(Taylor)의 '시간과 동작(time and motion)'의 연구는 효율성을 극대화하기 위한 연구였다. 각 피고용인은 분명하게 기술된 직무를 수행해야 하고 그 직무가 무엇을 성취해야 하는지에 대해 정확히 전달받아야 한다. 이 학파는 피고용인의 독립적 기능(자율성)은 최소화할 것을 요구한다. 감독자는 피고용인의 작업을 면밀히 검토해야 한다. 효율성이 가장 중요하다. 과업의 수행 정도를 정량화시키고 측정하고 규제한다. 사람들이 자신의 작업에 대해 어떻게 느끼는지는 중요하지 않다. 조직의 운영에 대해 피고용인의 의견을 받아들이려 하지 않고, 될 수 있는 한 피고용인들은 지시받은 대로 조용히 자신의 일을 수행해야 한다.

(2) 인간관계이론

인간관계이론은 과학적 관리이론나 관료주의 이론에 대한 대응으로 출현하였다. 그러나 인간관계이론이 효율성이나 효과성, 목적 중심 같은 조직의 전통적 관심사를 완전히 배제한 것은 아니다. 대신 현대 조직의 복잡성을 이해하기에는 그러한 관심만으로는 부족하다는 것을 제안하고 있다. 엘튼 메이요(Elton Mayo, 1880~1949)는 인간관계학파의 선구자로 일련의 후속 연구들 속에서 다음과 같은 결과를 얻어내었다.

첫째, 노동자들의 생산성은 경제적 보상만큼 개인적 관심과 긍정적인 사회적 상호작용이 중요하므로 조직생활에 있어서 비공식적, 정서적, 비계획적인 상호작용을 탐색해 나갈 필요성이 있다.

둘째, 효율성과 생산성에 있어 비공식적 사회집단(조직 내의 다양한 하부그룹들)의 역할이 중요하다는 것을 발견하였다. 이러한 집단은 과학적 관리이론에서는 전혀 중요하게 고려되지 않던 비공식적인 규범, 리더십 구조, 의사소통 유형, 참여 수준에 영향을 받으며 기능한다(Pugh, Hickson, & Hinings, 1985). 이러한 점을 볼 때 소집단에 대한 이해를 통해 조직의 삶을 더 잘 이해할 수 있음을 유추해 볼 수 있다.

중요한 것 한 가지는 인간관계이론도 효율성과 생산성을 최대화하는 것을 조직의 중요 목적으로 보고 있으며 조직생활에 있어서 권한의 위계화와 통제를 소홀히 여기지 않고 있다는 것이다.

(3) X이론과 Y이론

많은 학자들은 조직의 효율성, 생산성, 그리고 목표성취를 극대화하기 위한 방안을 찾기 위해 조직을 연구해 왔다. 더글라스 멕그리거(Douglas McGregor)라는 사회 심리학자는 관리자가 가지고 있는 인간행동에 대한 가정(assumptions)이 관리과정에 어떻게 영향을 주는지에 관심을 가졌다. 그는 인간의 동기에 관한 두 세트의 가정을 공식화했다. 하나는 X이론인데 조직 성원의 활동을 지시하고 통제하는 관리자의 역할에 대한 신념을 반영하고 있다. Y

이론은 조직의 성원이 기본적으로 자신과 조직을 위해 성장하고 발전하고 배우려는 기본적인 성향을 가지고 있으므로 이를 실행할 수 있도록 지지적인 관계형성을 창출하는 관리자의 역할을 중시하고 있다.

X이론은 과학적 관리의 가정과 더 일치되고 있고, Y이론은 인간의 동기 이론과 더 일치하며, 사회사업의 핵심 관심사와 더욱 일치된다. X이론은 기본적으로 인간은 게으르고 무책임하다고 가정하고 있고, Y이론은 인간은 기본적으로 열심히 일하고 책임감이 있으며 지지와 격려를 받을 필요가 있다는 입장이다.

(4) Z이론

윌리엄 우취(William Ouchi, 1981)는 조직관리에 대한 대안적 이론으로서 Z이론을 개발하였다.

Z이론은 직업의 안정성, 집합적 의사결정과 집합적 책임을 강조한다. 이것이 가능한 것은 미국인보다 일본 사람들이 공유된 가치와 철학, 신념을 가지고 일하기 때문이다. 공동체 의식과 밀접한 대인관계 같은 문화적 신념이 선행되기 때문이다. Z이론의 관점을 적용하는 기업에서는 팀 접근이 집합적 의사결정을 하게 되는 중심 기제이다. Z이론의 집합적 의사결정, 즉 동의에 기반을 둔 의사결정은 문화적 다양성 또는 다양한 가치와 의견에 대한 존중이라는 개념과는 좀 거리가 있다는 것이 단점으로 지적된다.

(5) 종합품질관리(Total Quality Management: TQM)

1980년대 후반과 1990년대 들어 질(quality)에 대한 개념이 조직행동을 이해하는 데 특별한 의미를 갖게 되었다. 이러한 관심은 에드워드 데밍(Edwards Deming, 1982)의 업적에 기인한다. 조직관리에 대한 그의 견해는 미국의 산업, 보건 조직, 그리고 인간 서비스 조직에 커다란 영향을 주었다. 1980년대까지만 해도 미국에서 무시되어 왔던 데밍의 조직관리에 대한 접근은 일본에 의해 받아들여졌다. 이차세계대전 이후 일본 산업의 성공은 대부분 질의 개념에 초점을 두어온 데밍과 기타 학자들의 관리 철학과 원리에 기인한다. 이러한 접근은 TQM으로 알려지게 되었는데, 말 그대로 TQM에서는 조직의 산출물(재화와 서비스)의 질이 초점이 된다. 이 접근은 뛰어난 질적 서비스와 피고용인의 권한 강화를 강조한다. 바커(Barker, 1995)는 TQM은 클라이언트와 소비자에 의해 규정된 질이 궁극적 목적이 되는 조직관리 형태로 클라이언트의 만족(클라이언트의 변화하는 욕구를 중시함), 피고용인의 권한 강화가 중요하다고 지적하고 있다. TQM은 또한 팀 접근을 중시하고 직원 간의 친밀감의 문화를 조성하는 데 적극적이다. TQM은 Z이론의 요소를 많이 포함하고 있다. TQM의 사회복지에 대한 함의를 요약하면 다음과 같다. 사회복지사들은 TQM이 사회복지실천의 기초와 명백히 일치된다는 점을 인식해야 한다. 예를 들어, TQM은 인본주의 철학에 기반을 두고 있다. 인간은 선하게 태어나고 선을 행하기 원하며 존중받을 가치가 있다는 신념에서 시작된다. 또한 서비스의 질을 향상시키고, 클라이언트의 욕구 충족을 중시하며, 직원들로 하여금 필요한 기술을 습득하도록 훈련시키는 측면은 사회사업실천에 중요하게 적용된다.

(6) 체계적 관점

조직행동에 대한 체계이론은 앞에서 밝힌 일반사회체계이론과 많은 공통점을 가지고 있다. 조직에 대한 체계적 접근은 전통적인 패러다임에서 강조하고 있던 과학적이고 양적인 도구에 상당히 의존하면서도 조직에 대한 통합적이고 총체적인 관점을 중시한다. 체계적 접근은 과학적 관리학파와 인간관계학파를 종합하려는 시도를 보여주고 있다. 체계적 관점에서는 조직이 환경이 변화함에 따라 변화하고 적응해야 한다고 본다. 개방체계[4]로서의 조직에 응용될 수

4) 조직체계론자들은 개방체계와 폐쇄체계를 구분한다. 폐쇄체계적 관점은 조직 그 자체가 환경으로부터 받는 영향이 거의 없다는 인식을 가지고 있다. 예를 들어 환경의 영향으로부터 분리된 의사

있는 개방체계의 9가지 특성은 다음과 같다(Katz & Kahn, 1978).

- **에너지의 중요성(투입, input)**: 조직은 외부환경으로부터 물질적, 인적 자원 등의 에너지를 가져와야 조직은 외부의 에너지 없이는 자기 충족적이지 못하다.
- **전환(through-put)**: 조직은 산물을 생산하고 사람들을 훈련시키며 서비스를 제공하기 위해 투입된 에너지를 활용해야 한다.
- **산출(output)**: 조직은 산물을 외부환경으로 내보내야 한다.
- **순환**: 에너지의 교환 형태가 순환적이다. 즉 조직은 에너지를 받아 활용하고 산물을 내보낸다. 이를 재화나 또 다른 에너지로 교환하는 형식을 취하게 되는데 이러한 유형이 반복된다.
- **항-엔트로피(부정적 엔트로피; negative entropy)**: 이는 엔트로피의 반대 현상으로 일종의 안정상태(steady state)이다. 즉 조직이 엔트로피 현상을 겪지 않도록 대항해 나가며 에너지를 보존하고 축적해 가는 과정으로 일종의 성장과정이다.
- **정보의 투입, 부정적 피드백[5], 부호화 과정**: 조직이 가지고 있는 문제를 수정하기 위해 조직의 업무수행에 대한 정보를 수신하는 기제를 개발해 나가는 일련의 과정을 말한다. 조직은 불필요한 또는 부적합한 정보를 걸러내기 위해 정보의 투입을 부호화하는 과정을 개발한다.
- **안정상태와 역동적 항상성**: 조직은 에너지와 정보를 받아 사용하고, 배출하는 기능을 하면서도 균형(일정한 질서와 안정성)을 유지한다. 그러나 이런 균형상태는 고정된 상태가 아니라 지속적이면서도 역동적인 변화를 추구한다.

결정을 하는 기계적인 관료주의적 구조를 들 수 있다. 개방체계적 관점은 조직이 더 커다란 환경으로부터 상당한 영향을 받는 것으로 인식한다.

5) 부정적 피드백이란 체계가 어떤 실수나 정상적이지 못한 것을 수정하기 위해 정보를 받아들이는 과정을 말한다.

- **분화**: 조직이 계속적으로 전문화되고 복잡하게 발전해 나가는 경향
- **동일귀결성**: 조직이 다양한 과정이나 경로를 거쳐 목적을 성취하게 되는 가능성

3) 조직과 사회복지실천

조직은 필요하고도 중요하다. 왜냐하면 개인 혼자서는 스스로 성취할 수 없는 것들을 집단이나 조직을 통하여 이루어 낼 수 있기 때문이다. 이제는 복잡한 산업사회가 지속될 것이기 때문에 수많은 다양한 규모의 조직들이 계속 발생하고 존재할 것이다. 사회복지사로서 우리들은 대부분의 시간을 인간서비스조직(공공기관 또는 비영리기관)에서 실천을 하면서 보낸다. 이러한 조직들은 우리들의 개인적 그리고 전문가로서의 복지에 큰 영향을 끼친다. 우리들의 재능이나 기술과는 상관없이 조직의 구조, 문화 그리고 관리가 우리들이 어떠한 자세로 서비스를 제공할 수 있는지에 많은 영향을 준다. 즉, 조직의 문화가 우리가 훈련받았던 전문적인 작업을 얼마나 잘 해낼 수 있는지에 영향을 준다. 또한 우리들의 업무조직들은 우리들의 자아상, 생계, 성취감 그리고 인간으로서의 가치에 영향을 준다. 이러한 이유들 때문에 조직이 어떻게 운영되는가를 이해할 필요가 있고, 우리에게는 개인적으로나 전문적으로 더욱 만족스러운 작업환경을 창조할 수 있는 지식이 필요하다.

4. 지역사회

지역사회를 언급하지 않고는 사회복지의 정신을 말할 수 없다는 표현은 과장된 것이 아니다. 우리가 실천하는 사회복지는 지역사회 내에서 수행된다. 개

인, 가족, 집단, 조직을 통해 수행되는 사회복지는 기본적으로 지역사회를 수립하기 위한 벽돌을 만들어 나가는 것이라 표현할 수 있을 것이다. 또한 지역사회는 개인과 사회환경이 만나는 곳이기에 사회사업의 핵심 개념과 맥을 같이 한다. 이 장을 통해 지역사회의 개념을 파악해 나감으로써 지역사회의 변화를 위해 사회복지사는 무엇을 해야 하는지를 탐색할 수 있을 것이다. 사회복지사로서 클라이언트가 거주하는 환경인 지역사회를 검토하고, 지역사회의 틀 속에서 인간행동을 사정한다면 클라이언트에게 영향을 주는 더 커다란 이슈의 해결책을 모색해 보는 데 도움이 될 수 있을 것이다.

1) 지역사회의 개념

지역사회는 상호 연결되는 공통적인 어떤 것을 가지고 있는 사람들의 집합체라 할 수 있다. 구성원들이 공유하는 특성은 지리적 위치, 관심사, 문화, 정체감, 또는 공통된 활동을 포함한다(Fellin, 1995). 지역사회는 두 가지 유형으로 구분된다. 즉, 지리적 위치(장소)에 기반을 둔 지역사회와 공통된 관심사와 소속감에 기반을 둔 지역사회이다. 장소에 기반을 둔 지역사회는 대도시, 중소도시, 도, 시, 군, 구, 읍 등을 말한다. 인구 규모와 밀집도, 구성원의 사회경제적 지위 등이 지리적 지역사회를 특징짓는 주된 변수이다. 같은 지역에 사는 사람들은 공통된 관심사를 통해 연결되기도 하고 상호작용을 갖게 되기도 하며 이를 통해 유대를 강화하기도 한다. 비지리적(non-geographical) 지역사회는 동성애자 집단, 외국인 노동자 집단, 특정 종교 집단, 특정 전문가 집단 등을 포함한다. 비지리적 지역사회 역시 구성원들의 안녕을 향상시키는 목적을 추구한다. 이러한 지역사회는 각종 지지와 정보를 제공해 주고 소속감과 정체감을 제공해 주는 관계형성의 장을 마련해 준다. 예를 들어 같은 종교적 신념을 가진 사람들은 공통된 정체감을 갖게 되어 종교적 또는 민족적 지역사회를 형성하게 된다. 어떤 활동에 대해 같은 신념을 가지고 있는 사람들은 서로 친밀감을 형성하고 공동활동에 관여하게 된다. 같은 직종에서 일하는 사람들도 지역사회를 형성하게 된다(Kirst-Ashman, 2000).

2) 지역사회에 대한 이론적 관점

지역사회에 대한 다양한 이론적 관점을 살펴보자(Kirst-Ashman, 2000; Schriver, 1995; Johnson et al., 2005).

(1) 구조주의적 관점

일반적으로 구조라는 용어는 어떻게 체계의 부분이 전체를 이루기 위해 구성되어 있는가를 말한다. 덧붙여 구조는 어떻게 구성요소가 서로 연결되어 있는지를 말해 준다. 지역사회의 구조를 보는 방식을 크게 세 가지 차원에서 구분하여 본다.

첫째, 정치적·법적 관점(political-legal perspective)에서 지역사회는 자치제, 시, 군 등으로 규정되는 공식적 단위를 의미하며, 정치적 실체로서 다양한 정치적·사회적 기능을 수행하고 국가와 개인 사이를 중재하는 역할을 한다. 따라서 지역사회는 국가와 정부라는 거대 체계 안에 포함된 정치적 하위체계로 이해된다.

둘째, 지역사회의 지리적 조직(geographical organization)에 초점을 둔다. 즉, 지역사회의 지리적 영역 내에서 토지의 경계와 소유권이 어떻게 정리되어 있는지, 도로와 거리 체계가 어떠한 방식으로 구성되어 있는지를 살펴본다. 이는 지역공간이 혼란스럽게 조직되어 있는지, 혹은 계획적으로 구획 정리되어 있는지를 파악하는 데 목적이 있다.

셋째, 지역사회의 권력구조를 중심으로 살펴본다. 이 방식에서는 지역사회

내 집단이나 조직들이 사건과 의사결정 과정에 대해 어느 정도의 영향력을 행사하는지를 사정한다. 예를 들어, 경제적 자원을 많이 보유한 집단은 그렇지 않은 집단에 비해 지역사회 의사결정 과정에서 더 큰 영향력을 갖는 경향이 있다. 이러한 권력집단에는 정치적 지도자나 기업·금융기관의 대표 등이 포함된다.

(2) 기능주의적 관점

지역사회는 개인/가족과 사회제도가 만나는 영역이다. 기능주의적 관점은 지역사회의 목적 또는 기능, 그리고 지역사회가 그 목적을 성취하기 위한 노력을 어떻게 지속하고 있는지를 강조한다. 워렌(Warren, 1978)은 지역사회라는 공간이나 장소 내에서 수행되는 기능의 성격을 묘사함으로써 지역사회에 대한 관점을 확대시켰다. 그는 지역사회를 "지역에 적합한 주요 사회적 기능을 수행하는 사회적 단위와 체계의 조합"이라고 정의하였다. 즉 주민들이 일상생활에 필요한 광범위한 활동 영역에 접근이 가능하도록 하는 사회적 활동의 조직이 지역사회라는 것이다. 지역사회는 자신을 유지하기 위해 어떤 사회적 기능(아동 양육, 음식과 자원의 분배 등)을 수행해야 한다. 지역사회가 기능적이 되기 위해서는 어떤 공통된 관심사, 즉 복지, 교육, 종교, 보건 같은 관심사를 공유하는 사람들의 집단이 있어야 한다. 건강한 지역사회는 지역사회를 구성하는 사회적 체계들의 기능을 향상시키기 위해 필요한 지원과 자원을 제공한다.

워렌(Warren)은 다음의 5가지 유형의 지역사회 기능을 묘사하고 있다.

- 산업, 사업, 전문직, 종교조직, 학교, 정부기관을 통한 서비스나 재화의 생산, 분배, 소비 기능
- 가족, 학교, 종교조직 그리고 기타 단위를 통한 지식, 가치, 행동의 전수 또는 사회화 기능
- 법, 법원, 경찰, 가족, 학교, 종교조직, 그리고 사회기관을 통해 지역사회 규

범을 준수하도록 하는 사회적 통제 기능

- 종교조직, 가족 및 친족, 친구집단, 사업, 정부 프로그램, 사회기관을 통한 주민들 간의 상호교류 기능(사회통합)
- 가족이나 친족, 이웃, 종교기관, 지역 동아리, 사회서비스기관, 보험 회사 등을 통해 어려움이나 중대한 욕구에 처한 사람들에게 도움을 주는 상호지지 기능(상부상조)

〈표 8-3〉 길버트와 스펙트(Gilbert & Specht)가 제시한 지역사회의 기능과 파생된 제도

기능	제도
생산, 분배, 소비의 기능	경제제도
사회화 기능	가족제도
사회통제 기능	정치제도
사회통합 기능	종교제도
상부상조 기능	사회복지

워렌(Warren)이 제시한 기능에서도 나타나는 것처럼, 교육이나 보건, 사회서비스 같은 공식적 수준에서만이 아니라 비공식적 수준에서의 지역사회의 기능도 중요한데, 비공식적 수준에서 지역사회는 주민들에게 사회참여와 상호원조의 기회를 제공한다. 지역사회의 비공식적 기능의 예는 청소년 유해업소 감시단, 바자회 등을 조직하는 것, 그리고 주민들의 사회행동의 기반을 제공하는 것을 들 수 있다. 기능주의적 접근은 또한 지역사회가 어떻게 성장해 왔고, 행동해 왔는지에 초점을 맞춘다. 공식적 및 비공식적 수준에서 지역사회가 어떤 의사결정을 내렸고 어떤 행위를 해왔는지의 과정을 보면, 지역사회의 구조와 기능을 이해하는 데 도움이 된다. 기능주의 관점에 따르면, 지역사회 내의 한 하부체계의 기능이 와해되면 다른 하부체계의 관여가 필요로 된다. 예를 들어 지역사회 내에 가족해체가 많이 발생하면 아동을 위한 무료급식 제공을 위해 푸드뱅크의 참여가 요청된다

(3) 인간생태적 관점

지역사회에 대한 인간생태적 관점(human ecology perspective)은 주민과 그들의 환경과의 관계형성에 초점을 두는데, 특히 주민과 조직(서비스)이 어떻게 분포되어 있는지에 초점을 둔다. 이러한 견해는 지역사회가 복잡한 유기체라는 점을 강조하고, 지역주민들은 자신을 둘러싼 사회환경 속에서 서로 상호교류하는 것으로 간주 된다. 이 접근은 또한 사람들의 모임과 조직이 지역사회라는 공간에 어떻게 배치되어 있는지를 중시한다.

종종 인간생태적 관점은 "주민과 영토(people and territory)"적 접근이라고 불리기도 한다(Rothman, 1987). 유기체와 자연환경의 관계처럼, 거주환경(habitat)으로서 지역사회를 보는 개념은 환경 속의 개인을 이해하는 데 매우 유용하다. 이 개념은 주민의 특성과 분포에 관한 인구사회학적 사실들을 중요시하고 오염, 자원의 고갈, 인구과밀, 공중위생 같은 환경적 이슈를 중요하게 다루도록 유도한다.

예를 들어, 지역사회 주민이 시내 중심에서 외곽으로 이주하면서 지역사회를 이탈하는 현상이 있다고 하자. 인간생태적 관점은 주민과 환경과의 상호작용을 강조하기에 시내의 환경적 자원이 어떻게 악화되고 있는지에 관심을 둘 수 있다. 보통은 사업장이나 각종 자원이 지역을 떠나기에 주민도 떠나게 된다. 인간생태적 관점에서는 주민이 그 지역에서 다시 한번 번영을 누리기 위해 시내 환경을 어떻게 되돌려야 하는지를 생각해 보는 데 도움을 줄 수 있을 것이다. 즉 주민과 지역사회 환경과의 조화(fit)를 검토할 필요가 있을 것이다.

지역사회에 적용 가능한 인간생태적 개념으로 경쟁이 있다(Fellin, 1995). 인간은 동물과 마찬가지로 자신의 거주를 위한 공간(habitats)을 위해 경쟁하게 된다. 인간생태적 관점에서 경쟁(competition)은 지역사회 주민이 상업적 또는 주거 목적으로 땅이나 장소의 활용에 대해 어떻게 경쟁하는가에 관심을 둔다. 지역사회 내에 공간이나 자원은 제한될 수밖에 없다. 그러므로 개인이나 집단은 생존경쟁을 하게 된다. 더 많은 자원과 권한을 가진 주민(지배세력)이 더 좋은 공간을 얻게 된다. 빈곤한 주민은 바람직하지 못한 공간을 차지할 수밖에 없게 된다. 경쟁의 결과는 종종 사회계층 또는 사회경제적 지위로 연결된다. 지역사회를 인간생태적 관점으로 보는 것은 다른 사람들보다 더 적은 자원을 가진 사람들이 직면하는 문제나 불공정에 초점을 두는 데 도움이 된다.

(4) 구성주의적 관점

구성주의적 관점(constructionist)은 지역사회의 관계형성 방식에 초점을 둔다. 즉 지역사회에 대한 상호작용적이고 정서적 측면에 초점을 두는 접근이다. 퇴니에스(Tonnies, 1988)는 지역사회에 대한 두 가지 기본 개념을 제시하였다. 즉 게마인샤프트(gemeinschaft)와 게젤샤프트(gesellschaft)이다.

게마인샤프트적 관계형성은 공유된 전통이나 문화, 삶의 방식, 상호 책임감에 기반을 둔다. 즉 사람들이 서로 잘 알고 경험을 공유하면서 장기적인 관계를 지속하는 농촌 지역사회에서의 관계형성과 관련된다. 소위 자연적 의지(natural will)에 기반을 둔 것으로 집합적 성원들이 서로 공유된 책임감 속에서 서로를 위해 무엇을 하는 관계형성이다.

게젤샤프트적 관계형성은 계약적 교환에 기반을 두는 관계형성으로 필요한 물품이나 재화 또는 서비스 형태의 어떤 것을 상호 교환하기 위한 것이다. 소위 이성적 의지(rational will)라 불리는 이러한 관계는 사람들이 서로 생존하기 위해 필요한 것을 교환하는 공식적 관계형성이다. 주로 사람들이 서로 잘 모르고 지내는 도시에서 나타나는 형태이다. 퇴니에스(Tonnies)의 이러한 개념은 지역사회를 '장소'를 넘어서 관계형성의 성격에 대해 분석할 수 있는 틀을 제공해 주고 있다.

(5) 사회체계적 접근

사회체계적 접근에서는 지역사회를 물리적, 공간적 양상에 초점을 두기보다는 지역사회 내의 다양한 하부체계들이 어떻게 상호작용하는지를 분석하는 데 초점을 둔다. 지역사회의 다양한 하부체계들이 그들의 기능을 얼마나 잘 수행하는지를 결정하기 위해 그 하부체계를 구성하고 있는 다양한 사회적 단위의 활동을 이해하려 노력한다. 각 하부체계의 주요 단위는 주로 공식적 조직으로 사업장, 정부기관, 종교단체, 학교, 보건조직, 사회복지기관을 포함한다. 가족이나 각종 모임 같은 비공식적 집단도 지역사회의 기능에 기여하므로 이들의 활동도 관심대상이 된다. 체계적 관점은 더 커다란 사회환경의 다양한 하부체계들이 지역사회에 미치는 영향을 인식하도록 도와준다. 또한 지역사회가 더 커다란 사회환경에 영향을 주고받으며 변화하고, 내부적으로도 지역사회 내의 구성요소들이 상호교류하며 변화한다는 점을 인식하게 도와준다.

워렌(Warren, 1978)은 지역사회 내의 상호작용 유형을 이해하는 데 공헌한 바가 큰데, 그는 지역주민들이 두 가지 유형의 상호작용을 한다고 지적했다. 첫째는 수평적 연계(horizontal linkage)로서의 상호작용으로서 지역사회 내의 다른 성원들과 상호작용하는 것이다. 둘째는 수직적 연계(vertical linkage)로서 지역사회 외부의 체계나 개인들과 상호작용하는 것이다. 워렌(Warren)은 건강한 지역사회는 두 가지 상호작용을 모두 가져야 한다고 제안했다. 강력한 수평적 연계는 지역사회 성원들에게 정체감을 형성케 한다. 그러나 수직적 상호작용이 없다면 지역사회 성원들의 안녕을 위해 필요한 자원을 제공하지 못하게 된다. 한편, 수평적 상호작용이 약하다면 주민들이 지역사회를 떠나게 된다.

지역사회의 사회적 유대를 연구하기 위해 네트워크 분석을 시행하는 것도 도움이 된다. 네트워크 이론가들은 소집단이나 조직처럼 지역사회를 사회적 상호작용이 발생하는 네트워크로서 고려해야 한다고 주장한다(Wellman, 1999). 네트워크의 규모가 커지고 이질적일수록 구성원은 다양한 자원과 정보를 얻을 수 있다. 한편 규모가 작고 밀집된 네트워크는 성원들 간의 접촉이 빈번하여 정서적, 도구적(물질적) 지원을 제공하기에 좋다. 사회체계적 관점에서 지역사회를 보는 것은 클라이언트가 속한 지역사회 및 클라이언트의 상황을 사정하고 그들을 돕기 위해 워커가 무엇을 할 수 있을지를 찾아내는 데 도움이 된다.

워커는 다음과 같은 질문을 던져볼 수 있다. 지역사회는 클라이언트와 시민에게 활용 가능한 자원(투입)으로 무엇을 가지고 있나? 이러한 투입요소가 클라이언트의 욕구를 충족시키는 데 얼마나 효과적으로 운용되는가? 지역사회가 건강하고 번영하기에 충분한 자원이 투입되고 있는가? 지역사회가 엔트로피 또는 와해 쪽으로 진행되고 있지는 않는가? 예를 들어, 시민들이 범죄가 많아 또는 공해가 심해 지역사회를 떠나고 있는가? 지역사회 주민들의 사회적 유대와 관계망은 어떠한가? 지역사회를 향상시키기 위해 어떤 행동을 취할 것이고, 이 행동이 어떻게 클라이언트에게 영향을 줄 것인가?

(6) 갈등적 관점

해리 스펙트(Harry Specht, 1994)는 사회복지의 역사적 사명은 빈곤한 사람들을 돕고 어려운 사회문제를 해결하며 지역주민의 생활을 향상시키는 것이라 했다. 미국 사회복지교육협의회도 사회정의의 증진이 사회복지의 역할이라고 기록하고 있다. 그러나 갈등주의적 입장에서는 사회서비스가 지배세력의 현상유지를 지속시키고 있다고 주장한다(Castells, 1977). 갈등주의자들은 현존하는 사회적, 경제적, 정치적 불평등에 도전하지 않고는 지역사회 주민들의 삶의 중대한 향상을 기대할 수 없다고 주장한다. 이들은 사회복지의 사명은 사회개혁이라고 주장한다. 그러나 사회복지사는 정부로부터의 재정적 지원에 상당히 의존하고 있기에 현상유지에 치중한다는 평을 받게 된다. 사회복지사는 상당부분 갈등, 권력투쟁, 착취가 현대생활의 일부라는 점을 인식할 필요가 있다.

가장 흔한 갈등 유형은 바로 기득권층은 자신의 현재 권리를 지키려 하고, 박탈감을 가지고 있는 집단은 변화를 추구한다는 것이다.

또 다른 갈등 유형은 비슷한 위치에 있는 집단끼리 자원을 더 많이 가지려고 경쟁하면서 발생한다. 갈등해결을 위해 사회복지사의 중재자 역할이 더욱 중요하게 대두된다. 사회복지사는 갈등을 다루는 데 익숙해져야 한다. 한편, 사회복지사는 갈등 해결을 위해 사회운동을 주도하는 역할을 수행할 경우도 있다. 시민참여를 유도하여 불평등한 지역사회의 조건을 향상시키게 된다. 지역사회 갈등을 효과적으로 다루기 위해 사회복지사는 지역사회의 권력구조를 분석할 수 있어야 한다. 누가 어떤 유형의 자원을 통제하고 있으며, 권력자들이 서로 어떻게 연결되어 있는지를 이해해야 한다. 지역사회 내부적으로 형성된 권력뿐만 아니라 지역사회 외부에 존재하는 권력을 이해해야 한다. 권력구조의 분석을 통해 지역사회 변화의 가능성과 한계를 확인할 수 있다.

3) 지역사회에 대한 분석

지역사회를 구성하는 모든 요소를 이해하기는 어려운 과업임에 틀림없다. 그럼에도 불구하고 사회복지사가 지역사회 주민들이 경험하고 있는 억압과 좌절, 그리고 변화에 대한 욕구해결을 위해서는 지역사회의 강점과 문제를 개념화할 수 있는 체계적 접근을 필요로 한다. 이를 위해 워렌(Warren, 1978)이 제시한 지역사회 분석틀을 제시하고자 한다. 이 틀에서는 4단계와 9가지 과업이 제시되고 있다. 각 단계와 과업은 다음의 표와 같다(Netting et al., 1998).

〈표 8-4〉 **지역사회 분석틀**

지역사회의 분석을 용이하게 하기 위해서는 목표집단을 선정함으로써 지역사회를 좁게 규정하는 것이 도움이 된다.
1. 목표집단의 파악 – 목표집단의 특성을 이해하고 그들의 지역사회에 대한 인식을 이해한다.
2. 지역사회 규모의 결정 – 변화 노력을 기울일 지역사회의 지리적 경계를 파악한다. – 목표집단에 영향을 주는 문제 프로파일을 만든다. – 목표집단에 영향을 주는 주요 가치나 목표집단이 중시하는 신념을 관찰하고 이해한다.
3. 차이점의 인식 – 목표집단이 공식적으로 또는 비공식적으로 억압받아 온 기제(방식)를 인식한다. – 목표집단이 차별받아 온 증거를 수집한다.
4. 구조의 파악 – 목표집단의 욕구를 충족시키기 위한 권한이 어디로부터 나오는지 파악한다. – 목표집단의 욕구충족을 위한 자원목록을 만든다. – 목표집단에 대한 서비스 전달 유형과 자원의 통제 유형을 파악한다.

출처: Warren, R. L. (1978). *The Community in America*. Chicago: Rand McNally.

4) 사회복지사와 지역사회

현대화, 자본주의, 산업화, 그리고 도시화는 이익을 가져다준 반면, 많은 비용도 초래하였다. 사회복지 전문직은 그러한 비용을 최소화하기 위한 하나의 세력이고, 극도의 개인주의를 수정하기 위한 공동세력이라 할 수 있다(Falck, 1988). 사회복지를 증진시키기 위해 사회복지실천은 늘 지역사회와 같이 일해 왔다. 특히 대부분의 취약계층의 생활은 그들이 살고 있는 지역사회의 상태와 밀접히 연결되어 있기에 지역사회에 많은 관심을 기울이게 된다. 지역사회가 클라이언트의 안녕을 방해하기도 하고 증진시키기도 하므로 사회복지사들은 지역사회를 문제의 근원인 동시에 자원으로 보아야 한다. 또한 지역사회 그 자체가 문제에 대한 해결책을 가지고 있는 것으로 보아야 한다. 지역사회의 사회복지실천에 대한 함의를 제시하면 다음과 같다(Hutchison, 2003).

- 우리가 다루고자 하는 지역사회에 대해 많은 정보를 얻는다. 그들의 변화에 대한 준비가 어느 정도인지, 지역의 사회경제적 상태나 범죄, 병원, 사회기관 등 지역의 공간적 배치는 어떠한지, 그들의 문화, 지역사회 내외의 관계 유형, 그들의 공동체 의식 등에 대해 정보를 얻는다.
- 개인과 가족에게만 초점을 두고 개입하기보다는 상황에 맞게 거시적 접근을 시도한다.
- 개인과 가족에게 개입할 때, 이들이 지역사회로부터 지원을 받을 수 있는 또한 지역사회에 기여할 수 있는 기회를 사정한다.
- 사회계획 또는 행정가로서 지역정보체계에 익숙해야 한다.
- 지역사회의 소속감을 형성하기 위해 상호작용을 강화하고 적절한 자원을 확보하기 위해 지역 간 상호작용을 강화한다.
- 위협받고 있는 사회서비스의 보유와 새로운 서비스의 개발을 위해 옹호활동을 한다.
- 지역사회 내의 착취와 억압에 도전하기 위해 억압받는 집단의 의식 고양을 촉진한다.
- 지역사회 내의 갈등을 해결하기 위해 협상한다.
- 지역사회 문제해결에 필요한 자원의 확충을 위해 연합체를 개발한다.

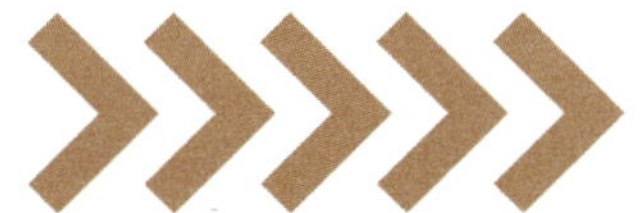

04 PART

인간발달과 사회복지실천

Chapter 09. 태내기와 영유아기 / Chapter 10. 아동기 /
Chapter 11. 청소년기 / Chapter 12. 성인기

CHAPTER 09

태내기와 영유아기

1. 태내기
2. 영아기(출생~2세)
3. 유아기(2세~6세)
4. 태내기와 영유아기의 사회복지실천

09 CHAPTER 태내기와 영유아기

본 교재에서는 나이 계산법(2023년 6월 28일부터 법적·행정적·공식적 사용이 의무화됨)을 기준으로 태내기는 수정부터 출생까지, 영아기는 출생~2세, 유아기는 2세~6세까지를 말한다.

태내기(Intrauterine period)는 인간 생명이 시작되는 시기로 약 40주 동안 지속된다. 이 시기는 배종기, 배아기, 태아기로 구분되며 정자와 난자가 가지고 있는 염색체의 결합상태에 따라 기질과 성별이 결정된다.

영아기는 인간발달의 기초가 형성되는 시기로 전생에 걸쳐 발달적 변화가 가장 빠르게 나타나는 특징이 있다. 영아기의 핵심 발달 과업은 대상 영속성 개념 획득, 주 양육자와의 애착 관계 형성이다.

유아기는 영아기에 비해 발달 속도는 완만하지만 꾸준한 신체적 성장이 이루어지는 시기이다. 유아기의 발달 과업은 자율성과 독립성, 사회성, 언어 및 사고 능력 발달로 이후 아동기, 청소년기 발달의 기초가 된다.

1. 태내기

태내기는 난자와 정자가 만나 수정되는 순간부터 출산에 이르기까지로 수정후 약 280일, 약 40주 동안의 기간을 말한다. 여성이 임신하게 되면서 태아는 어머니의 체내에서 성장하게 되는데, 모체에 여러 가지 변화가 일어난다.

1) 생명의 시작

(1) 수정

수정(fertilization)은 남성의 정자와 여성의 난자가 결합하여 하나의 세포인 수정란을 형성하여 새로운 생명이 시작되는 과정이다. 배란은 여성의 생리주기 중에 난소에서 성숙한 난자가 방출되는 것으로 이러한 과정을 배란기(ovulation phase)라고 한다. 배란기를 포함하여 그 전후 며칠간은 임신 가능성도 가장 높다. 난자와 정사의 생존시간은 임신 가능성과 가임기 계산에 매우 중요한 요소로 배출된 난자(24시간)와 정자(72시간)는 생존시간 내에 수정이 이루어지지 않으면 수정능력을 잃게 된다.

착상(implantation)은 수정란이 나팔관을 따라 자궁으로 이동하면서 빠르게 세포분열을 하면서 자궁 내막에 부착되어 자리를 잡는 과정이다. 정자와 난자의 핵이 합쳐져 1개의 수정란이 형성하여 둘로 분리된 각각의 수정란은 독립적으로 발달하여 두 명의 아기로 성장한다. 따라서 유전자가 100% 동일하고 성별도 같다. 그러나 배란기 때 난소에서 두 개의 난자가 동시에 배출되어서 각각의 난자가 서로 다른 정자와 수정되어 각각 수정란을 형성하게 된다. 이렇게 만들어진 두 개의 수정란이 각각 자궁 내에서 발달하여 이란성 쌍생아가 되며 유전자는 약 50% 정도 동일하고 성별은 같을 수도 다를 수도 있다.

(2) 유전과 성

유전은 부모로부터 자녀에게 생물학적 특성이 전달되는 과정으로 모든 유전정보는 염색체에 존재하는 유전자(DNA)에 의해 전달된다. 정자와 난자는 각각

23개의 염색체가 있는데, 이 중 22쌍은 상염색체(autosomes)이고 나머지 1쌍은 성염색체(sex chfomosmes)로 성별 결정에 관여한다. 유전자는 염색체의 일부분으로 생물학적 특성(예: 키, 눈, 색, 혈액형 등)과 성별을 결정한다. 태아의 기질특성도 유전적 잠재성이 결정된다. 여성의 난자는 모두 X염색체만 가지고 있으나 남성의 정자는 X염색체와 Y염색체 두 종류를 가지고 있다. 수정이 이루어질 때 정자의 X염색체와 난자의 X염색체가 만나 XX로 결합 되면 여성이 되고, 정자의 Y염색체와 난자가 만나 XY로 결합 되면 남성이 된다. 간혹 유전자나 염색체 이상에 의해 성별이 일반적인 구분과 다르게 나타날 수 있다.

(3) 모체의 변화

임산부는 임신으로 인해 여러 가지 변화를 경험하게 된다. 정기적으로 나타나던 월경이 사라지며, 입덧, 식욕부진, 구토와 현기증 등의 증세를 보인다. 유선이 발달하여 유방이 팽창되고 자궁이 커져 방광을 누르기 때문에 소변이 잦다. 임산부는 쉽게 피로를 느끼고 두통을 자주 앓게 되며, 신경통, 치통 또는 유통을 느끼는 등 신체 증상의 변화를 보인다. 대체로 여성들은 생리가 없는 것으로 임신을 자각하고 소변이나 혈액 속에 있는 인간융모막성생식호르몬(Human Chronic Gonadotropin: HCG)을 검사한다. HCG는 태반에서 생성되는 호르몬으로 임신 후 1주일 이내에는 혈액으로, 소변검사로는 생리 예정일 다음날에 검사하여 알 수 있다.

2) 태내 발달

태내기는 어머니의 체내에 있는 기간으로 난자와 정자가 결합 되어 수정이 이루어지는 순간부터 출생까지 약 40주의 기간을 말한다. 태내 발달은 어머니의 영양상태, 정서 상태, 질병, 연령, 분만 횟수 등에 영향을 받으며 약물, 흡연,

음주, 방사선, 환경오염 등과 같은 외부적 요인에 의해서도 영향을 받는다. 태내발달은 수정에서 분만에 이르기까지 배종기(germinal period), 배아기(embryonic stage), 태아기(fetal stage)의 3단계로 나누어 진행된다.

(1) 배종기(germinal period)

배종기는 정자와 난자가 결합한 수정란이 자궁벽에 착상하는 2주까지의 기간을 말한다. 수정란이 배아로 성장하기까지 수정란의 세포분열(난할, cleavage), 배아 발생(embryogenesis), 자궁 내벽 착상(implantation) 과정으로 진행된다.

수정란이 세포분열을 거듭하면서 난관 내부의 섬모운동과 난관의 수축 작용으로 나팔관과 난관을 지나 자궁 속으로 내려와 자궁벽에 착상하게 되면 배아(embryonic pole)로 성장하게 된다. 완전히 착상하기까지는 약 1주일이 걸리고, 착상과 동시에 배종기는 끝나고 배아기가 시작된다. 그러나 임신의 약 58%는 착상에 실패하거나 자궁외임신이 될 수 있다. 자궁외임신은 수정란이 난관, 난소, 자궁경부, 자궁각에 착상되는 경우로 태아가 충분히 발육하지 못하고 유산되거나 임산부가 사망하기도 한다.

(2) 배아기(embryonic stage)

배아기는 수정란이 자궁벽에 착상한 후부터 약 8주까지로 골격이 형성되는 시기이다. 배아는 자궁벽으로부터 영양을 얻어 계속 성장하며, 신체의 주요 기관과 조직의 약 95%가 형성되고 수정란의 약 2만 배 정도로 커진다.

배아는 외배엽, 중배엽 및 내배엽으로 분화 후 서로 다른 형태의 세포로 발달하여 신체의 각 기관이 형성된다. 외배엽은 피부의 표피, 손톱, 발톱, 머리카락, 신경계, 감각기관으로 발달한다. 중배엽에서는 피부의 진피, 뼈와 근육, 심장과 혈관, 신장과 생식기 등의 기관들이 형성된다. 내배엽은 소화기관, 간, 췌장 및 폐와 같은 기관으로 발달하게 된다. 제일 먼저 순환계가 발달하며, 태내 발달에 중요한 역할을 하는 양수 주머니, 태반, 탯줄 등도 발달한다. 우선 외세포 덩어리로부터 융모막과 양막이라는 두 개의 막이 형성되어 자궁벽에서 형성된 막과 함께 태아를 감싸게 된다. 양막 속의 양수는 외부의 충격으로부터 태아를 보호하고, 적절한 온도를 유지해 주는 기능을 한다. 탯줄은 태아의 생명줄로 태아를 자궁벽의 태반과 연결해 주는 역할을 한다. 어머니와 태아의 혈류는 모두 태반에 닿아 있으면서도 섬세한 반투명의 막으로 분리되어 있다. 어머니 혈액 속의 영양분은 태반을 통해 태아에게 전달되고, 태아로부터 만들어진 배설물도 태반을 통해 어머니에게로 와서 배출된다.

4주경에는 심장의 구조가 형성되며 초기 심장박동이 시작된다. 신경계 발달을 시작으로 뇌와 척수가 분화되고 신경계의 기초가 형성된다. 또한 원시적인 눈, 귀 등의 기본 기관 구조가 형성되는 시기이므로 발달을 저해하는 사건이 발생하면, 영구적인 손상을 입게 된다. 특히, 3주 이후부터는 신체적 기형이 나타날 가능성이 높으며 산모의 질병, 영양결핍, 약물문제 등으로 인해 자연유산이나 각종 발달장애로 나타날 수도 있다.

(3) 태아기(fetal stage)

태아기(fetal stage)는 임신 9주~출산까지의 시기로 배아기(1~8주)에 만들어진 주요 장기와 구조들이 크기와 기능 면에서 발달하고 완성되어 가는 시기이다. 이 시기에는 발달 이상 위험은 줄어들지만, 기능적 장애는 여전히 외부 환경에 의해 영향을 받는다. 9~12주경에는 외부 생식기의 분화로 태아 성별이 결정된다. 심장박동이 뚜렷해지고 팔, 다리, 손가락, 발가락이 명확해진다. 내부장기도 기능하기 시작하며 태아의 팔과 다리의 움직임도 나타난다. 그러나 산모는 태아의 움직임을 느끼지 못한다.

13~16주경에는 태반이 완성되어 산모와의 영양 및 산소 교환이 본격적으로 시작되며, 얼굴 윤곽이 뚜렷해지고 눈과 귀도 제자리를 잡는다. 골격도 단단해

져 초음파에서 뼈 구조 관찰이 가능해진다. 17~20주에는 산모가 태아의 움직임을 처음으로 느끼게 되며, 태아의 성별도 초음파로 식별이 가능해진다. 머리카락, 눈썹, 손톱 및 발톱이 생기고, 빨기, 삼키기, 딸꾹질 등의 반응이 나타난다. 피부에는 태지가 형성되어 태아의 피부를 보호한다.

21~24주(6개월)는 폐가 발달하기 시작한다. 눈꺼풀이 생기고 청각도 발달하여 소리 자극에 반응을 시작하며 미각과 후각 수용체도 발달한다. 25~28주경이면 폐포가 형성되어 외부 생존 가능성이 생겼으나 조산 시 NICU가 필요하다. 태아는 눈을 뜨고 감는 것이 가능하며 호흡 운동 등 신경계 조절 기능도 향상된다.

29~36주경에는 지방층의 발달로 태아의 체중이 급격히 증가한다. 장기 기능도 거의 완성된다. 이 시기에 태아는 자궁 내에서 두부 하강 자세(머리를 아래로)를 취하게 되므로 자궁 내 많은 공간이 확보되므로 출산이 쉬워진다. 37~40주경에는 만삭 태아로 폐, 간, 뇌 기능이 충분히 성숙해진다. 평균 키는 약 50cm, 몸무게는 약 3~3.5kg이 된다. 임산부는 체중 증가로 근육과 골격에 무리가 오게 되므로 통증과 근육경련을 발생할 수 있다.

3) 태내 발달에 영향을 주는 요인

태내 환경이 적절하지 못한 경우 태아는 심각한 손상을 입을 수 있다. 시대별로 바람직한 태내 환경 조성을 위한 조건은 금지되는 것과 허용되는 것에 대한 기준에 차이가 있으나, 그 중요성에 대한 인식은 여전히 변함이 없다.

(1) 유전적인 요인

임신초기 유전인자나 염색체의 이상은 자연유산으로 이어질 수 있다. 만약 열성인자에 의한 유전인자 이상이나 염색체 이상으로 태어나는 경우 전 생애에 걸쳐 부정적 영향을 미친다. 태내 진단은 출생 전 태아와 자궁의 상태를 검사하여 태아가 심각한 장애를 가졌을 경우 유산시키거나 적절한 분만 방법을 준비하도록 도와준다. 태내 진단 검사로는 초음파 검사, 양수검사, 융모막 검사 등이 있다.

① 터너증후군(Turner syndrome)

터너증후군은 여성에게만 발생하는 성염색체 이상 질환으로 X염색체가 하나만 존재하거나 일부가 결손된 상태이다. 주요 특징은 생식기관이 발달하지 않아 제2차 성 특징이 나타나지 않고 생식능력이 없으며 키가 작고 지적장애가 동반된다. 발생 빈도는 여성 3,500명 중 1명 정도이다.

② 클라인펠터증후군(klinefelter syndrome)

클라인펠터증후군은 남성에게만 발생하는 성염색체 이상 질환으로 정상 남성이 갖는 XY 염색체 외에 추가적인 X염색체를 1개 이상 더 가지고 있는 상태이다. 주요 특징은 정소의 발달이 불완전하여 정자 생성 능력이 저하되고, 남성호르몬 부족, 사춘기 때 남성적 변화가 덜 나타나거나 지연되는 등 2차성징 이상 등의 문제가 발생한다. 약 25% 정도 지적장애를 가지고 있으며 언어지연, 읽기 및 쓰기의 어려움, 사회적 의사소통 부족 등의 발달적 문제가 동반된다. 발생 빈도는 남성 1,000명 중 1명 정도이다.

③ 거대남성 증후군(supermale syndrome)

거대남성 증후군은 남성에게만 발생하는 성염색체 이상 질환이다. 정상적인 남성의 염색체보다 Y염색체가 하나 더 많은 XYY 구조를 가진다. 주요 특징으로는 평균보다 키가 크고 마른 체형으로 외모는 일반적이다. 생식능력은 대개 정상적이나 지능이 낮고, 충동억제능력이 부족한 경향이 있는데, 실제로 정상적인 남성과 별다른 차이가 없어 보인다. 발생 빈도는 남성 1,000명 중 1명 정도이며 특수한 치료 방법이 없다.

④ 페닐케톤뇨증(Phenylketonuria: PKU)

페닐케톤뇨증(PKU)은 아미노산을 변형시키는 열성유전자의 결함으로 단백질을 구성하는 아미노산 중 하나인 페닐알라닌(Phenylalanine)을 분해하지 못하는 선천성 신진대사 장애이다. 페닐알라닌을 티로신으로 전환시키는 효소가 결핍되거나 기능을 하지 못해 뇌손상, 지능저하, 신경계 이상 등을 일으킬 수 있다. 발생 빈도는 인구 14,000명 중 1명 정도이며, 출생 후 24~72시간 이내 채혈 검사를 통해 진단이 가능하다. 신생아 시기에는 증상이 없지만, 조기에 식이요법을 시행하는 것이 중요하며 지적장애, 학습장애 등이 발생할 수 있다.

⑤ 다운증후군(Down syndrome)

다운증후군은 염색체 이상으로 생기는 선천성 유전질환으로 21번째 염색체가 정상인보다 하나 더 많은 삼염색체(trisomy)인 상태로 47개의 염색체를 보유한다. 신체적 특징으로는 둥근 얼굴, 짧은 목과 작은 귀, 작은 머리, 납작한 코, 짧고 넓은 손, 한 손바닥에 한 개의 주름(원주름)이 있다. 지적장애, 언어발달지연, 운동발달 지연, 질병에 대한 저항력이 약하다. 신생아 700명 중 1명 정도의 발생 빈도를 보이며, 35세 이상의 고령 임신인 경우 발생 확률이 더 증가한다.

⑥ 혈우병(Hemophilia)

혈우병은 X염색체에 있는 유전자의 선천성, 유전성 돌연변이로 인해 혈액 내의 응고인자가 부족하게 되어 발생하는 출혈성 질환이다. 유병률은 약 10,000명 중 한 명 정도로 발생하며 부족한 응고인자의 종류에 따라 혈우병 A

와 혈우병 B 두 종류로 구분된다. 혈우병 A는 전체의 80%를 차지하며, 나머지 20%는 크리스마스병으로 불리는 혈우병 B가 차지한다. 이 이름은 5살 스티븐 크리스마스(Stephen Christmas)라는 아이에게서 처음 발견되어 붙여졌다. 원인이 되는 유전자 돌연변이 종류는 현재까지 알려진 것만 500개 이상으로 두 질환 모두 X염색체 열성유전으로 남성에게서 발생한다. 여성의 경우 유전자 이상이 있어도 다른 정상 X염색체에 의해 보완이 되어 대부분 증상이 나타나지 않으나 응고인자의 부족 정도는 개인차가 있다.

(2) 임산부 관련 요인

① 임산부의 영양상태

임산부의 영양상태는 태아의 성장과 발달 그리고 출생 후 건강에 결정적인 영향을 미친다. 특히 임산부의 영양은 신체기관이 형성되고, 뇌 발달, 면역력 형성 등 전반적인 발달이 이루어지는 태내기에 더욱 중요하다. 따라서 임산부는 충분히 칼로리를 섭취하고 단백질, 비타민, 미네랄 등의 영양소의 섭취에도 균형을 이루어야 한다. 임산부의 영양결핍은 단기적으로는 기형, 성장지연, 저체중 출산, 조산, 등의 위험에 노출되며, 장기적으로는 신생아 사망률을 높이고 만성질환이나 발달장애로 이어질 수 있다.

② 임산부의 정서 상태

임산부의 정서상태는 태아의 발달에 중요한 영향을 미치는 내적 환경 요인이다. 태아는 산모의 신체적 · 정서적 · 행동 발달에 영향을 줄 수 있다. 임산부의 스트레스나 불안이 코르티솔 분비를 증가시키며, 분비된 호르몬은 태반을 통해 태아에게 전달되어 중추신경계, 자율신경계, 면역계 발달에 영향을 준다. 정서가 불안정한 임산부에게서 태어난 아기의 경우 지나치게 활동적이거나 많이 울고, 잠을 잘 자지 않으며, 젖도 잘 안 먹는 등의 증상을 나타낼 가능성이 높다. 반대로, 임산부가 정서적으로 안정되어 있고 긍정적인 감정을 많이 느끼는 경우는 정서적으로 안정된 기질의 아이를 출산할 가능성이 증가하고 출산 후 산모의 모성애 발현, 애착 형성에도 긍정적이다.

③ 임산부의 약물중독

임산부의 약물중독은 임신 중에 산모가 의료 목적 외의 약물(마약, 진정제, 수면제, 진통제(오피오이드), 각성제(암페타민), 항불안제, 니코틴 등)을 반복적으로 사용하여 약물에 중독된 상태를 말한다. 임신초기(1개월~3개월)는 태아가 약물에 가장 취약한 시기로 약물중독 임산부가 낳은 신생아는 이미 그 약물에 중독된 경우가 많은데, 출생 후 과도한 울음, 떨림, 발작, 수유 곤란, 수면장애, 호흡곤란 등의 신생아 금단 증후군, 선천성 기형, 저체중 출산, 정서 불안정, 발달 문제 등으로 이어질 수 있다, 이것은 약물이 태반을 통과해 태아에게 전달되기 때문이다. 그러므로 임신 중에는 일상에서 쉽게 얻을 수 있는 카페인, 아스피린, 감기약, 항생제 등의 복용에도 세심한 주의가 요구된다.

④ 임산부의 알코올 섭취

임산부의 알코올 중독은 출생 이후까지 지속되는 발달장애로 이어질 수 있다. 태아알코올증후군(FAS)은 임신 중 산모의 지속적인 알코올 섭취로 인해 발생하는 가장 심각한 형태의 선천성 장애이다. 알코올은 태반을 통과해 태아의 혈류에 전달되나 태아는 간의 미성숙으로 알코올 해독을 하지 못해 산모가 마신 알코올이 온전히 태아에게 전달되어 영향을 미친다. 태아에게 미치는 영향으로는 중추신경계에 가장 심각한 손상을 가져오며 장기적으로는 학습장애, 사회부적응, 알코올 등의 약물위험 의존 증가로 이어질 수 있다.

⑤ 임산부의 흡연

임신 중 산모의 흡연은 산모의 폐를 통해 흡수된 유해물질이 혈액을 통해 태반을 거쳐 태아에게 전달된다. 흡연 시 발생하는 니코틴, 일산화탄소, 타르 등 유해물질은 태아에게 직접적으로 전달되어 태아의 생존, 장기 발달, 뇌 발달 등에 부정적인 영향을 준다. 임신 중 흡연을 한 임산부의 4세 아이를 비흡연자의 아이들과 비교한 결과 언어와 인지 영역에서 발달적 문제가 발생하였다. 이처럼 산모 흡연은 아동기의 발달에도 영향을 미친다. 임산부의 간접흡연 노출률이 높은 지역일수록 조산율도 높게 나타나는 점으로 보아 임신 중에는 완전한 금연 환경 조성이 필수적이다.

⑥ 임산부의 연령

임산부의 연령은 임산부 자신과 태아 모두에게 영향을 미친다. 고령 임산부(35세 이상)의 경우 의학적으로 노산이라고 한다. 최근에는 혼인 적령기가 30세를 넘기고 있으며 점점 더 늦어지는 추세이다. 노산의 경우 자연유산, 임신중독증, 미숙아 출산, 난산이나 다운증후군의 비율이 급격히 증가한다. 산모의 연령은 호르몬 균형과도 관련이 있고 이는 태아의 발달에 영향을 미친다. 다운증후군의 원인 중에는 여성호르몬인 에스트로겐의 수준도 관련이 있다고 한다. 에스트로겐 수준은 20~35세 사이에 절정을 이루며, 호르몬 분비의 부족은 21번째 염색체 이상을 초래할 수 있다. 노산뿐만 아니라 10대 청소년 임산부의 경우도 자궁의 미성숙이나 호르몬 분비로 인해 조산이나 다운증후군의 아이를 출산할 가능성이 높은 것으로 나타났다.

⑦ 임산부의 질병

임산부의 질병도 태내 이상을 유발하는 중요한 원인으로 작용한다. 그 가운데 풍진은 태내 질병을 유발하는 대표적인 질병이다. 특히 임신 3개월 이전에 산모가 풍진에 감염된 경우, 시각장애, 청각장애 또는 지적장애 발생률이 증가한다. 임산부 당뇨병은 건강한 임산부보다 기형아를 낳을 확률을 3배 이상 높인다. 후천성면역결핍증(AIDS)은 모체로부터 감염되는데(15~30%), 감염된 태아는 비정상적일 만큼 얼굴과 머리 크기가 작은 것이 특징이다. 임산부의 성병 감염도 태아에게 치명적인 결과를 가져올 수 있다. 임산부가 매독이나 임질에 감염이 된 경우, 감염된 태아는 출산 전 30%가 사망하며 그렇지 않은 경우에도 기형아 출산이나 시각장애, 지적장애아 출산 가능성을 높인다.

⑧ 환경오염

임산부가 환경오염에 노출되면 태아는 다양한 건강 문제를 경험할 수 있다. 이러한 영향은 태내 발달뿐만 아니라 출생 후 건강에도 지속적으로 영향을 미칠 수 있는 위험 요인이다. 환경오염 물질 중 수은, 납, 카본 등의 중금속은 대기오염, 음식, 물 등을 통해 임산부와 태아에게 전달되며, 배설되지 않고 체내에 축적되어 다양한 건강 문제로 이어질 수 있다. 또한 저체중이나 태아의 성장지연을 유발할 수 있으며 태아의 산소와 영양공급을 방해하여 발달문제를 겪게 된다.

임산부가 초미세먼지 등 대기오염에 노출된 경우에는 노출시기와 수준에 따른 차이가 있다. 출생 직전 1개월~5개월 사이에 산모가 대기오염에 노출된 경우는 2세 때 신경 발달 문제, 인지 문제를 초래했다. 임신 중기와 후기 동안 에 노출된 경우는 인지, 운동기능, 언어, 의사소통영역에서 어려움을 겪었다. 따라서 임산부는 환경오염에 대한 노출을 최소화하여 태아를 보호하는 것이 중요하다.

4) 출산 과정

출산은 태아가 자궁 밖으로 나오는 과정으로 임신 상태를 마치고 아기를 세상에 맞이하는 중요한 순간이다. 출산 과정은 개구기, 출산기, 후산기로 나눌 수 있다.

(1) 개구기

출산 과정 중 개구기는 자궁경부가 열리기 시작하는 시점이다. 즉 출산 과정 중 아기가 나올 수 있도록 점차적으로 자궁경부가 열리기 시작하여 약 3~4cm 정도 열리는 초기 개방이 이루어진다. 개구기에는 진통이 점차 규칙적이고 강해지기 시작하는 시기로 진통의 간격이 짧아지고 강도가 강해지며 자궁경부도 점차적으로 열리게 된다. 시간이 지남에 따라 자궁경부는 개구기 동안 부드럽고 탄력적으로 변한다. 이 변화는 아기가 나올 수 있는 조건을 만들기 위한 준비 과정이다. 자궁경부는 10cm까지 열려야 완전 개방이 된다. 진통 시간은 초산의 경우 12시간에서 15시간 정도 지속되며, 경산인 경우는 6시간에서 8시간으로 단축된다.

(2) 출산기

출산기는 개구기 이후 자궁경부가 10cm까지 완전히 개방된 상태를 시작으로 아기가 자궁 밖으로 나오는 과정이 포함된다. 이 시기에는 진통이 규칙적으로 진행되면서 자궁 내 압력이 높아져 자궁구가 완전히 열리게 된다. 이때 자궁은 아기를 밀어내기 위해 강한 수축을 반복하며 산모도 힘을 주어 아기를 밀어낸다. 태아 머리가 질 입구에 이르면 질구가 확장되면서 태아의 머리가 외부로 나오고 머리, 어깨, 몸, 허리, 다리의 순서로 출산이 이루어진다.

(3) 후산기

후산기는 아기가 태어난 후 태반과 제대가 배출되는 마지막 단계이다. 아기를 출산한 후에도 자궁은 계속해서 수축을 반복하면서 태반과 제대가 자궁에서 배출되도록 돕는다. 이 과정은 출산 후 5~30분 이내에 이루어지며 자궁 출혈을 방지하는 데 중요한 역할을 한다. 태반은 자궁의 벽에 부착되어 있다가, 자궁 수축이 강해지면서 자궁벽에서 떨어지게 된다. 이때 제대도 함께 빠져나온다. 그러나 후산기가 제대로 이루어지지 않으면 태반 잔여물이 자궁에 남아있을 수 있어 심각한 출혈을 초래할 수 있다.

5) 저체중아

저체중아는 출생 시 체중이 2.5kg 미만인 신생아를 말한다. 저체중아는 태아발달이 충분히 이루어지지 않은 상태에서 태어나는 경우로 여러 가지 원인에 의해 발생한다. 저체중아의 주요 원인으로는 산모의 건강상태, 생활습관 태반기능부전, 다태아 임신 등이 있다. 청소년 임산부나 고령 임산부의 경우도 저체중아 출산 비율이 높다. 저체중아의 경우 호흡기 문제, 저체온증, 면역체계약화, 뇌발달문제, 심혈관계 문제 등을 겪을 수 있다. 따라서 저체중아는 조기치료와 관리가 매우 중요하다.

6) 태아 검사

태아 검사는 태아의 건강을 보호하고 잠재적인 위험을 조기에 발견하는 데 중요한 역할을 한다. 검사는 임산부의 건강 상태, 나이, 가족력 등을 고려하여 전문가와 상담 후 결정하는 것이 바람직하다.

① 초음파 검사(ultrasound)

초음파 검사는 태아의 성장, 위치, 심장박동, 양수의 양 등을 확인하여 태아의 발달을 추적하고, 이상 징후를 확인하기 위해 임신초기(8~12주), 중기(18~22주), 후기에 필요시 실시할 수 있다. 18~22주 사이에 실시하는 조기 기형 초음파 검사는 태아의 구조적 이상을 찾아내는 데 중요한 역할을 한다.

② 양수검사(amniocentesis)

양수검사는 임신 15주 이후 양수를 채취하여 태아의 유전자나 감염 여부를 확인하기 위해 실시한다. 이 검사는 다운증후군, 에드워드 증후군 등 염색체 이상을 확인할 수 있다. 그러나 침습적 검사이기 때문에 유산의 위험이 있으므로, 다른 검사에서 이상이 있을 때 추가로 시행된다.

③ 융모막 검사(Chprionic Villus Sampling: CVS)

융모막 검사는 임신 10~12주에 태반의 일부를 채취하여 태아의 염색체나 유전자 이상을 알 수 있는 검사이다. 양수검사와 비슷한 목적을 가지지만, 차이점으로는 더 이른 시기에 시행되며 침습적이기 때문에 유산위험이 있다.

④ 산전 혈액검사

산전 혈액검사는 태아와 임산부의 건강 상태를 확인하고, 유전적 질환이나 감염 여부를 확인하기 위해 실시한다. 산전 혈액검사는 삼분기 검사와 임신초기 혈액검사, 임신 중기 검사가 있다. 삼분기 검사(산전 기초 혈액검사)는 산모의 혈액형, 철분 부족, 감염 여부(매독, HIV 등)를 검사한다. 임신초기 혈액검사는 다운증후군, 에드워드 증후군 등의 유전적 질환 여부를 파악하는 데 사용된다. 임신 중기 검사(NT 검사)는 다운증후군 위험도를 평가하고자 실시된다.

⑤ 기형아 검사(Nuchal Translucency Test: NT)

기형아 검사는 임신초기 11~13주 사이에 시행하여 태아 목덜미 투명대(유리대)의 두께를 측정해 다운증후군과 같은 유전적 질환의 위험을 평가한다. 이 검사는 혈액검사와 결합하여 정확도를 높일 수 있다.

⑥ 비침습적 산전 검사(Non-Invasive Prenatal Test: NIPT)

비침습적 산전 검사는 태아의 DNA를 분석하여 다운증후군, 트리소미 18(에드워드 증후군), 트리소미 13 등의 확인이 목적이다. 임신 10주 이후부터 검사 시행이 가능한데, 태아의 유전적 이상을 매우 높은 정확도로 검사할 수 있으며, 침습적 검사의 대체 검사로 많이 사용된다.

⑦ 임신성 당뇨검사(Glucose Tolerance Test: GTT)

임신 24~28주 사이에 시행하는 임신 중 당뇨병(임신성 당뇨)을 확인하기 위해 임신성 당뇨검사를 실시한다. 임신성 당뇨는 태아와 산모에게 모두 영향을 미칠 수 있으므로 조기에 발견하여 관리하는 것이 중요하다.

⑧ 태아 심박수 모니터링(Non-Stress Test: NST)

태아 심박수 모니터링은 태아의 심박수와 자궁 수축을 모니터링하여 태아의 상태를 점검하기 위해 실시한다. 보통 28주 이후 특히 고위험 임산부에게 권장되며, 태아의 건강 상태 평가 및 이상 징후가 있는 경우 추가 검사를 진행한다.

⑨ 산모 건강 검진

산모 건강 검진은 산모의 혈압, 체중 증가, 배뇨 상태 등을 체크하고 임신성 고혈압, 임신성 당뇨병 등과 같은 합병증 예방을 목적으로 임신초기부터 출산 전까지 주기적으로 시행하는 것이 가능하다. 산모 건강 검진은 산모의 건강 상태와 태아의 건강을 동시에 모니터링하는 중요한 과정이다.

2. 영아기(출생~2세)

영아기는 신체성장, 두뇌발달, 감각능력 등이 급속도로 발달하는 시기이다. 특히 출생 후 1년간은 신체와 뇌의 성장이 급속도로 이루어져 성장 급등기라고 말한다. 영아기의 발달은 이후 발달의 기초가 형성되는 전인적 발달의 토대가 된다. 따라서 영아기의 발달적 특징을 영역별로 살펴보면 다음과 같다.

1) 신체 발달(physical development)

영아기의 신체 성장은 놀랄 만큼 빠른 속도로 이루어진다. 신체와 체중의 눈부신 성장 외에도 골격과 근육, 중추신경계 등의 신체 내부적 발달도 급속도로 이루어진다.

(1) 신장과 체중의 변화

생후 첫 1년간은 가장 빠른 신체적 성장기라고 한다. 출생 직후 영아의 체중은 일시적으로 감소하나 출생 후 평균적으로 150~200g씩 체중이 늘고 매월 2~3cm씩 키가 큰다. 건강한 영아의 경우 1년 동안 1.5배, 체중은 3배 정도 증가한다. 두 돌 무렵이 되면 신장은 성인 키의 절반가량이 되고 체중은 출생 시 체중의 4배 정도 증가한다.

(2) 신체비율의 변화

영아기는 신체비율은 급격히 변화하는 시기로 각각의 신체 부분이 다른 시기에 다른 비율로 성장한다. 출생 후 첫 1년간은 몸통이 가장 빠른 성장을 보이는데 이 기간 동안에 증가한 신장의 60%에 해당한다. 신생아의 머리 크기는 신체 비율의 1/4 정도를 차지하지만, 첫 2년간 신체의 다른 부분이 성장하면서 두돌 무렵에는 신체의 1/5정도 된다. 영아기 신체비율은 두미 발달의 원칙에 따라 머리가 크지만, 근원 발달의 원칙에 의해서 몸통이 먼저 성장하고 그 다음 팔다리, 손발의 순서로 발달이 이루어진다.

(3) 골격과 근육의 발달

영아의 골격은 연골로 이루어져 있어 부드럽고 유연한 특징이 있다. 이 연골은 시간이 지남에 따라 단단한 뼈(골조직)로 변화하는데 이 과정을 골화(ossification)라고 한다. 골화가 시작되는 부위는 뼈마다 특정한 시기에 이루어진다. 두개골은 천문과 봉합을 통해 유연하게 연결되어 있으며 뇌가 발달함에 따라 점차 닫힌다. 골격의 발달은 근육과 협응하여 기기, 앉기, 걷기 등 운동능력에 직접적인 영향을 준다.

영아기 근육발달은 신체 성장 및 운동능력 향상에 핵심적인 역할을 한다. 영아기 근육 발달은 신경계의 성숙에 의해 조절된다. 영아는 중추신경계가 발달함에 따라 근육 조절력과 협응력이 향상되어 목 가누기, 기기, 걷기 등이 가능해진다. 감각자극과 운동 경험이 신경과 근육의 연결을 강화하여 발달을 촉진한다.

2) 두뇌 발달(brain development)

영아기는 두뇌 발달이 급속도로 이루어진다. 출생 시 뇌의 무게는 평균

300g~400g으로 성인 뇌 무게의 1/4 정도 되고, 출생 후 6개월경에는 1/2이 되며, 두 돌 무렵에는 성인 뇌 무게의 3/4에 이르고 5세경에는 90%에 달한다. 이러한 이유로 영아기를 뇌의 성장급등기(brain growth spurt)라고 부른다.

(1) 뇌의 구조와 기능

영아기에 뇌의 크기가 놀라운 성장을 나타내는 것은 뇌의 구조적 · 기능적 발달과 관련이 있다. 뇌의 각 부위는 발달 시기가 다른 특징이 있다. 반사 운동과 신체기능을 통제하는 뇌간(brainstem)은 출생 시 완전한 기능을 한다. 뇌간의 주요 기능은 호흡, 심혈관 운동, 수면, 의식에 관계된다. 시상(thalamus)은 감각정보를 대뇌피질로 전달하는 역할을 한다. 소뇌(cerebellum)는 운동기능과 자세 교정을 관장하고, 해마(hippocampus)는 기억을 관장한다. 사고나 추론 같은 복잡한 인지능력을 관장하는 대뇌피질은 출생 시에 발달이 가장 덜 된 부위로 뉴런의 크기가 증가하고 구조가 점점 복잡해지며 뉴런 간의 시냅스 증가, 신경섬유 주위의 멜라닌화(melanization)등이 각기 다른 대뇌피질의 부위에서 일어난다. 뇌의 구조는 환경으로부터 받는 자극의 양과 종류에 의해 영향을 받는다. 영아의 뇌는 경험 구조나 기능이 수정될 수 있는 가소성(plasticity)이 뛰어나다.

(2) 신경계의 발달

신경계는 뇌와 척수(중추신경계), 말초신경으로 구성되어 있으며, 자극을 감지하고, 정보를 처리하며, 명령을 전달하는 신체의 통제 및 조절 시스템이다. 신경계는 신경원(neuron)와 신경계(glia)라는 두 종류의 세포로 구성되어 있다. 신경교 세포는 신경원 세포 즉 뉴런에 영향을 공급하고, 신경계의 결합을 돕는 접착제 역할을 한다. 뉴런은 뇌의 한 부분에서 다른 한 부분으로 정보를 받아들이고 전달하는 역할을 하며 미엘린이라는 지방성 물질이 뉴런을 보호하고 신경 전류의 전달 속도를 증가시킨다. 만약 미엘린이 파손되면 신경전류가 흐르지 못하고 주위로 새어 나가 버리며, 다발성 경화증(multiple selerosis) 같은 장애가 발생할 수 있다. 대부분의 뉴런은 태아기 말에 형성이 완료되므로 영아기에는 시냅스(뉴런 간 연결) 형성과 재배열이 이루어진다. 생후 2~3세에 시냅스 형성은 폭발적으로 증가한다.

(3) 대뇌피질의 발달

대뇌피질은 고등 정신기능을 담당하는 뇌의 핵심 구조이다. 대뇌피질은 여섯 개의 층 구조로 이루어져 있으며, 출생 후 급격히 발달하기 시작한다. 대뇌피질은 네 영역으로 구분되어 각기 세분화된 기능을 한다. 전두엽(frontal lobe)은 사고와 운동기능을 관장한다. 후두엽(occipital lobe)은 시각, 측두엽(temporal lobe)은 청각을, 두정엽(parietal lobe)은 신체감각을 관장한다. 대뇌피질의 발달순서는 영아기에 나타나는 여러 가지 능력과 일치한다. 출생 초기에는 시각과 청각을 관장하는 피질의 발달을 시작으로 영유아기에는 언어를 관장하는 피질이 발달한다. 전두엽은 영아기 후반부터 효율적으로 기능하기 시작하여 청년기를 지나 성인까지 성장이 계속된다.

(4) 신생아의 반사운동

신생아는 태어날 때 여러 가지 반사운동(reflexes)을 가지고 태어난다. 반사운동은 감각자극에 의해 중추신경계를 통해 즉각적으로 일어나는 무의식적이고 자동적인 움직임이다. 신생아의 반사운동은 아기가 생존을 위해 필요한 기본적인 기능들을 수행하게 도와주는 기능을 한다. 뇌와 신경계가 발달하여 의도적인 움직임과 행동으로 전환되어 나타난다. 대부분은 신경계의 발달과정에서 자연스럽게 사라진다. 이는 아기의 뇌와 신경계가 더욱 발달했다는 신호로 의도적인 움직임과 행동으로 전환되어 나타나면 신생아의 신경 발달을 평가하는 중요한 지표로 사용된다.

- **모로 반사(Moro reflex)**: 원시반사 중 하나로 갑작스러운 자극에 반응하여 아기가 양팔을 벌렸다가 다시 끌어안는 듯한 움직임을 보이는 무의식적이고 자동적인 반사운동이다. 생후 4~6개월에 자연스럽게 소멸이 된다.
- **빨기 반사(sucking reflex)**: 원시반사 중 하나로 입이나 입 주변이 자극을 받게 되면 무의식적으로 빨기 시작하는 반응이다. 생후 4개월경 의식적인 수유 행동으로 전환된다.
- **잡기 반사(grasp reflex)**: 신생아의 손바닥이나 발바닥을 자극하면 손가락이나 발가락을 무의식적으로 꽉 쥐는 반응이다.
- **자세 반사(stepping reflex)**: 아기를 수직으로 세운 상태에서 바닥에 발을 대면, 아기는 걸음마를 하려는 동작을 보인다. 이는 신체의 균형과 자세 유지를 돕는 반사운동으로 영아기 중후반부터 나타난다.
- **바빈스키 반사(Babinski reflex)**: 발바닥을 자극했을 때 엄지발가락을 위로 젖히고 나머지 발가락이 벌어지는 자동적 반응으로 중추신경계의 발달 상태를 평가하는 중요한 지표이다.

3) 운동발달(motor development)

영아기의 운동발달은 신체의 움직임과 조절 능력이 발달하는 과정으로 대근육 운동과 소근육 운동으로 나누어 설명할 수 있다. 이 시기의 운동발달은 신경계와 근육의 심장, 감각자극 그리고 환경과의 상호작용을 통해 이루어지며, 정상적인 성장과 발달의 기초가 된다.

(1) 대근육 운동

영아기 운동발달은 신체의 움직임과 조절 능력이 발달하는 과정이다. 이 시기의 운동발달은 근육의 심장, 감각자극 그리고 환경과의 상호작용을 통해 이루어지며, 정상적인 성장과 발달의 기초가 된다. 영아는 고개를 못 가눌 정도로 의존적이나 뒤집기, 기기, 서기, 걷기, 달리기 등을 할 수 있는 기동성 있는 존재로 변한다. 영아는 생후 1개월이 되면 엎드린 자세로 고개를 들 수 있게 된다. 2개월에는 목 가누기, 3~4개월에는 뒤집기, 7개월경은 혼자 앉을 수 있고, 9~12개월은 걸음마를 시작한다. 영아기 대근육 발달은 아기의 활동 수준을 높이고, 주변 환경을 탐색하는 능력을 증가시킨다.

(2) 소근육 운동

영아기는 손가락, 입, 발가락 등 작고 정교한 근육을 사용하는 능력인 소근육 운동기능이 발달하는 시기이다. 출생 시의 신생아에게는 잡기반사 능력이 있지만 그것을 통제하는 능력은 없다. 마찬가지로 아기는 매달리는 물체를 보면서 손과 발을 움직여 보지만 그 물체를 잡지는 못한다. 그러나 6개월이 되면 잡기가 가능해지기 시작하여 첫돌이 지나서야 제대로 잡을 수 있게 된다. 운동기능의 발달순서는 비슷하지만, 발달의 시기는 개인차가 있다.

4) 인지발달(cognitive development)

영아기는 감각운동을 통해 외부 세계와 상호작용하는 시기로 피아제의 인지발달 단계 중 감각운동기(sensorimotor stage)에 해당한다. 영아기의 사고는 언어나 추상적 개념을 내포하지 않는다. 다만 영아는 이해하고 기억하는 것은 자신이 직접 듣고, 보고, 만지고, 느끼고, 행동하는 것에 의존한다. 즉 감각기관을 통해 받아들인 정보는 인지발달에의 중요한 내용이 된다. 영아기 인지발달은 감각기관을 통해 획득한 정보를 조직하는 도식들과 환경 자극에 반응하는 도식을 형성하고 주위 환경에 반응하면서 도식을 수정해 나가는 동안에 이루어진다. 영아기의 주요 발달 과업 중 하나인 대상 영속성(object permanence)개념은 '어떤 대상이 눈앞에서 사라져도 존재한다고 이해하는 능력으로 생후 8~12개월경부터 나타나기 시작한다. 영아기는 타인의 행동을 따라하며 학습하는 모방능력도 발달한다.

Piaget은 감각운동기를 6단계로 세분화하여 설명하였다.

〈표 9-1〉 피아제의 감각운동기의 인지발달

단계	내용
1단계 0~1개월	• 빨기, 잡기, 큰 소리에 반응하기와 같은 반사적 행동에 의존한다. • 움직이는 물체를 눈으로 따라가나 시야에서 사라지면 더 이상 그 물체에 관심을 보이지 않는다.
2단계 1~4개월	• 영아는 흥미 있는 물체는 추적하면서 그 물체를 잡으려고 손을 뻗는다. 물체가 사라지면 사라진 지점을 잠시 바라보다가 이내 고개를 돌린다.
3단계 4~8개월	• 숨긴 물체가 부분적으로 눈에 보이면 잡으려고 하나 완전히 보이지 않으면 더 이상 찾지 않는다.
4단계 8~12개월	• 방해물을 치우고 숨겨진 물건을 찾아낸다.
5단계 12~18개월	• 보이는 곳으로 이동한 숨겨진 물건은 찾을 수 있으나 보이지 않는 곳으로의 이동은 이해하지 못한다.
6단계 18~24개월	• 숨기는 장면을 목격하지 않은 대상물도 찾을 수 있다.

5) 언어발달(language development)

언어는 타인과 정보를 교환하고 의사소통하며 자신의 생각과 감정을 표현하는 수단이다. 영아기는 언어발달의 기초가 마련되는 시기로 이후 전 생애에 걸친 의사소통 능력의 토대가 되는 매우 중요한 시기이다. 언어학의 다섯 가지 하위 영역인 음운론, 형태론, 구문론, 의미론, 어용론 등은 아동의 발달 단계별 언어습득과 긴밀히 연결된다. 영아기는 울음, 옹알이 등 무의미한 소리를 산출하기 시작하여 점차 주변 언어의 억양과 리듬을 모방하기 시작하기한다. 이는 언어의 기초적 소리 단위 습득 과정으로 음운론의 소리와 음운체계 인식의 발달과 관련이 있다.

영아는 말소리를 지각하고 처리하는 과정에서 말의 흐름 속에 있는 단어 결합의 법칙과 불규칙성을 발견하게 된다. 영아기는 단일 단어를 사용하므로 형태 변화는 없으나 문장의 구조(구문론)는 단어 1개 사용에서 2개를 조합하여 사용하는 것이 가능해진다. 즉 '마마마', '바바바' 등의 음소를 반복하다가 '엄마', '우유' 등의 단어 사용을 시작으로 18~24개월경에는 '엄마 가. 아빠 줘' 등의 두 단어 조합을 시작한다. 24~30개월경에는 조사사용, 어미(~해요)를 사용한다. 이처럼 영아기 언어는 음운론(옹알이, 첫 단어) 중심으로 발달을 시작하여 과잉/과소 일반화(의미론) 현상이 특징이다.

6) 사회정서 발달

신생아는 기쁨, 슬픔 등의 기본적인 정서를 가지고 태어나지만 덜 분화된 상태에 있다. 영아는 점차 연령이 증가함에 따라 분화된 정서를 나타내고, 다른 사람의 정서를 이해할 수 있는 능력도 발달하게 된다.

(1) 정서발달

정서란 자극에 직면하여 발생하거나 자극에 수반되는 여러 가지 생리적 변화(예: 혈압, 맥박수, 호흡의 변화)나 눈에 보이는 행동(예: 미소나 찡그림)반응을 말한다(정옥분, 2023). 정서는 1차 정서와 2차 정서로 구분된다.

1차 정서(기본정서)는 행복, 분노, 놀람, 공포, 혐오, 슬픔, 기쁨 등으로 영아기 초기에 나타난다. 2차 정서(복합정서)는 수치심, 부러움, 죄책감, 자부심 등으로 첫돌이 지나면서 나타난다. 유쾌와 불쾌의 정서는 흥분상태에서 분화된 것이고, 불쾌한 정서로부터 분노, 혐오, 공포, 슬픔 등의 정서가 나타난다. 행복, 기쁨, 만족 등의 정서는 유쾌한 정서로부터 분화된다.

정서발달은 모방과 강화를 통해 이루어지는데 이를 정서의 사회화라고 한다. 예를 들면 부모가 영아의 표정과 비슷한 표정을 지음으로써 영아의 표정이 강화된다. 우울증에 걸린 어머니는 슬픈 표정을 주로 짓기 때문에 영아도 슬픈 표정을 모방하게 된다. 모방과 강화 과정은 영아의 부정적 정서 반응을 감소시키고, 긍정적 정서 반응을 증가시키는 역할도 한다(Malatesta et al., 1989).

(2) 기질의 발달

기질은 한 개인의 행동양식과 정서적 반응유형으로 아동과 성인의 성격을 형성하는 모체가 된다. 기질은 활동 수준, 사회성, 과민성과 같은 특성이 있다. 영아들은 출생 직후부터 다른 기질적 특성을 보이는데, 어떤 영아는 조용하고 느리며, 어떤 영아는 행동이 민첩하고 활기찰 수 있다. 어떤 영아는 쾌활하고 명랑하지만 어떤 영아는 자주 울고 보채는 등 개인차가 있다.

기질은 타고난 것으로 유전의 영향을 많이 받으며, 유아기, 아동기, 성인기까지 지속성이 있고(Caspi & Sliva, 1995), 환경의 영향에 의해 변할 수도 있다(정옥분 외, 2003; Kerr et al., 1994). 기질의 구성요소에 대해서는 다양한 의견이 제시되었으나 대표적으로 활동 수준, 접근, 억제, 부정적 정서성, 지구력의 기질적 특성으로 설명한다(Ahadi & Rothbart, 1994; Belslky, Hsieh, & Crnic, 1996).

① **활동수준**: 몸의 움직임, 활동의 정도를 말한다.

② **접근/긍정적 정서성**: 사람이나 사물에 대해 긍정적 정서 반응을 보이는 것으로 영아가 자극을 좋아하는지를 말한다.

③ **억제:** 낯선 사람, 낯선 상황, 새로운 물체에 대해 두려워하거나 회피반응을 보이는 것을 말한다. 우리 사회에서 억제는 수줍음과 유사하다(정옥분, 2023).

④ **부정적 정서성:** 자극에 대한 반응으로 쉽게 화를 내고, 짜증을 잘 내며, 좌절을 견디지 못하는 것을 뜻한다.

⑤ **지구력/끈기:** 주의를 집중하여 계속 노력하는 능력이다.

(3) 애착의 발달

영아는 부모의 얼굴을 인식하고, 사람의 목소리에 반응하며 안정감을 느낀다. 영아기 사회적 미소(social smile)의 출현은 타인과의 관계 형성에 중요한 역할을 한다. 6개월 이후 영아는 자신을 돌봐주는 사람과 애착을 형성하고, 분리 불안(separation anxity)을 느끼기도 한다. 분리불안은 영아가 부모나 애착을 느끼는 대상과 분리될 때 느끼는 불안으로 부모가 잠시 떠나면 울거나 불안해하는 행동으로 나타난다.

낯가림은 6~8개월경에 나타나기 시작해서 12개월을 전후로 심해지다가 서서히 감소하는 경향이 있다. 낯가림은 친숙한 얼굴과 낯선 얼굴을 비교하게 되면서 그 차이에 대한 혼란스러움을 울음으로 반응하는 것이며 대부분 자연스럽게 지나간다. 이는 아이가 성장하면서 사회적 상호작용에 대한 이해도가 높아지기 때문에 점차 사라지는 것이다.

9~12개월 무렵 영아는 다른 사람의 감정 상태를 인식하고, 모방을 통해 사회적 기술을 배우기 시작한다. 이 무렵 애착 행동이 더 강하게 나타나며, 특정 인물(보통 부모)에게 강한 의존을 보일 수 있다. 안정 애착 영아가 불안정 애착 영아보다 분리불안 반응을 덜 보이는 경향이 있고, 어머니를 안전기지로 삼아 주변 환경에 대한 탐색 활동을 하게 된다. 우리나라의 경우 12~13개월 된 영아의 92%가 분리불안을 보였고(박은숙, 1982), 어머니의 분리불안이 높을수록

과보호 양육 행동을 많이 하는 경향이 있는 것으로 보고되었다(이정희, 2019).

3. 유아기(2세~6세)

유아기는 2세부터 초등학교 입학 전까지의 유아를 포함하여 자율성과 사회성, 인지 및 언어능력을 확장해 나가는 시기이다. 유아는 가족 중심의 관계에서 또래 친구와 상호작용을 시작하면서 점차적으로 사회적 적응력을 갖추어 나간다.

1) 신체발달

(1) 신장과 체중의 증가

유아기 신체발달은 영아기처럼 급속도로 이루어지지는 않으나 꾸준한 성장을 보인다. 매년 신장은 7cm, 체중은 2kg씩 증가한다. 6세가 되면 평균 신장은 115cm, 체중은 약 20kg 정도 되며, 남아가 여아보다 신장이 조금 더 크다. 유아기의 신장과 체중에 영향을 미치는 요인 중 가장 영향력 있는 것은 유전적 배경, 영양, 건강관리 등이다. 그러므로 유아기에는 건강을 유지하고 골격의 성장을 촉진하는 균형 잡힌 식사를 해야 한다.

(2) 신체 비율과 골격의 변화

유아기에도 신장과 체중의 꾸준한 증가는 신체 비율 변화를 가져온다. 유아기에는 하체가 길어지면서 가늘어지고, 머리 크기는 신체에 비해 큰 편이지만 유아기 말에는 머리와 신체 비율이 적절해져 더 이상 머리가 크고 무거워 보이지 않는다. 체지방도 꾸준히 감소하여 전체적으로 통통했던 아기의 모습이 사라진다.

기본골격이 형성되면 출생 직전에 골단이라는 성장센터가 나타나고 성장하면서 경화 과정이 시작된다. 골단은 팔다리의 뼈와 같이 신체의 긴 뼈에는 양쪽 끝에 나타난다. 성장이 완성되면 골단은 점점 가늘어지다가 사라진다. 그러나 골단이 사라지면 더 이상의 성장도 불가능해진다. 골단의 수는 골격연령을 측정하는 근거로 생활연령보다 골격연령이 어리다면 앞으로 키가 더 자랄 가능성이 있음의 의미한다.

(3) 뇌의 성장

유아기의 가장 중요한 신체발달 중 하나는 뇌와 신경계의 성장에 있다. 영아기만큼 빠른 속도는 아니나 여전히 뇌와 신경계의 발달이 지속된다. 4세 이전에는 눈과 손의 협응을 관장하는 뇌영역의 수초화가 완성되지 않아 눈과 손의 협응이 원활하지 않다. 6세 무렵에는 뇌의 무게는 성인의 95%에 이른다. 7세 경에는 시냅스의 밀도는 성인 수준에 이른다. 유아기 뇌 크기의 증가는 수초화와 시냅스 밀도의 증가와 관련이 있다.

유아기는 뇌의 좌·우반구가 기능을 분담하는 뇌의 편측성이 나타난다. 2~8세 사이에 뇌량의 수초화가 이루어지면 두 개의 반구 간에 정보교환과 협응이 원활해진다. 5세경에는 눈과 손의 협응이 증가하여 자신이 보고 있는 글자와 숫자를 따라 쓸 수 있다. 이것은 좌반구와 우반구의 협응으로 여러 가지 운동 기술을 습득하는 것이 가능해졌기 때문이다.

2) 운동능력의 발달

유아기는 운동능력도 함께 발달한다. 2세에는 뛰거나 빠르게 걷기가 나타나고, 3세에는 균형을 잡고 다양한 운동을 시도하나 달리는 도중 방향 바꾸기가 어렵다. 그래서 아이는 일단 달리기를 멈추고 방향을 바꾼 다음 다시 달리기를 시작한다. 하지만, 5세경에는 계속 달리면서 방향을 전환하는 것이 가능해져 갑자기 멈추어도 앞으로 넘어지지 않는다. 유아기는 하루 종일 움직이는 것처럼 인식될 정도로 활동량이 많아지는 시기이다. 식사 시간이나 TV를 보면서도 가만히 앉아 있지 못하고 수면 중에도 자주 몸부림을 치는 경향이 있다.

3세가 되면 직선 위를 걸을 수 있고 4세에는 곡선 위에서 걷기가 가능해진다. 2세에는 두 발 뛰기와 계단 오르기도 가능해진다. 하지만 발을 번갈아 가면서 계단을 내려오지 못한다. 이유는 계단 오를 때보다 계단을 내려올 때 균형 잡기가 어렵기 때문이다. 계단 오르기 기술은 놀이터의 사다리 오르기, 정글짐 놀이에 그대로 적용된다. 또한 눈과 손의 협응 능력 발달로 손의 사용도 정교해진다.

그림 그리기는 소근육 운동기술의 대표적인 예로 끄적거리기(만 2세)를 시작으로 수직, 지그재그 패턴을 보인다. 2세경에는 손으로 물건을 조작하거나 작은 물건을 잡는 등 세밀한 손놀림을 할 수 있다. 자기 몸을 돌보는 능력도 향상되어 숟가락 사용하기, 컵으로 물 마시기, 혼자서 옷을 벗고 입는 등의 자립적인 움직임을 시도한다. 아직은 서툴기는 하지만 작은 물체를 잡기 위해 엄지와 검지손가락을 이용하는 것이 가능해진다. 3세경에는 동그라미, 정사각형, 직사각형, 삼각형, 십자 모양, X자 모양 등의 여섯 가지 기본 형태를 그릴 수 있게 된다. 4세가 되면 블록으로 탑을 쌓을 수 있고 신발 끈 매기, 선을 따라 가위로 오리기가 가능하다. 5세 유아는 성인들이 알아볼 수 있는 정도로 사람을 표현할 수 있다.

3) 인지발달

유아기는 2세~6세 사이로, 인지적 성장과 언어발달이 빠른 속도로 이루어지는 시기이다. 정신적 표상에 의한 사고가 가능하고 상징을 사용할 수 있는 능력도 생긴다. 언어는 유아의 상징적 표현의 중요한 수단이 된다. 유아기의 인지발달은 피아제의 인지발달이론에서 설명하는 '전조작기(Preoperational Stage)'에 해당한다.

- 상징적 사고의 발달: 유아가 언어와 이미지를 사용하여 세상에 대한 이해를 확장해 나가는 과정으로 어떤 대상을 직접 다루지 않고, 그 대상을 나타내는 기호나 이미지를 사용해 생각하는 방식이다.
- 자기중심적 사고(egocentrism): 상대방이 자신과 같은 방식으로 생각한다고 가정하거나 자신이 보고 있는 것을 상대방도 본다고 생각하는 방식이다. 그러나 타인의 입장에서 자신의 경험과 관점을 이해하는 것은 어렵다.
- 물활론적 사고(animism): 무생물이나 자연물에 대해 생명이나 의도를 부여하는 사고방식이다.
- 인공론적 사고(arifactualism): 자연 현상이나 사물이 사람의 의도나 목적 때문에 만들어졌다고 생각하는 것이다.
- 전환적 추론(transductive reasoning): 서로 관련 없는 두 사건을 인과관계로 연결하는 비논리적 사고방식으로 실제 인과관계가 아닌 개인적 경험에 기반한 추론이다.
- 꿈의 실재론(dream realism): 자신이 꿈을 꾼 것이 실제라고 생각한다.

4) 언어발달

유아가 말을 시작하면서 사회적 상호작용이 활발히 이루어지므로 언어발달도 가속화된다. 5세 경에는 대개 모국어를 유창하게 구사할 수 있어 타인과의 상호작용, 새로운 정보를 교환하고, 원하는 것을 표현하고 타인의 행동을 통제하며 자신만의 견해, 감정을 보인다. 유아기 초에는 200개~300개 정도의 단어를 사용하나 5세경에는 2,500개 정도, 유아기 말에는 보통 10,000개의 새로운 단어를 습득하게 되나(Anglin, 1993), 습득한 단어의 종류는 개인차가 있다.

3~4세 유아는 세 단어 또는 네 단어로 문장을 구사할 수 있으며 유아기 말에는 6~7개의 단어로 문장 구사가 가능해진다. 그러나 유아 초기에 습득하는 단어의 종류는 개인 차이가 있다. 우선 사람이나 사물을 가리키는 참조적 양식, '고맙습니다. 안 해.' 등과 같이 개인적 · 사회적 단어를 사용하는 표현양식이 있다. 표현양식은 사회적 상호작용에서 주의 환기를 위한 도구로 사용한다.

한편, 유아기에는 단어의 획득이나 문법의 숙달로 인해 영아기보다는 의사소통이 좀 더 효율적으로 이루어질 수 있으나 자기중심적 사고로 인해 언어도 자기중심적 특성을 갖는다. 유아의 자기중심적 언어표현은 반복, 독백, 집단적 독백 등의 형태로 나타나며, 유아기 말에 가서야 줄어들고 점차 사회화된 언어를 사용하게 된다. 유아기는 자신이 한 말을 확인해 보려는 의도에서 확인문과 의문문도 많이 사용한다.

5) 사회정서 발달

아기는 놀이를 통해 사회적 관계를 형성하고 사회적 기술과 역할을 습득하며 자기와 타인을 구별하고, 공감 능력, 자기조절, 감정 표현 등 다양한 사회적 기술을 발전시킨다. 타인과의 관계를 통해 사회적 규칙과 도덕적 가치를 배우고, 자기 존중감과 독립성을 키워나간다.

(1) 정서발달

유아기는 영아기에 분화된 정서가 그대로 유지되나 정서를 유발하는 요인, 표현 방법에서 차이를 보인다. 유아기 공포, 분노, 호기심 등의 정서 표현은 사회성의 기초를 다지는 중요한 요소로 정서발달, 대인관계 형성, 자기조절 능력 향상에 핵심적인 역할을 한다. 분노는 떼쓰기, 고집부리기, 말 안 듣기, 폭발 행동 등으로 표출된다. 분노 유발 요인으로는 유아에게 어떤 일을 강요하고, 하고자 하는 일을 제재하거나, 부모의 무관심 등이 있다. 또래와의 충돌, 동생 출생으로 인한 질투심 등은 퇴행 행동이나 공격성을 유발한다.

공격성은 발달과정에서 흔히 나타나는 행동 중 하나이다. 유아기의 공격성은 여러 형태로 나타나나 도구적 공격성과 적대적 공격성이 가장 대표적이다. 도구적 공격성은 다른 사람을 해치려는 의도보다는 자신의 목적이나 욕구를 달성하기 위한 수단으로 나타난다. 반면에 적대적 공격성은 상대방에게 고의적으로 해를 가하려는 의도를 지닌다.

유아기의 정서 중 호기심(curiosity)은 유아의 발달과 학습의 핵심 원동력이 되는 매우 중요한 정서이다. 이 시기의 호기심은 단순한 관심을 넘어 새로운 대상, 경험, 정보에 대해 알고자 하거나 탐색하고 이해하려는 내적동기로 작용한다.

유아의 정서 중 공포(fear)는 실제 또는 상상된 위협에 대한 반응으로 나타나는 강한 불안이나 두려움의 감정이다. 유아는 상상력과 인지능력이 발달하면서 실제보다 과장되거나 현실과 구분되지 않는 대상에도 쉽게 공포를 느낀다. 유아기는 어둠이나 큰 소리(천둥이나 폭우 소리), 밤에 부모가 옆에 없거나 집 이외의 장소에서 잠을 깼을 때 부모가 없는 경우, 트라우마로 인해 심한 공포를 보인다.

(2) 성역할 발달

유아기의 성역할 발달은 유아가 자신이 남자 혹은 여자임을 인식하고, 사회적으로 기대되는 성별에 따른 행동, 태도, 역할을 학습해 나가는 중요한 발달과정이다. 성역할 발달과정은 아이가 남자/여자라는 성 정체감(gender identity)을 형성하고, 그에 따라 자신과 타인의 행동을 구분하기 시작하면서 성 안정성, 성 항상성, 성 일관성을 이해하고, 성역할 행동을 학습하는 점진적인 과정이다.

성역할 행동의 모방과 강화는 전 유아기 전반에 걸쳐 진행된다. 아이는 부모, 또래, TV 캐릭터, 동화 속 등장인물 등 다양한 모델을 통해 성역할을 관찰하고 모방한다. 또한 칭찬이나 강화를 통해 성별에 적합하다고 여겨지는 행동을 지속하게 된다.

유아기 성역할 발달과정은 다음과 같다.

- 성 정체감 형성(2~3세): 자신의 성을 인식하여 "나는 남자야, 나는 여자야"라고 말한다.
- 성 안정성(3~4세): 시간이 지나도 성별은 변하지 않는다는 개념이 생긴다(단, 외형 변화(긴 머리는 여자/짧은 머리는 남자)를 오해하기도 함)
- 성 항구성(5~6세): 외모나 행동에 상관없이 성별은 변하지 않는다는 것을 확실히 이해한다(성역할 정체감이 더 명확해짐).

(3) 타인에 대한 인식과 공감 능력의 발달

유아기 아이는 자신과 타인을 구별하지 못하는 자기중심적(egocentric) 사고를 하지만, 점진적으로 타인의 감정과 생각을 인식하고 이해하는 능력이 발달한다. 3세 유아는 타인의 감정 표현을 읽고 그에 맞는 반응을 할 수 있게 되면서 타인의 감정에 대해 공감할 수 있는 능력을 발전시킨다. 예를 들어, 친구가 슬퍼하면 "친구가 슬픈가 봐요"라고 말하거나, 슬픈 친구를 위로하려는 행동을 보이기도 한다.

(4) 자기조절 능력과 감정조절 능력

유아기는 자신의 행동과 감정을 스스로 통제하고 조절하는 능력이 발달하기 시작한다. 유아의 자기조절과 감정조절능력은 유아의 정서적 안정, 사회성 발달, 학습 능력과도 밀접한 관련이 있다. 자기조절이란 자신의 감정, 행동, 욕구, 충동 등을 상황에 맞게 통제하고 조절하는 능력이다. 유아기에는 양보하기, 기다리기, 차례 지키기 등의 조절 능력이 나타난다. 감정조절 능력이란 아이가 자신의 감정을 인식하고, 그 감정을 적절하게 표현하고 통제할 수 있는 능력이다. 유아기는 언어발달과 함께 감정 표현이 더욱 정교해지고, 자신이 느끼는 감정을 말로 설명할 수 있게 된다. 친구와 다투고 나서 스스로 인정하고 사과하는 행동도 보인다.

(5) 사회성 발달과 놀이

유아기 놀이는 유아의 신체적, 인지적, 정서적, 사회성 발달을 통합적으로 이끄는 가장 중요한 활동이다. 유아의 놀이는 세상을 이해하고 탐색하며 학습하고 성장하고, 또래들과 함께 놀거나 싸움하면서 다른 사람들과 살아가는데 필요한 사회적 능력을 학습한다. 집단활동 참여를 통해 질서를 지키고 놀잇감을 공유하고 배려하는 등의 협동 능력을 습득한다. 친구관계도 유아의 자존감과 자기 가치감에 큰 영향을 미친다. 또래와의 긍정적인 관계는 유아의 사회적 자신감을 키우고, 반대로 갈등이나 싸움은 유아가 사회적 관계를 다루는 법을 배울 기회가 된다. 이처럼 유아기는 놀이 도구를 공유하며 상호작용에 근거한 사회화된 형태로 발전해 나간다.

유아기는 둘 이상의 아동이 함께 공통적인 활동을 하거나 서로 도우며 조직화된 집단으로 편을 이루는 놀이를 한다. 규칙에 따라 놀이가 이루어지며 리더나 공동의 목표, 일정한 역할 분담도 존재하는 유형의 놀이를 즐긴다. 한편 놀이 경험은 유아의 자기중심성 완화에 도움이 되지만 여전히 자기중심성이 남아 있어 또래와 자주 다투므로 또래와 우정을 지속하기 어렵다. 친밀하고 지속적인 우정은 아동기에 가서야 발달하기 시작한다.

4. 태내기와 영유아기의 사회복지실천

1) 태내기의 사회복지실천

태내기의 특성과 중요성을 고려할 때, 태내기 사회복지실천은 태내기 발달단계에서 문제가 생기지 않도록 위험 요소를 조기에 파악하고 예방하는 데 초점을 두어야 한다. 또한 임산부가 건강한 아기를 출산할 수 있도록 포괄적인 서비스를 제공해야 한다. 태아와 산모를 모두 고려한 실천적 개입은 다음과 같다.

첫째, 건강한 태내 환경 조성을 위한 통합적인 서비스가 제공되어야 한다. 임산부의 건강 상태와 태아 발달을 모니터링하여 조기에 발생할 수 있는 문제를 발견하고 즉각적인 대처가 가능해야 한다. 따라서 사회복지 실천에서는 정기적인 산전 검진, 유전 상담, 임산부의 건강관리와 영양지원, 임산부 심리상담 및 스트레스 관리, 출산 준비 교육 등을 지원한다.

둘째, 위험군 임산부에 대한 특별 관리가 필요하다. 청소년 임신이나 원치 않은 임신, 미혼모, 고혈압이나 당뇨 등의 질환이 있는 임산부, 다태아 임산부에게는 의료기관과 협력하여 저체중아 출산과 조산 위험 감소를 위해 고위험 임산부를 위한 맞춤형 건강관리 및 치료를 제공해야 한다. 또한 임시 보호, 출산 후 자립지원, 양육 및 입양 상담 등 법률 상담 등을 포함하여 포괄적인 사회복지 서비스가 제공되어야 한다.

셋째, 근로자 임산부의 권리를 보호해야 한다. 임산부는 근로 환경이나 건강 관리와 관련하여 법적 권리를 가지고 있다. 이에 따라 사회복지사는 임산부가 자신의 권리를 이해하지 못하거나, 권리가 침해받지 않도록 임산부에게 법적 권리 교육을 제공하여 적극적으로 보호하는 역할을 한다.

넷째, 가족 중심의 접근도 중요하다. 임산부의 사회적 고립을 예방하고, 임산부의 불안이 심각한 정서적, 심리적 문제로 이어지지 않도록 배우자와 가족을 대상으로 한 출산교육, 정서적 지지, 부모역할 교육 등의 교육 및 지지적 서비스가 제공되어야 한다.

태내기 임산부에 대한 사회복지실천전략은 임산부와 태아의 건강한 발달을 지원하고, 그들이 직면할 수 있는 여러 가지 어려움을 예방하고 해결하는 데 중점을 두어야 한다. 따라서 태내기 사회복지의 실천적 함의는 건강관리, 정서적 지원, 법적 지원 등 다양한 측면에서 종합적인 접근을 통해 임산부와 태아의 복지증진이다.

2) 영아기의 사회복지실천

영아기는 인간발달의 기초를 형성하는 결정적인 시기로 환경과 양육자의 개입 여부에 따라 발달적 문제가 발생할 수 있다. 그러므로 영아기 사회복지실천 영역에서는 부모들이 영아기 발달의 중요성과 자녀와의 상호작용 방법에 대한 정보가 부족하므로, 부모 교육, 상담, 방문형 육아 지원 서비스 등을 제공하는 것이 필요하다.

첫째, 보육 서비스 및 아동 보호 서비스를 지원한다. 영아의 안전하고 건강한 성장을 위해 보육 서비스 제공이 필요하다. 또한 아동 보호 시스템을 통해 아동의 권리를 보호하고 학대나 방임으로부터 아동을 보호하는 체계가 강화되어야 한다. 저소득층 가정의 영아는 영양결핍, 정서적 방임, 의료 접근의 제한 등 여러 위험에 노출될 수 있으므로 보육비 지원, 영아용품 지원 등 지역사회 기반의 다층적인 지원 서비스가 병행되어야 한다.

둘째, 건강관리와 조기 개입이 중요하다. 영아기의 건강 문제나 발달 지연은 조기에 발견하고 개입할수록 효과가 크므로, 정기적인 건강검진, 발달검사, 조기 중재 프로그램 등 건강관리 및 영양지원이 지역사회 차원에서 운영되어야 한다. 보건소, 육아종합지원센터, 아동발달센터 등과의 연계를 통해 아동 중심의 통합서비스를 제시한다.

셋째, 정서 및 사회성 발달을 위한 환경 조성도 필요하다. 이는 양육자의 정서적 안정, 부모-자녀 간 상호작용, 애착 형성을 위한 상담 및 심리치료 서비스 제공을 포함한다. 또한, 양육 스트레스가 높은 가정을 위한 부모 심리상담, 양육 코칭 서비스 지원 등 양육 환경 개선을 위한 개입도 병행되어야 한다.

영아기는 영아기의 발달적 요구를 충족시키고, 아동의 건강한 발달을 촉진하기 위한 실천적 접근이 중요하다. 이 시기의 발달은 이후 성장과 발달에 지대한 영향을 미치므로 영아의 발달과 환경적 지원을 고려한 실천 전략을 적절히 적용하는 것이 실천 과제이다.

3) 유아기의 사회복지실천

사회복지실천에서 유아기의 발달을 이해하고 이를 지원하는 것은 매우 중요하다. 사회복지사는 유아의 전반적 발달을 지원하기 위해 부모와 가정, 보육시설, 지역사회 등 여러 영역에서 다양한 실천적 접근을 해야 한다. 또한 아동의 권리를 보호하고 건강하고 안전한 발달을 촉진할 수 있도록 다양한 프로그램을 제공하는 핵심적 역할을 하는 실천 전략이 중요하므로 살펴보면 다음과 같다.

첫째, 가정 중심의 예방적 개입이다. 유아의 발달 문제는 조기에 발견하고 개입할수록 효과가 크기 때문에, 부모 교육, 가정 방문 서비스, 양육 코칭 등의 프로그램이 운영되어야 한다.

둘째, 보육 및 교육기관과의 연계이다. 유아가 머무는 보육시설, 유치원 등에서의 관찰을 통해 발달 지연이나 이상 행동을 조기에 발견하고 필요한 서비스를 연결하는 것이 중요하다. 이를 위해 사회복지사는 보육교사, 상담사, 치료사 등과 협력하여 팀 기반의 통합서비스를 제공해야 한다.

셋째, 취약계층 및 위기 유아를 위한 통합적 지원이다. 저소득층, 다문화가정, 한부모 가정 등 취약한 환경에 있는 유아는 학대, 성장과 학습의 기회를 놓칠 위험이 크기 때문에 발달검사 지원, 보육료 지원, 부모 역할 및 양육 코칭, 정서 안정 프로그램, 놀이프로그램, 문화적·심리적 맞춤 지원, 사례관리 등의 접근이 요구된다.

넷째, 놀이 중심의 사회성 발달 지원이다. 유아는 놀이를 통해 규칙을 배우고, 타인과의 협력을 익히며, 도덕성과 성역할 정체성도 형성하게 된다. 사회복지사는 놀이치료, 사회성 훈련, 또래 관계 향상 프로그램을 통해 유아의 사회성 증진에 도움이 된다.

유아기의 발달적 특징과 그에 따른 사회복지 전문가들의 실천적 역할이 강조되는 것은 유아기의 신체적, 정서적, 사회적, 인지적 발달이 급격히 이루어지는 중요한 시기이기 때문이다. 이 시기의 발달은 아동 이후의 건강한 성장과 발달에 지대한 영향을 미치므로 유아기 발달 특성을 이해하고 이를 지원하는 사회복지실천이 필요하다.

CHAPTER 10

아동기

1. 신체발달
2. 인지발달
3. 언어발달
4. 사회-정서발달
5. 아동기와 사회복지실천

10 CHAPTER 아동기

아동기는 초등학교에 다니는 6세에서 12세까지를 의미하며 학령기 또는 잠복기로 불리기도 한다. 아동은 학교생활을 통해 다른 사람들과 사회적 관계를 형성하게 되며, 또래 집단이 차지하는 비중도 커진다. 아동기는 인지능력에서도 상당한 발전을 보여 논리적 사고, 탈중심화, 가역적 사고가 가능해진다. 동시에 운동능력과 언어능력도 함께 증가하여 자신의 욕구를 표현하고 스스로 해결해 나갈 수 있게 된다.

1. 신체발달

학령기는 아동이 신체적 성장과 발달을 안정적으로 이루는 시기이다. 이 시기의 아동은 신체적 변화가 비교적 완만하지만, 운동능력, 신경계 발달, 체력 등에서 중요한 변화가 일어난다.

1) 신체성장

(1) 신장과 체중의 증가

아동기는 성장 속도가 둔화하는 경향을 보인다. 체중은 연평균 2.7kg 정도 증가하여, 만 11세 무렵에는 40kg에 이른다. 체중 증가는 주로 근육량의 증가로 인해 발생한다. 근육세포는 남아가 여아보다 많아 아동기 말부터는 남자가 더 힘이 강해진다. 신장은 성별과 관계없이 연평균 5.5cm 정도 성장한다. 일반적으로 남아의 평균 키가 여아보다 크지만, 10~11세 무렵에는 여아가 남아보다 더 키가 큰 경향이 있다. 사춘기에 접어들면서 남아는 근육량이 증가하여 근육질 체형으로 변하며, 힘과 속도가 발달한다. 반면, 여아는 체지방이 증가하여 신체 곡선미가 매끄럽게 된다. 아동기의 성장 속도와 신체의 크기는 개인차가 크며, 이는 유전적 요인과 환경적 요인의 영향으로 볼 수 있다.

(2) 신체 비율의 변화

아동기의 뇌성장은 매우 느린 편으로 7세 경에는 뇌 무게가 성인 수준에 달한다. 그러나 뇌의 좌반구와 우반구가 각기 다른 기능을 맡아 하는 뇌의 편측성과 뉴런의 수초화 현상은 여전히 지속된다. 신체 비율도 변화가 나타난다. 팔다리의 성장이 몸통의 성장보다 빨라서 아동기 전형적인 신체 특징을 보인다. 볼살이 빠지면서 얼굴이 길어지고 중이(中耳)에서 인후로 통하는 유스타키오관이 좀 더 길어지고 좁아지면서 박테리아가 쉽게 침입하지 못하기 때문에 귀에 염증이 생기는 것도 줄어든다.

2) 운동기능의 발달

학령기 운동기능의 발달은 아동의 신체적 성장뿐만 아니라 정신적, 사회적 발달에도 중요한 영향을 미친다. 이 시기에 아동은 신체적 능력을 확장하고, 복잡한 운동기능을 습득한다. 운동기능의 발달은 아동의 신체적 건강을 지원할 뿐만 아니라 자아존중감, 사회적 관계 형성, 인지발달에도 큰 영향을 미친다.

(1) 대근육 운동

아동기에는 다양한 대근육 운동기능이 발달하여 달리기, 줄넘기, 자전거 타기, 수영, 스케이트, 야구, 농구, 피구, 테니스, 술래잡기 등의 수행도 가능해진다. 공을 더 멀리 정확하게 던지고 받을 수 있게 되며, 달리는 속도가 빨라지고 깡충 뛰거나 옆으로 걷기와 같은 동작도 능숙해진다. 점프 능력도 향상되며 공을 차는 거리와 속도, 정확도도 증가한다. 아동기는 기본 운동 기술을 습득함으로써 다양한 스포츠활동에도 참여하게 된다. 이 과정에서 성취감을 경험함으로써 운동능력에 대한 자아존중감이 형성된다. 또한 함께 활동하면서 우정 관계를 형성하며, 게임 규칙을 준수하고 협동하는 법을 배우게 된다.

(2) 소근육 운동

아동기에는 소근육 운동기능도 크게 향상된다. 이는 중추신경계의 수초화가 증가하여 신경 전류의 전달 속도를 증가시켜 정보가 근육에 빨리 전달되게 도와줌으로써 근육을 더 잘 통제하게 만들기 때문이다. 특히 손과 손가락을 사용하는 소근육 운동기능이 발달하여 7세 경에는 글씨 쓰기에서 크레용이나 색연필보다 연필을 더 선호하며 글씨를 쓰는 속도도 빨라진다. 10~12세경에는 손놀림이 성인의 수준에 가까워져 악기 연주나 정교한 조작, 다양한 취미 활동을 하게 되고 독립심도 증가한다.

3) 치아 건강

아동기에는 젖니가 빠지고 영구치로 교체되는 시기이다. 젖니가 한두 개 빠지기 시작하여 영구치로 대체되고 어금니가 나오기 시작한다. 6세 경에는 첫 번째 어금니가 나고 두 번째 어금니는 13세경에 자라난다. 아동기 치아를 잘 관리하지 않으면 충치나 잇몸 질환이 생긴다. 이는 좋지 못한 식습관이나 부적절한 치아 관리 때문이다. 설탕에 서식하는 박테리아는 치아 표면의 법랑질을 부식시켜 치아의 상아질을 파괴하여 충치가 생긴다. 충치를 방치하면 치수(치아 내 신경 및 혈관조직)에 염증이 생기고, 이를 뽑아야 하는 결과를 초래한다. 따라서 아동의 영구치 관리 능력을 키우고 사탕과 같은 군것질을 삼가도록 지도해야 한다.

4) 건강과 안전

아동기는 대근육이 발달하면서 다양한 체육활동에 참여하게 되므로 건강과 안전 수칙 준수, 조직화된 체육활동이 중요하다. 지나치게 강도 높은 체육활동은 아동의 신체 성장에 악영향을 주나 조직화된 체육활동은 낮은 빈도의 부상과 관련된다. 아동기에는 근육이 성장하는 신체에 적응하느라 근육을 당기는 듯한 느낌의 성장통을 약 10~20%의 아동이 경험한다. 성장통의 원인은 뼈를 덮고 있는 골막이 늘어나 주위의 신경을 자극하기 때문이거나 뼈의 성장 속도에 비해 근육의 성장 속도가 느리기 때문이다. 가벼운 성장통은 가벼운 마사지를 통하여 이겨낼 수 있도록 격려하고 너무 심한 고통을 호소하면 전문가의 처치를 받는 것이 좋다.

한편, 아동기는 생활반경이 넓어지면서 사람들과 접촉하는 기회가 많아져 감기를 비롯한 전염병에 노출될 위험성이 높아진다. 학령기 아동에게 잘 발생하는 질병은 편도선, 수두, 유행성 장염 등 다양하나 쉽게 회복되며 예방접종을

하면 된다. 아동기 건강과 관련된 주요 쟁점 중 한 가지는 비만으로 이후 청소년기와 성인기까지 영향을 준다. 비만은 상대적으로 고칼로리 음식을 많이 섭취와 운동량이 부족한 경우에 발생한다. 아동기 고혈압, 높은 콜레스테롤 수치, 비정상적인 호흡 등의 증후로 성인기 심장병이나 당뇨, 소화장애 등을 예측할 수 있다(신명희 외. 2024).

2. 인지발달

아동기는 피아제의 인지발달 단계 중 구체적 조작기(concrete operational stage)에 해당한다. 이 시기의 아동은 구체적이고 직접적인 경험을 바탕으로 논리적 사고를 할 수 있으나 여전히 추상적이고 가설적인 개념 이해는 제한적이다.

1) 보존개념

보존개념은 물체의 형태나 크기가 변해도 그 상태에서 더하거나 빼지 않으면, 그 물체의 특정한 양은 그대로 보존된다는 것을 판단하는 능력이다. 보존개념은 수와 길이, 양에 대한 보존개념을 가장 먼저 획득하게 되며, 8~9세에 무게에 대한 보존개념, 11~12세 경에 부피 보존개념을 획득하게 된다. 이러한 보존개념의 발달에는 가역성, 보상성, 동일성이라는 세 가지 개념 획득의 전제가 된다.

〈표 10-1〉 아동기 보존개념

가역성(reversibility)	어떠한 상태 변화가 그 변화의 과정을 역으로 밟아 가면 다시 원상으로 복귀될 수 있다는 가설이다.
보상성(compensation)	높이의 감소가 폭이라는 차원으로 보상된다는 가설이다.
동일성(identity)	어떤 방법으로든 더하거나 빼지 않았으므로 양이 동일하다는 가설이다.

2) 유목화(분류화)

아동기에는 사물을 공통 속성에 따라 분류할 수 있는 능력이 발달한다. 일정한 속성에 따라 물건을 분류하는 것이 어려웠던 전조작기와는 다르게 물체를 한 가지 속성에 따라 분류하는 단순 유목화(simple classification)뿐만 아니라 두 가지 이상의 속성에 따라 분류하는 다중 유목화(multiple classification)도 가능해진다.

3) 서열화

아동기에는 사물을 특정 속성에 따라 사물을 순서대로 배열하는 능력이 발달한다. 아동은 한 가지 속성에 따라 대상을 비교하여 순서를 정하는 단순 서열화(simple seriation)뿐만 아니라, 두 가지 이상의 속성을 고려하는 다중 서열화(multiple seriation)도 수행할 수 있다. 이러한 서열화 능력은 아동이 수들 간의 관계를 이해하여 산수를 배우는 데 도움이 된다.

4) 조망수용

아동기에는 유아기의 자기중심성에서 벗어나 타인의 입장과 감정, 인지 등을 추론하여 이해할 수 있는 조망수용(perspective taking) 능력을 습득하게 된다. 조망수용능력은 타인의 사고 과정이나 행동의 원인을 추론하고 이해하는 인지적 조망 능력과 감정조망 수용 능력으로 구분된다. 사회조망 능력은 아동의 학년이 높아질수록, 남아보다 여아들에서 더 높은 경향이 있다. 아동기 감정조망 수용 능력은 상황이 복잡할수록 더 낮아진다(이종화, 1993). 특히 한가지 감정만이 관련된 단순한 상황보다 두 가지 감정이 복합적으로 관련되는 상황에서 감정조망 수용 능력은 더 늦게 발달한다. 감정조망 수용능력은 감정의 특성에 따라 차이가 있는데, 슬픔과 기쁨의 감정이 관련된 상황에서 가장 높고 분노가 관련된 상황에서는 가장 낮다.

5) 기억과 주의

아동기에는 기억력과 주의력이 유아기보다 크게 향상된다. 특히 세부 사항을 기억하는 능력이 발달하며, 주의 집중 능력도 현저히 증가한다. 이는 중추신경계의 성숙과 다양한 기억 전략을 사용할 수 있게 되었기 때문이다. 아동이 사용하는 기억 전략으로는 시연, 조직화, 정교화, 인출 전략 등이 있다. 아동은 주어진 정보를 여러 번 반복해서 소리 내어 읽거나, 관련 정보를 묶어 범주화하거나 기억해야 할 두 개 이상의 항목에 의미를 부여하기 위해 이야기를 만들 수 있고 시각적 심상을 만들어 기억하는 전략을 사용하여 기억을 체계적으로 관리하려고 노력한다. 기억력과 주의력 발달은 아동의 학습 능력 향상과 관련이 있으며 다양한 주제에 대해 더 깊이 이해할 수 있는 기반이 된다.

3. 언어발달

아동기는 어휘력과 문법 능력이 크게 발달하여 초등학교를 졸업할 무렵에는 약 40,000단어 정도를 습득하게 된다. 유아기보다 어휘력이 증가하여 단어를 더 정확하게 사용하게 되고, 단어에 대한 사고도 달라진다. 초등학교 고학년 아동들은 단어의 동의어나 범주적 관계를 설명할 수 있고, 각 단어가 가진 여러 가지 의미를 이해하고 말하는 등 단어의 이중적 의미를 파악함으로써 미묘한 은유적 표현이나 유머도 점점 이해하게 된다.

아동기에는 의사소통 기술도 크게 발달한다. 3~5세 정도의 유아들은 의미가 모호한 부분을 잘 인식하지 못하지만, 아동기에는 상대방이나 자신의 메시지가 분명하지 않을 때 어느 부분이 모호한지를 인식하고 그 부분을 분명하게 만드는 참조적 의사소통 기술을 발달시키게 된다. 이는 자기중심성의 완화, 역할 수용 기술의 획득, 청자에 맞게 말을 조절해야 한다는 사회언어학적 이해 능력이 발달하기 때문으로 설명된다.

아동기는 읽기 능력 및 쓰기 능력이 발달한다. 글 읽는 능력을 배우고 단어를 소리로 바꾸는 능력은 초등학교 시기에 능숙해진다. 초등학교 4학년 이후에는 글을 통해 정보를 획득하는 능력이 급속히 발달하기 시작해 읽기를 통한 학습이 이루어진다. 쓰기 능력은 읽기 능력이 어느 정도 발달한 후에 나타난다. 아동기에는 아동의 IQ가 평균 이상임에도 글자 해독을 어려워하고 책 읽기를 회피하며 읽기 속도가 느린 경우, 쓰기에서 맞춤법, 문장 구성에서 현저하게 어려움을 보인다면 전문적인 도움이 필요하다.

4. 사회-정서발달

아동기는 아동이 자기 자신과 타인에 대한 이해를 심화시키고, 사회적 환경 속에서 자신을 적응시켜 가는 중요한 시기로 더 나은 사회적, 정서적 기능을 발휘할 수 있는 기반을 마련하는 과정이기 때문에 중요한 발달적 의미를 지닌다.

1) 정서발달

아동기에는 정서발달이 지속적으로 이루어진다. 이 시기의 아동은 자긍심이나 죄책감 같은 정서를 성인의 피드백 없이도 자연스럽게 표출할 수 있다. 해야 할 일을 하지 않았거나 거짓말을 한 경우 죄책감을 느끼는 것은 아동의 성숙한 도덕성이 반영되었기 때문이다. 아동기는 정서를 언제 어떻게 표출해야 하는지에 대한 이해가 증가한다. 그래서 선물을 받았을 때 선물이 마음에 들지 않더라도 실망감을 드러내지 않는 것이 바람직하다는 것을 이해한다. 이처럼 아동기는 정서 이해 능력이 점차 발달하고, 자신의 정서를 통제하는 능력도 함께 발달하여 만족을 지연시키거나 좌절 상황에서 긴장을 감소시키는 책략을 스스로 사용할 수 있게 된다.

2) 자기 이해의 발달

자기에 대한 이해는 자기 인식(self-recognition)에서 출발한다. 아동의 자기 인식은 자아개념과 자아존중감을 초래한다. 자기 인식에 영향을 미치는 사회적 경험은 양육자와의 안정 애착으로 나타났다.

(1) 자아개념(self-concept)

자아개념(self-concept)은 신체적 특징, 개인적 기술, 특성, 가치관, 역할 등을 포함한 '나'는 누구이며, 무엇인가를 깨닫는 것을 의미한다. 자아개념은 자기 자신에 대한 인식(self-recognition)을 구체화하고, 자신의 강점과 약점을 인식하기 시작하면서 발달한다. 자아개념은 (a) 자신의 능력, 신분, 역할에 대한 전반적인 인식인 전체적 자아개념, (b) 순간적인 기분에 의해 영향을 받는 일시적 자아개념, (c) 다른 사람이 자신을 어떻게 보느냐에 따라 자신을 평가하는 사회적 자아개념, (d) 자신이 되길 바라는 이상적 자아개념으로 분류된다(정옥분, 2023; Strang, 1957). 연령이 증가할수록 자기에 대한 이해도 증가하고 자기를 묘사하는 데에 더 다양한 범주를 사용한다. 연령이 어릴수록 행동이나 행위와 같은 구체적인 용어로 묘사하고, 연령이 증가할수록 자기의지, 이념이나 신념체계와 같은 추상적인 용어로 묘사된다. 자아개념 발달에서 아동의 성공 또는 실패 경험에 대한 부모나 교사, 주변 사람들의 긍정적 평가는 아동의 긍정적 자아개념 형성에 기인한다.

(2) 자아존중감(self-esteem)

자아존중감은 자신의 존재에 대한 긍정적 또는 부정적 견해로 자아개념이 자아에 대한 인지적 측면이라면 자아존중감은 감정적 측면이라 할 수 있다. 즉 자신의 존재에 대해 인지적으로 형성된 것이 자아개념이고, 자기 존재에 대한 느낌이 자아존중감이다. 자아존중감은 다른 사람에게 자신이 중요한 존재로 여겨지는 상호작용에서, 작은 성취나 칭찬 또는 성공을 통해서 형성된다. 학령기 아동은 학업, 신체, 사회성의 세 측면에서 자아존중감을 형성하게 되며, 부모의 양육태도, 출생 순위, 사회경제적 지위, 아동이 지각한 사회적지지 수준이 포함된다.

(3) 자기효능감(self-efficacy)

자기효능감이란 자신이 스스로 상황을 극복할 수 있고, 자신에게 주어진 과제를 성공적으로 수행할 수 있다는 신념이나 기대를 의미한다. 아동기는 자신의 사회적 세계를 넓혀 나가는 과정에서 또래를 자기효능감의 모델로 그리고 사회적 비교 대상으로 자기효능감을 발달시킨다. 높은 자기효능감은 긍정적 자아개념을 촉진하고 지속적으로 과제 지향적 노력을 하게 하여 높은 성취 수준에 도달하게 하지만, 낮은 자기효능감은 부정적인 자아개념을 갖게 하여 자신감이 결여되고 성취지향적 행동을 위축시키므로 극단적인 경우 아무것도 할 수 없다는 학습된 무기력감(learned helplessness)을 가지게 할 수 있다고 한다. 학습된 무기력감은 아동이 노력해도 성공할 수 없다고 느끼게 만들며 자신의 잠재력을 거의 발휘하지 못하고 쉽게 학업을 포기하게 될 수 있다.

(4) 자기통제(self-control)

자기통제는 목표를 달성하기 위해 순간의 충동적인 욕구나 행동을 억제할 수 있는 능력이다. 자기통제 능력은 유혹에 저항하는 능력, 만족지연 능력, 충동 억제 능력으로 구성되어 있다. 자기통제의 발달은 ① 아동의 행동이 부모에 의해 통제될 때, ② 연령이 증가하면서 아동이 자기통제의 가치를 강조하는 규준을 수용하고 그 규준에 따르게 해주는 자기규제(self-regulatory)의 기술을 습득함에 따라 자기통제는 점차 내면화되어 스스로 통제할 수 있게 된다고 본다. 자기통제 능력은 안정적인 특성이 있어 어린 시절의 자기통제가 성인기까지 지속적으로 영향을 미친다. 그러나 자기통제가 부적응에 미치는 영향은 연령이 증가할수록 누적되는 특성도 있다(이귀애, 2023).

3) 또래관계

아동기는 또래와의 관계가 사회성 발달에 결정적인 영향을 미치는 시기이다. 또래 관계는 비슷한 연령, 발달 수준, 지위를 가진 아동들 간의 상호작용을 말한다. 또래 집단은 사회화의 원동력으로 성인과는 다른 방식으로 아동의 사회화를 촉진한다. 아동기는 유아기와 달리 또래를 일시적인 놀이 대상이 아닌 지속적인 관계로 생각하는 특징이 있다. 친구 생각, 친구 선택 이유, 친구관계를 유지하기 위한 능력도 변화한다. 아동기 초기에는 우정은 서로 주고받는 것, 친구가 갖지 못한 것을 나눠 갖는 것으로 여기나 아동기 중반부터는 지속적이고 헌신적인 관계를 유지해 나가고자 한다. 그래서 약속을 지키지 않는 것, 비난, 도움을 주지 않는 것은 신뢰를 잃는 행동으로 여겨진다. 그러므로 선택한 또래 집단에 대한 아동의 소속감이 매우 강하게 나타나 배타성을 지닌 집단 문화를 형성하게 된다. 또래 집단에 대한 인정욕구도 높아 집단의 규준에의 동조욕구도 강해지기 때문에 또래 집단의 행동 기준은 아동에게 사회적 압력으로 작용할 수 있다.

5. 아동기와 사회복지실천

아동기는 학업, 정서, 사회성, 생활 등의 영역에서 전반적인 문제를 해결하고 성장할 수 있도록 다양한 지역사회 자원과 연계하여 통합적 서비스가 제공되어야 한다. 특히 교육복지와의 연계를 통해 교육적 형평성과 기회의 균등을 실현의 원칙을 실천한다는 데 의의가 있다.

첫째, 평가 및 진단적 개입이 필요하다. 아동기는 유아기의 발달적 문제가 이어질 수 있으며 학습장애, 정서 및 행동문제로 인해 적응문제가 발생하므로 평가 및 진단을 통해 개별적 맞춤형 지원을 제공해야 한다. 따라서 학교, 보건소, 지역사회 복지기관 간 연계를 통해 평가, 진단, 치료 및 교육지원 체계를 구축해야 한다.

둘째, 교육복지와의 연계이다. 교육 기회에서 소외되기 쉬운 취약계층이나 학습 부진, 난독증, 학습장애 등의 어려움을 겪고 있는 아동의 대상을 학교와 지역사회의 자원을 통합적으로 연계하여 학습코칭, 보충학습, 방과후 학교 연계, 심리상담 등의 맞춤형 서비스를 제공해야 한다.

셋째, 취약 아동 보호와 권리 보장이다. 저소득층, 다문화가정, 장애 아동, 학대 피해 아동 등 보호가 필요한 아동에게는 사례관리, 위기 개입, 정서 지원,

법적 보호 조치 등이 통합적으로 제공되어야 한다.

이처럼 아동기 발달을 이해하고 이에 맞는 사회복지 실천을 적용하는 목적은 아동의 전인적 성장을 지원하고, 아동이 건강하게 사회의 일원으로 성장할 수 있도록 하기 위함이다. 따라서 사회복지 전문가는 아동의 발달 단계에 맞추어 신체적, 정서적, 사회적, 인지적 요구를 충족시키기 위한 다양한 프로그램과 서비스를 제공함으로써 아동의 권리와 복지증진을 위한 역할을 해야 한다.

CHAPTER 11

청소년기

1. 신체발달
2. 인지발달
3. 사회인지의 발달
4. 자아 정체감의 발달
5. 정서발달
6. 사회성 발달과 사회적 역할의 발달
7. 청소년기와 사회복지실천

11 CHAPTER

청소년기

청소년기는 13세~18세로 초등학교 고학년부터 고등학생 시기까지를 말한다. 또한 아동기에서 성인기로 넘어가는 전환기로 신체적 성숙과 함께 심리적, 사회적 자아를 형성해 나가는 과도기적 발달 시기이다. 청소년기는 파아제의 인지 이론에 따르면 형식적 조작기에 해당한다. 청소년기의 인지적 특징으로는 추상적 사고 능력의 발달, 상상적 청중이나 개인 우화 등의 자아중심적 사고의 증가 등이 있다. 에릭슨의 심리사회적 발달이론에 따르면 청소년기의 중심 과업은 자아정체감 형성이다, 청소년은 자신이 누구인지에 대해 깊이 고민하고 답을 찾아가는 심리적 여행을 시작한다. 이 과정에서 자신의 내적경험을 통합하여 정체성을 확립한다.

1. 신체발달

1) 신체적 성숙

청소년기는 이차성징이 발현되면서 신체적 성숙과 성장이 급등하는 시기이다. 청소년기에도 키와 체중이 증가하며 호르몬 변화로 인해 신체적·성적 성장이 급격하게 일어난다. 청소년기의 신체적 성장은 영양상태, 사회환경, 유전인자, 생활양식 등에 따라 현저한 개인차가 존재한다.

남자 청소년의 경우 어깨가 넓어지고 근육이 발달하여 남성다운 외모를 갖게 된다. 여자는 골반이 넓어지고 피하지방이 축적되어 여성다운 체형이 형성된다. 신체 변화는 뼈의 크기나 수 또는 조직 등 골격의 발달이 급격하게 이루어지기 때문에 나타난다. 청소년기는 자신의 외모에 매우 관심이 많은데, 거울 속에 비친 자신의 신체가 불균형하게 성장함을 느끼게 되어 신체 불만족으로 이어질 수 있다.

〈표 11-1〉 한국 청소년의 신체발육 표준

연령(만)	남자		여자	
	신장(cm)	체중(kg)	신장(cm)	체중(kg)
13세	158.6	50.9	155.9	47.7
14세	165.0	56.0	158.3	50.5
15세	169.2	60.1	159.5	52.6
16세	171.4	63.1	160.0	53.7
17세	172.6	65.0	160.2	54.1
18세	173.6	66.7	160.6	54.0

출처: 질병관리본부·대한소아과학회(2017). 소아청소년 표준 성장도표.

2) 운동 발달

청소년기 운동능력 발달은 성별에 따른 차이 그리고 개인차가 큰 특징이 있다. 남자는 17세까지 운동능력이 꾸준히 발달하는 반면, 여자는 13세에 최고조에 이르렀다가 이후 둔화하거나 기존 능력을 유지한다(정옥분, 2015). 남자는 여자보다 속도, 기민성, 균형, 던지기, 뛰기 등의 전신운동 기술이 더 많이 발달한다. 이러한 남녀 차이는 남성이 여성보다 운동능력 발달에 필요한 활동을 더 많이 하므로 여성보다 근육조직의 증가, 근육의 힘이 강해져 운동능력이 우세해지기 때문이다. 운동 기술의 발달은 신체상의 우월감과 위신 그리고 또래집단에서 부러움의 대상이 되는 등 개인적인 만족과 사회적응에 원동력이 된다. 운동능력이 발달한 청소년은 성격이 활발하고 자신감이 넘치는 모습을 보이나 운동능력이 부진한 청소년은 좌절감, 열등감 등의 부정적 정서로 인해 적응의 어려움을 보일 수 있다.

3) 성적 성숙

청소년기의 발달적 특징 중 성적 성숙은 사춘기를 거치며 생식기능이 발달하고 신체 외형에 변화가 나타나는 과정이다. 사춘기(puberty)는 아동기에서 성인기로 이행되는 전환점에서 생리적, 신체적 변화가 일어나는 시기로 이차성징이 나타나는 시기이다. 일차성징(primary sex characteristics)은 성이나 생식을 위해 필요한 기관으로 여자의 난소, 자궁 및 질을 의미하고, 남성은 고환, 음경, 음낭 및 전립선을 의미한다. 이차성징은 여성의 경우 난소에서 에스트로겐(estrogen)이 분비되고, 남성은 부신과 고환에서 테스토스테론(testosterone)이 분비됨에 따라 나타난다.

여자 청소년에게 나타나는 성적 성숙의 징후로서 유방의 발달, 골반 확대, 초경이 시작된다. 초경(menarche)으로 대개 12~13세에 시작되며, 초경 후 12~18개월이 지난 후 배란이 시작되어 임신이 가능해진다. 남성은 넓은 어깨를 비롯하여 체모, 목소리의 변화, 몽정(nocturnal emission) 등의 변화가 나타난다. 대개 남자는 13세경에 몽정을 시작하는데, 사정에 대한 몽정 불안과 자신의 성적 성숙에 대한 기대감 등 양가감정을 경험한다. 여자들은 초경 경험으로 성숙해지고 더욱 아름다워진다는 긍정적 느낌도 경험하나 동시에 성인이 되는 것에 대한 부담감, 불편함, 생리통 등으로 인한 행동 제한 등의 부정적인 경험을 하기도 한다.

2. 인지발달

청소년기는 피아제의 인지발달 단계 중 형식적 조작기에 해당한다. 형식적 조작기는 추상적 사고, 지능 및 학습능력, 지각능력, 언어능력, 기억능력, 문제해결력의 발달이 특징이다.

1) 형식적 조작사고

형식적 조작기(formal operations)는 피아제가 제시한 네 가지 인지발달 단계 중 마지막 단계로 청소년기에 해당한다. 이 시기의 주요 특징은 논리적, 추상적, 가설적 사고 능력의 발달이다. 청소년은 실제적이고 구체적인 경험에 기반하여 생각하지 않고 가설적인 상황이나 추상적인 개념에 대해 논리적으로 결과를 예측할 수 있는 가설 연역적 사고(hypothetical-deductive reasoning)을 할 수 있다.

청소년은 조합적 사고(combination thinking)능력의 발달로 당면한 문제를 해결할 방법을 모색하고 가능한 해결책을 논리적·체계적으로 검증해 나갈 수 있는 다차원적 사고를 한다. 즉 문제상황에서 여러 변수의 조합을 체계적으로 분석하므로 가장 효과적인 해결책을 찾을 수 있게 되며, 여러 가지 원인을 고려하므로 복합적 접근이 가능해진다. 또한 자기의 생각을 비판적으로 고찰할 수 있고, 다른 사람의 영향력을 인지하며 자기평가와 타인 평가를 통합할 수도 있게 된다.

2) 청소년의 자기중심성

청소년기의 자기중심성(egocentrism)은 인지능력의 발달로 인해 일시적으로 자신에게 과도한 관심이 집중되고, 타인의 관점을 이해하기 어려운 심리적 상태를 말한다. 대표적으로 '상상의 청중(imaginary audience)'과 '개인 우화(personal fable)'라는 개념으로 설명된다. 상상의 청중은 청소년들이 자신이 늘 다른 사람들에 의해 관찰되고 있으며 관심과 주목을 받고 있다고 생각하여 높은 자의식과 불안을 경험한다. 개인 우화는 자신의 경험이나 감정이 특별하다고 여기는 사고방식이다. 즉 자신의 우정, 사랑 등은 다른 사람이 경험하지 못하는 것으로 인식하여 특별한 의미를 부여한다. 또한 다른 사람이 경험하는 위기가 자신에게는 일어나지 않을 것이고 일어나더라도 피해가 없을 것으로 확신하는 것이다.

3. 사회인지의 발달

사회인지(social cognition)는 사회적 상황에서 타인의 감정, 행동, 사고 등을 어떻게 인지하고 해석하며 반응하는지에 대한 인지 과정으로 사람 간의 상호작용에서 나타나는 사회적 관계를 이해하는 능력이다. 사회 인지가 발달한 청소년은 타인의 감정과 의도를 이해하고 공감하며 관계를 맺을 수 있다. 갈등상황에서도 상대의 얼굴 표정이나 뉘앙스 등으로 상대의 감정을 추론하고 이해할 수 있게 되므로 자신의 정서를 조절하여 갈등을 해결에 도움이 된다. 이처럼 사회인지는 인간관계의 토대로 사회적 기술과 대인관계기술의 발달을 가져온다. 청소년기의 미성숙한 판단은 미성숙한 조망능력 때문으로 청소년이 자신의 의사결정에 대해 충고를 듣게 되면 반감을 나타낸다. 하지만 조망수용

능력이 발달한 후에는 자아중심적 사고와 행동에서도 벗어날 수 있게 된다.

4. 자아 정체감의 발달

청소년기의 자아 정체감 발달은 아동기와 성인기 사이에서 '나는 누구인가?'라는 질문에 대한 해답을 찾는 중요한 과업이다. 이를 통해 자신만의 가치관, 역할, 삶의 방향을 형성하게 된다. 에릭슨(Erikson, 1968)에 따르면 자아 정체감 형성이 성공적으로 이루어지면 성인이 되어서도 일관된 자아개념을 유지하면서 안정적으로 사회적 역할을 수행할 수 있다. 반면 실패하면 정체성 혼란을 겪게 되므로 성인기에도 심리적 불안정과 사회적 부적응을 초래할 수 있다.

마르샤(Marcia, 1966)는 에릭슨의 이론을 발전시켜 청소년들이 경험하는 자아 정체감 형성 과정을 위기와 관여 두 축으로 분석하여 다음의 네 가지 유형으로 구분하였다. 위기(crisis)는 단순한 심리적 고통이 아니라 진로, 가치, 신념 등에 대한 적극적인 탐색 과정을 의미한다. 관여(commitment)는 청소년이 탐색 후 자신이 선택한 신념, 진로, 가치에 대해 헌신하고 책임지는 태도를 의미한다. 정체성 형성은 자신이 속한 환경이나 사회와의 관계로 인해 경험하는 위기와 혼란을 어떻게 극복하느냐에 따라 달라질 수 있는데, 사회적지지 특히 부모나 또래, 교사와 같은 중요한 타인의 지지가 중요하다.

마르샤의 분류에 따른 정체성 유형은 다음과 같다.

- 정체감 성취(identity achievement): 가장 성숙한 자아 정체감 상태로 위기를 경험하고 난 뒤 삶의 진로에 대한 가치관이 확고하게 결정된 상태이다.
- 정체감 유예(moratorium): 위기 상태를 겪고 있고 끊임없이 자신의 정체감을 찾기 위해 탐색 활동을 벌이는 상태를 말한다.

- 정체감 혼미(identity diffusion): 개인적 가치체계가 형성되어 있지 않은 상태로 아무런 노력을 하지 않는 상태를 말한다.
- 정체감 유실(identify foreclosure): 특별한 심리적 위기를 경험해 보지 않은 채 부모나 사회의 가치관을 쉽게 받아들이면서 잘못된 정체감을 확립하고 있는 상태로 부모의 정치 성향, 종교관을 그대로 받아들인 경우이다.

5. 정서발달

청소년기는 신체적인 변화와 함께 정서적으로도 큰 변화가 일어나는 시기이다. 정서적 변화는 호르몬 변화로 인해 나타난다. 주요 특징으로는 감정 기복이 심해지며, 기쁨, 슬픔, 분노, 불안 등의 감정도 강하게 나타날 수 있고, 낙관과 비관, 자랑과 수치심, 사랑과 증오 등 극단적인 정서변화도 보인다. 이는 청소년이 자신을 표현하고 사회적 규범에 대해 실험하며, 새로운 관계를 형성하는 과정에서 자연스럽게 발생하는 감정적 경험이다. 다음으로 전두엽(문제해결, 계획, 자기조절 등을 담당하는 뇌의 영역)이 성숙하는 과정에 있어 감정조절 능력이 미숙하고, 충동적이거나 과격한 감정을 경험할 수 있다.

청소년기의 통제되지 않는 분노는 우울, 불안, 자해, 충동조절장애 등으로 이어질 수 있다. 공격적 행동은 또래 거부, 관계 단절, 왕따와 같은 사회적 배제를 초래할 수 있다. 더욱이 부모가 청소년의 분노를 무시하거나 과도한 것으로 반응하면 부모와의 갈등이 증폭되고 폭력 행동으로 이어질 수 있다.

청소년기 우울은 단순히 기분 저하를 넘어서 청소년기의 정신적, 정서적 기능에 영향을 주는 임상적 상태로 청소년의 삶에도 깊은 영향을 준다. 청소년기 우울증은 성인 우울증과 비슷한 증상을 보이기도 하지만, 과잉행동이나 과격한 감정적 반응으로 나타날 수 있는데, 정서적 고통, 학업 중단, 대인관계 문제, 심하면 자살이나 자해 등의 위험 행동으로 이어질 수 있다.

6. 사회성 발달과 사회적 역할의 발달

청소년기에 사회적 역할의 발달은 단순한 역할 수행이 아니라 자신이 속한 사회에서 수행할 수 있는 역할과 기능을 탐색하고 선택·수용해 나가는 과정이다. 이는 자아 정체감 형성뿐 아니라 자율성, 책임감, 사회적 유능감 등의 초석이 되는 중요한 발달 과업이다.

1) 부모-자녀 관계

청소년기의 부모-자녀 관계는 청소년이 사회적 역할을 탐색하고 내면화하는 과정인 사회적 역할 발달에 중대한 영향을 미치는 요인이다. 부모의 따뜻하고 지지적인 태도, 협력적이고 일치된 양육 태도는 청소년이 다양한 역할을 탐색하면서도 안정감과 지지를 경험하도록 하며 안전하다고 느끼게 해준다. 그러나 양육자의 거절, 갈등, 무관심은 역할 탐색 동기를 감소시킨다.

청소년기 부모와의 애착 관계는 청소년의 사회적 역할을 탐색하고 정체성을 형성하는 데 중요한 요인이다. 안정 애착을 형성한 청소년은 자율성을 추구하면서 정서적 안정감을 유지하며 역할을 탐색하고 헌신하는 것이 가능하다. 즉 부모와의 애착 관계는 안전기지가 되어 새로운 역할에 도전할 수 있도록 정서적 지지를 제공하는 역할을 한다.

2) 친구관계

청소년기 친구관계는 청소년의 사회적 역할 발달에 강력한 영향을 미치는 요인이다. 또래 집단은 청소년이 다양한 사회적 역할을 실험하고 정체성을 탐색하는 장이다. 친구들과의 활동, 가치 공유, 집단 규범 준수는 청소년의 역할 정체성 형성에 핵심적인 역할을 한다. 또래의 규범과 가치가 청소년 개인의 자아정체성에 통합되면서 진로, 성역할, 사회적 책임 등 구체적인 역할을 선택하는 기반이 된다. 청소년에게 또래 집단은 준거집단으로서 역할을 한다. 또래 집단에서 자신의 집단 내 지위와 역할을 예측하고 평가하고, 필요한 사회적 기술을 학습하고 상호성, 협동성의 가치를 배우며, 친구에게 기대할 수 있는 것과 기대하지 말아야 하는 것을 알게 된다.

청소년은 또래 관계에서 가족 구성원 간의 갈등, 여러 가지 학교 문제로부터 받는 스트레스를 이해받음으로써 정서적 위안을 얻게 된다. 즉 이 시기의 준거집단은 청소년의 스트레스와 긴장해소, 긍정적 자아상 형성에 도움이 된다. 이처럼 또래의 모델링, 역할인정은 사회적 역할 수행의 동기를 부여하고 효능감을 높이고 사회적 책임감을 강화하는 역할을 한다.

3) 성역할 정체감의 발달

성역할 정체감은 사회가 사회구성원들에게 남성과 여성으로서 적절하다고 인정하는 특성, 태도, 행동 등을 내면화한 체제를 의미한다. 사회는 청소년들에게 전통적인 남성과 여성의 성역할에 동조하도록 사회화 압력을 행하므로 성역할 사회화가 이루어진다. 그러나 인지능력과 사회적 경험을 통해 성역할에 대한 고정관념이나 기대는 동등하고 자율적인 성역할 태도로 변화한다. 성역할 정체감 발달은 직업 탐색, 대인 관계에서의 역할 이해 능력 향상을 도우므로 사회적 역할 수행 능력도 강화된다. 부모가 자녀에게 부여하는 기대, 과제, 가정에서의 역할은 청소년의 성역할 정체감 형성에 큰 영향을 미친다. 성역할 정체감은 친구나 또래, 대중매체를 통해서도 학습된다.

4) 도덕성 발달

청소년기는 콜버그의 도덕성 발달 단계 중 인습 수준에 해당하는 도덕적 추론을 하게 된다. 청소년은 동료나 사회의 기대를 기준으로 행동하며, 타인의 인정과 사회 질서를 지키는 것이 옳다고 인식한다. 이 단계에서 도덕적 기준이 규범이므로 책임 있는 행동, 정직, 규칙 준수 등의 사회적 역할 수행이 보다 수월해진다. 이후 도덕성 수준이 사회계약이나 보편적 윤리 수준으로 발달하는 경우 자신의 역할을 사회 정의와 책임감에 기반하여 선택하게 된다. 도덕 정체성(moral identify)이 확립된 청소년은 자신이 맡은 역할을 공정하고 책임감 있게 수행하려는 태도를 갖추게 된다.

7. 청소년기와 사회복지실천

청소년기는 일반적으로 13세에서 18세까지로 구분되며, 개인의 세계관, 가치관, 미래에 대한 비전의 구체화, 독립성과 자율성이 강화되는 특징을 가진다. 아동기의 가족 중심적 환경에서 벗어나, 또래와의 활발한 상호작용이 이루어지면서 사회성이 발달한다. 이러한 청소년기의 발달 과업이 성공적으로 수행되지 않으면 성인기 적응에도 영향을 미치므로 사회복지실천의 개입은 이 시기에도 매우 중요하다.

첫째, 청소년 사이버 문화의 문제에 대응하는 지속 가능하고 실효성 있는 통합 체계를 구축해야 한다. 온라인게임, 사이버 불링, 사이버 범죄와 사이버 음란물 등의 유해매체 노출되면 청소년은 정서적, 심리적 안녕과 안전을 위협받게 된다. 따라서 공공기관과 학교, 지역사회 등의 협력체제를 구축하여 빠른 익명 신고와 피해자 보호 및 치료기관 연계, 학교 예방 프로그램, 트라우마 인식 기반 상담 지원 등 통합적 접근을 제공해야 한다.

둘째, 청소년기 정신건강 문제에 대해 심리·정서적 지원을 한다. 청소년기의 정신건강 문제는 여러 가지 복합요인의 상호작용으로 발생하므로 예방과 개입전략은 다차원적 접근으로 이루어져야 한다. 실천 전략으로는 교육, 상담, 가족 지원, 사회적지지가 있다.

셋째, 진로 탐색 및 자아정체성 형성을 위한 청소년 맞춤형 프로그램이 지속적으로 개발되어야 한다. 진로에 대한 불안과 스트레스를 줄일 수 있도록 진로상담사는 배치, 진로 탐색 프로그램, 직업 체험, 진로 상담, 멘토링 프로그램 참여를 지원한다. 취약계층 청소년이나 학교 밖 청소년을 위해서는 멘토링, 장학 지원, 대안교육 지원 등을 통해 교육 기회를 제공할 수 있다;

넷째, 부모-자녀 관계 회복을 지원한다. 청소년기 부모-자녀 문제는 청소년의 정신건강, 자아 정체감, 사회적 적응력 등에 장기적으로 부정적 영향을 줄 수 있다. 사회복지실천에서는 가족 회복 중심 개입, 정서적 지지 강화, 부모-자녀 의사소통 기술 향상 프로그램 지원, 감정코칭 등이 효과적인 전략으로 평가받고 있다.

CHAPTER 12

성인기

1. 청년기(성인 초기)
2. 중년기(성인 중기)
3. 노년기
4. 성인기와 사회복지실천

12 CHAPTR

성인기

성인의 개념은 법적 성년, 신체적 성숙, 사회적 책임감으로 설명된다. 우선 법적 성년은 만 19세 이상을 성인으로 간주한다. 신체적으로는 생식능력을 갖추고 성장 발달을 완수한 상태를 의미한다. 사회적으로는 자신의 행동에 책임을 지고 사회 구성원으로 역할을 수행할 수 있는 사람을 의미한다. 성인기는 성인 초기(19세~39세), 성인 중기(40~64세), 성인 후기(노년기, 65세 이상)로 나눌 수 있다.

성인 초기인 청년기(Youth)는 신체적 · 지적 측면에서 가장 발달의 정점에 있으며, 사회적 측면에서는 사랑하고 보살피는 능력이 더욱 깊어지는 시기이다. 성인 중기는 중년기로 접어드는 시기로 직업적 성취와 경제적 안정이 중요하며, 신체적 변화와 가족 내 역할변화로 인해 새로운 삶의 균형을 찾는 과정이 강조된다. 성인 후기는 노년기로 은퇴와 사회적 역할 축소, 신체적 노화로 인한 건강관리가 중요해지는 시기로, 인생을 되돌아보고 의미를 찾으려는 노력이 이어진다.

1. 청년기(성인 초기)

청년기는 청소년기를 지나 성인기 초반까지의 시기를 말한다. 연령은 19세~39세 전후까지를 포함한다. 이 시기는 성인기 초기의 삶을 준비하는 전환기적 시기로 신체적으로는 거의 완전히 성숙한 상태에 이르며, 심리적, 사회적 독립을 향해 나아가는 발달 단계로 개인의 정체성, 진로, 가치관 등을 구체화하는 중요한 시기이다.

1) 신체발달

청년기는 신체적 발달이 최고조에 달하는 시기로 체력, 정력, 지구력 등도 정점에 이르는 시기이다. 청년기에는 감각발달에 변화가 일어난다. 청년기에 청각이 최고조에 이르며, 미각, 후각, 촉각에 대한 민감성도 최고조에 이른다. 특히 20대는 신체적 에너지가 왕성하여 질병이나 장애 등 만성질환이나 신체적 손상으로 일상생활에서 제약받는 비율은 매우 낮다. 이처럼 청년기는 면역력이 강해지고 전반적으로 건강 상태가 양호한 시기여서 생활 습관이 건강에 미치는 영향이 적어 보일 수 있으나 이 시기의 건강 습관이 중년 이후 건강에 큰 영향을 미치므로 규칙적인 식사 습관, 균형 있는 식단, 운동과 영양 섭취 외에도 음주, 흡연, 약물 남용 등의 스트레스를 관리하는 것이 바람직하다.

2) 인지발달

청년기의 인지발달은 청소년기의 형식적 조작 사고에서 더욱 발전된 형태로 추상적이고 논리적인 사고, 비판적인 사고, 자기 성찰, 미래 계획 능력 등이 현저히 향상된다. Piaget은 청소년기의 형식적 사고 능력을 더 유연하고 능동적으로 사용할 수 있다고 보았다. 즉 사회적 이슈나 조직 내 문제에 대해 여러 가지를 고려하여 다각적으로 분석하고 판단할 수 있게 된다. 또한 직업 결정에도 '급여'에 국한하지 않고 가치관, 성장 가능성, 일과 생활을 고려한다.

알린(Arlin, 1982)은 인지발달 과정에서 '성숙'을 중요한 개념으로 설명하였다. 성숙은 적응적 사고가 발달하는 과정으로 문제해결 능력과 추상적 사고 능력으로 나타난다. 리겔(Riegel, 1973)는 성인기 인지발달을 인지적 변형이라는 개념으로 설명했다. 변형적 사고는 새로운 문제해결 방식을 찾는 능력, 기존의 사고방식과 상충하는 사고를 수용하는 능력으로 단계적인 변화가 아니라 지속적이고 변형적인 과정이다. 페리(Perry, 1970)는 성인이 될수록 사람들의 사고가 단순하고 이분법적인 사고에서 상대적이고 복잡한 사고로 변한다고 보았다. 샤이에(Schaie, 1996)는 성인의 인지발달은 경험을 통해 심화되는 과정이며, 성인의 사고방식은 더 실용적이고 사회적 맥락에 맞춰 변화한다고 하였다. 이처럼 청년기의 인지발달은 삶의 여러 영역에서 성숙하고 주도적인 삶을 가능하게 한다.

3) 자율성 발달

청년기는 자신의 삶을 계획하고 선택하려는 자율성이 증가하며, 독립적인 사고 능력도 함께 발달한다. 그래서 부모나 사회의 기대보다는 자기 주도적 결정을 중시하게 된다. 부모로부터의 독립은 경제적, 사회적 책임을 질 수 있는 능력이다. 그러므로 직업을 선택하거나, 관계에서의 역할을 결정하거나, 생활방식에 대해 중요한 결정을 내려야 하는 상황에서 자율적으로 성숙한 판단을 내리고 이에 따라 행동할 수 있는 능력이 선행되어야 한다. 하지만 청년기의 자율성 발달은 종종 부모와의 갈등을 동반할 수 있다. 이는 자유를 향한 욕구와 부모의 보호적 욕구 사이에서 발생한다. 따라서 청년기 부모 역할은 자녀가 독립적인 성인으로 성장할 수 있도록 열린 의사소통, 인정과 지지, 조언과 정보제공을 해주는 조력자 역할이 필요하다.

4) 사회성 발달

청년기는 사회적으로 독립적인 역할 수행을 하는 시기로 직업, 결혼, 인간관계 등 사회적 관계망을 확장하고 심화시키는 시기이다. 이 시기의 사회성 발달은 개인이 사회구성원으로서 책임감 있게 기능하고 안정적인 인간관계를 형성하며, 자신만의 삶의 방식을 확립하는 데 중심적인 역할을 한다.

(1) 성역할 정체감 확립

청년기의 성역할 정체감 확립은 개인이 자신의 성에 대한 정체성을 명확히 인식하고, 사회적 기대 속에서 자신만의 성역할을 수용하거나 재구성해 나가는 과정을 의미한다. 청년기 성역할 정체감(gender role identity) 확립은 사회적으로 기대되는 남성과 여성의 역할을 이해하고, 어떤 성역할을 받아들이거나 거부할지 고민하고 선택하는 과정에 확립된다. 이 과정에서 청년은 내적 갈등과 사회적 압박을 받기도 한다. 하지만 이러한 갈등 해결을 통해 성역할을 확립해 나가는 과정에서 청년은 성인으로 성장해 나간다. 성(性)역할에 대한 인식과 수용은 자아정체성, 인간관계, 진로 선택 등 다양한 삶의 영역에 깊은 영향을 미친다.

(2) 사랑

청년기의 중요한 발달 과업 중 하나는 친밀한 관계 형성이다. 청소년기 이성에의 관심은 청년기에 이르러 인생의 동반자와의 친밀감 형성으로 변화해 간다. 이 시기의 사랑은 우정, 연애, 이성과의 친밀감, 나아가 결혼과 같은 성숙한 관계로 확장되며, 인간관계와 삶 전반에 깊은 영향을 미친다. 사랑을 통해 청년은 정서적으로 안정되고, 삶의 방향을 구체화하며 더 넓은 사회로 나아갈 준비를 하게 된다. 이 시기의 바람직한 사랑의 경험은 현재의 행복뿐 아니라 건강한 성인기와 중년기 그리고 이후 삶의 기반이 된다. 따라서 바람직한 사랑의 태도는 상대방을 소유하거나 지배하려는 태도가 아닌, 서로를 동등한 인격체로 존중하고 관계에 대해 책임지는 자세가 필요하다. 사랑을 통해 자신을 돌아보고 성장의 기회로 삼을 수 있어야 하며, 갈등 상황에서도 감정에 휘둘리지 않고 대화로 문제를 해결해 나가는 성숙한 태도를 갖추려고 노력해야 한다.

(3) 직업 선택

청년기는 진로 탐색과 직업 선택이 본격적으로 이루어지는 시기로 직업 선택은 청년기의 핵심 발달 과업 중 하나이다. 이 시기의 직업 선택은 단순히 경제적 자립을 넘어서 자아 정체감과 사회적 역할, 삶의 방향을 결정하는 데 핵심적인 역할을 한다. 직업에서의 만족과 성공은 개인의 자아존중감, 행복감, 생활 만족도에 영향을 미친다. 직업 선택은 능력, 적성, 관심, 흥미, 가치관, 학력, 성, 연령, 신체조건 등 개인적 요인과 부모의 직업, 가정의 사회경제적 지위, 부모의 가치관과 직업관, 교사의 영향, 직업 수요 등 환경적 요인의 영향을 받는다. 피아제와 인헬더도 청년이 직업을 갖게 될 때 비로소 성인이 된다고 보았다. 청년은 직업을 통해 자신을 발견하고, 미래를 개혁하며, 사회에 기여하는 방법을 배우게 된다. 이러한 과정은 청년들이 성인으로서 독립적이고 책임감 있는 삶을 살아가는 데 필요한 초석이 된다.

(4) 결혼 준비

청년기는 자아 정체감이 확립되고 사회적·정서적으로 성숙해지며 배우자를 선택하고 결혼을 준비하는 시기이다. 결혼 준비를 위해서는 단순한 사랑만으로 결혼하는 것이 아니라 상호 이해, 감정조절, 신뢰와 헌신의 태도를 길러야 한다. 또한 사회적 책임을 받아들일 수 있어야 하므로 심리적·사회적·경제적 준비가 되어 있어야 한다. 건강한 부부관계를 위해서는 상대방의 대화 방식, 의견 차이 조율 방법에 대한 학습도 필요하다. 가치관 차이는 결혼 후 갈등의 핵심 요인이 되므로 대화를 통한 사전 조율이 필요하며 자녀 계획, 종교, 가사 분담, 재정 관리 등 다양한 생활영역에서의 가치에 대해 사전에 합의하고 조율하는 것도 중요하다.

한편, 결혼은 두 개인만의 결합이 아니라 두 가족과의 연합이라는 인식이 중요하므로 양가 부모와의 관계, 가족 문화 이해 등 새로운 사회적 관계를 위한 준비도 요구된다. 이처럼 바람직한 결혼 준비를 위해서는 나의 삶의 가치와 결혼에 대한 기대를 명확히 하고, 연인과의 충분한 대화와 경험을 통해 상호 이해하고 존중해야 하며 새로운 가족관계 정립을 위해 충분한 의사소통이 필요하다. 왜냐하면 현실을 외면하고 사랑만 있으면 된다고 여기는 잘못된 생각은 자신의 역할에 대한 준비 부족으로 책임을 회피하고 갈등을 유발하기 때문이다. 따라서 결혼은 개인의 삶에 심리적 안정감, 삶의 만족도, 사회적 적응력을 더해주는 중요한 출발점 역할을 하므로 결혼 이후에 일어날 여러 가지 문제들에 대해 현실적으로 대처할 수 있는 자신감과 능력을 갖추는 것이 필요하다.

2. 중년기(성인 중기)

중년기는 약 40세부터 64세까지의 시기로 인생의 전반기를 마무리하고 후반기를 준비하는 전환기적 특징을 지닌다. 이 시기는 제2의 성장기 또는 삶의 전환기라고도 불리며, 자기 점검, 정체감 재형성, 역할 재조정이 중요한 발달 과업이다.

1) 신체적 특성

중년기는 신체적 노화가 본격적으로 시작되는 시기로 젊은 시절과 비교해 신체기능이 서서히 저하되며, 외형적 변화뿐 생리적 변화, 감각 등의 변화를 경험하게 된다. 중년기의 주요 신체적 특징은 기초대사량 감소로 인해 체중이 증가하여 복부비만, 근육량 감소가 나타난다. 콜라겐과 엘라스틴의 감소로 피부 탄력이 감소하여 주름, 처짐, 건조함이 두드러진다. 눈과 치아에도 노화현상이 나타난다. 조명에 대한 민감성이 증가하고 노안이 시작된다. 머리카락에도 노화현상이 나타난다. 남녀 모두 흰머리가 생기며, 남성의 경우 남성형 탈모가 진행되며, 여성도 머리카락이 가늘어지고 빠질 수 있으나 개인차가 있다.

중년기에는 호르몬 변화로 인해 여성은 폐경기에 진입하게 된다. 에스트로겐 호르몬 감소로 인해 안면 홍조, 불면증, 우울감 등을 경험할 수 있다. 남성의 경우도 테스토스테론 감소로 성욕저하, 근육량 감소, 우울감 등의 남성 갱년기 증상이 나타날 수 있다. 이러한 심리적 증상은 신체 변화, 지적인 상실감, 죽음에 대한 자각에서 기인한다.

중년기에는 생활습관병의 발생률이 높아진다. 주요 질환으로는 고혈압, 당뇨, 고지혈증, 심장질환, 골다공증의 위험이 증가한다. 여성의 경우 폐경으로 인해 골다공증 위험성이 높아진다. 중년기의 신체적 특징은 노화의 자연스러운 과정이나 이후 노년기 건강에도 영향을 미치므로 건강에 대한 자각과 관리가 중요하다. 건강한 중년을 유지하기 위해서는 스트레스 조절, 규칙적인 운동, 균형 잡힌 식사, 정기 건강검진 등이 권장된다.

2) 성기능의 변화

중년기는 신체적 노화와 호르몬 변화가 본격적으로 나타나는 시기이며, 이로 인해 성기능에도 다양한 변화가 생긴다. 이러한 변화는 남성과 여성 모두에게 나타나며, 성기능 저하뿐만 아니라 성에 대한 인식, 감정, 만족도에도 변화가 생길 수 있다. 중년 여성들은 에스트로겐의 감소로 질 건조증, 성교통, 성욕감퇴, 방광과 요도의 위축성 변화로 요실금이나 빈뇨, 잦은 방광염 등이 발생한다. 그러나 폐경으로 인한 심리적·생리적 변화는 개인차가 있다.

중년남성도 갱년기를 경험한다. 노화로 인해 고환 기능의 약화와 테스토스테론(testosterone)의 감소, 정자 생성 및 남성 호르몬 합성을 조절하는 내분비기관인 뇌하수체 및 시상하부의 기능이 저하로 나타난다. 남성 호르몬의 감소로 인해 성욕감퇴, 발기력 저하, 사정 시 극치감 감소, 성적 자극에 대한 민감도 저하가 나타난다. 중년기 성기능 변화는 남녀 모두 자연스럽게 겪는 생리적 현상이다. 이러한 변화를 이해하고 수용하며, 건강하게 관리할 수 있다면 성숙하고 친밀한 부부관계를 유지할 수 있으며, 전반적인 삶의 질 향상에도 기여하는 바가 크다.

3) 인지능력의 변화

중년기의 인지발달은 경험과 학습을 바탕으로 이루어지는 실용적이고 효율적인 사고 능력의 향상이 특징이다. 이 시기에는 다양한 정보를 통합하고, 여러 가지 요소를 고려하여 복잡한 결정을 내리는 능력이 강화되어 한 가지 상황에서 다양한 가능성을 동시에 고려해 보고 여러 관점을 통합할 수도 있게 된다. 그러나 중년기에는 유동적 지능은 서서히 감소한다. 유동적 지능이란 새로운 정보에 빠르게 적용하고 문제를 해결하는 능력이다. 반면 결정적 지능은 중년기에도 계속 발달하거나 유지된다. 결정적 지능은 경험과 학습을 통해 축적된 지식과 판단력으로 경험이 풍부해질수록 더욱 뚜렷한 지능 발달을 보이는 특징이 있다. 중년에는 시간 인식과 기억력도 재조직된다. 그래서 미래를 예견하기보다는 과거의 회상이나 기억에 점점 의존하게 된다. 이처럼 중년기의 인지능력 중 일부 능력은 감소하고, 일부는 더욱 깊어지는 시기로 지속적인 학습, 건강한 생활 습관, 정서적 안정 유지는 중년기 인지능력 유지와 향상에 도움이 된다.

4) 중년의 위기

중년의 위기(midlife crisis)란 중년기에 삶의 방향, 성취, 정체성 등에 대해 깊이 고민하면서 심리적·정서적 불안과 갈등을 경험하는 것을 말한다. 에릭슨은 중년기에 직면하는 심리 사회적 위기를 생산성 대 침체기라고 하였다. 생산성은 자녀를 양육하고 능동적으로 직업에 몰두할 수 있고 사회 발전에 관심을 두는 등 자신보다 타인, 현재보다는 미래지향적인 일을 하는 것을 의미한다. 이 시기에 위기를 성공적으로 극복한다면 타인을 배려하고 보호할 수 있는 능력이 형성된다. 반면 위기를 극복하지 못하면 사회 일원으로 역할을 다하지 못하고 자신의 욕구 충족만을 지향하므로 인간관계에서 절망과 인생의 무의미함을 느끼게 되는 침체 상황에 이르게 된다. 침체는 심리적 성장의 결핍, 자신의 에너지와 기술을 자기확대와 자기만족을 위해서만 사용하는 경우이다. 직장에서의 승진과 탈락, 노부모 돌봄, 부부 갈등과 이혼 등은 침체의 원인으로 작용한다.

중년의 위기는 사회경제적 수준, 문화적 배경에 따라 차이가 있다. 직업이 있는 경우보다는 직업이 없고, 사회경제적 지위가 낮은 경우 위기를 더 경험할 수도 있다. 여성의 경우 직업이 없고 가정주부의 역할만 수행하는 경우 중년의 위기를 더 경험할 수 있다. 특히 자녀가 성장해 독립하거나 결혼으로 인해 집을 떠난 후 남은 부모(주로 어머니)는 심리적 공허감, 외로움, 상실감, 우울감 등을 경험할 수 있다. 이를 빈 둥지 증후군(empty nest syndrome)이라 한다. 그러나 이러한 심리 반응은 자연스러운 증상이므로 이 시기를 새로운 자아를 발견하고 성장하는 기회로 삼는다면 중년 이후에도 만족스러운 삶을 살아갈 수 있다.

5) 심리사회발달

중년기는 인간발달에서 심리 사회적으로 중요한 전환기이다. 이 시기에는 자아 성찰과 재정립, 가족·사회적 역할의 변화, 삶의 의미 탐색 등 다양한 심리적, 사회적 과업이 발생한다.

(1) 부부관계 재정립

중년기는 자녀의 독립, 부모의 노화, 부부관계 재정립, 경제적 변화 등 가족 생활 환경에 변화가 생긴다. 중년기의 부부는 자녀 중심이던 생활이 끝나면서 부부가 다시 마주 보는 시기로 접어들게 된다. 이 시기에 부부간의 상호 노력을 통해 참다운 동반자로서 인생의 새로운 만족을 경험할 수 있어 결혼 만족도가 높아진다. 그러나 청소년 자녀를 둔 중년 부부는 부모와 청소년 자녀 모두 삶의 전환기를 동시에 경험하게 되면서 부모-자녀 갈등이 발생할 가능성이 높아 결혼 만족도가 낮아진다. 중년기 부부의 결혼 만족도는 남성이 여성보다 결혼 만족도가 높은 경향이 있다. 이는 중년남성의 경우 배우자를 더 중요하게 인식하는 경향이 높기 때문이다. 그러나 중년 여성들은 남편의 아내에 대한 의존도가 높아지는 것에 불만을 토로한다. 중년기 여성들은 친구나 성장한 자녀를 의논 상대로 여기는 경우가 많다. 따라서 부부간의 이해와 협력, 역할 재설정 등을 통해 부부간의 유대감을 이끌어가는 것이 중요하다.

(2) 노부모 부양

중년기에 접어든 부모는 자녀 양육에 따르는 부모로서 역할과 노년기에 접어든 자신들의 부모들에 대한 자녀로서 역할을 동시에 수행해야 하므로 샌드위치 세대, 낀 세대가 된다. 이 시기는 자녀 교육비, 결혼비, 주택자금, 노부모 의료비 등 지출이 많아지는 때이기도 하다. 노부모가 경제적으로 빈곤하고 거동이 불편한 경우는 더욱 경제적 심리적 부담이 커진다. 부양 문제로 형제자매, 부부 갈등이 발생하고 부부관계의 불화로 이어질 수 있어 경제적인 고통뿐만 아니라 심리적·정신적인 문제가 발생 될 수 있다. 그러므로 고령 부모 부양 문제는 가족의 보호를 기반으로 다양하고 체계적인 복지정책과 실천적 접근을 통해 해결해 나가야 할 사회적 과제로 다루어져야 한다.

(3) 직업적 성취와 직업전환

중년기는 직장생활에서의 전문성과 경험이 풍부한 시기로 자기가 선택한 직업에서 직업적 성공을 이루었거나 입사할 때의 기대에 미치지 못하더라도 대부분은 자신의 직업에 정착하게 된다. 중년기 직업적 성취를 위해서는 빠르게 변화하는 기술, 사회 흐름에 뒤처지지 않기 위한 노력이 필요하다. 자격증, 직무 교육, 평생 교육 등을 통해 직무 경쟁력을 유지하는 것도 필요하다. 지나친 권위주의나 기존 방식을 고집하기보다는 열린 마음으로 동료나 후배에게도 배우려는 자세는 중요하다. 직장 내에서 상사에게는 협조와 신뢰를 줄 수 있어야 하며, 후배에게는 멘토링과 지지자 역할 수행함으로써 업무와 일상의 균형 유지라는 노력을 통해 번 아웃을 예방해야 한다.

중년기의 직업전환은 100세 시대를 살아가는 현대인들에게 보편적인 현상으로 인식되고 있다. 이 시기의 직업전환은 직장 이동 이상의 의미가 있으며, 경제적 안정, 삶의 방향 재설정 등과 깊이 연관된 중요한 발달 과업 중 하나이다. 즉 이 시기의 직업전환은 개인의 삶의 질과 미래의 만족도에 큰 영향을 미친다. 따라서 중년 이후의 직업변화는 신기술, 신직무에 대한 학습이 선행되어야 한다. 무엇보다도 현실적 어려움은 있지만 의미 있는 방향성과 전략적인 준비를 갖춘다면 중년기의 직업전환은 성숙하고 만족스러운 삶으로 나아가는 디딤돌이 될 수 있다.

(4) 여가 생활

중년기 여가생활은 개인의 신체적 건강, 정신적 안정 그리고 사회적 관계 유지 등 다양한 측면에서 삶의 질을 높이는 데 영향을 미친다는 점에서 관심이 집중되고 있다. 중년기는 신체기능 저하, 가족생활 환경의 변화, 일, 건강 문제 등으로 인해 삶의 방향성과 정체성에 대한 고민이 많아지는 시기이다. 이러한 측면에서 여가생활은 삶의 변화에 긍정적으로 대응할 수 있는 중요한 수단이 된다. 우선 중년기 여가생활은 직업 활동, 가족, 노후 준비 등으로 인한 스트레스를 완화하므로 우울감이나 불안감이 감소하게 된다. 이는 정서적 안정감으로 이어지므로 긍정적 자아 인식을 도울 수 있다. 운동이나 야외활동 등의 신체적 여가 활동은 체력 유지와 건강증진에 도움을 준다. 의미 있는 여가 생활(여행, 취미, 봉사활동)은 삶에 대한 만족감을 높이고 삶의 목적의식을 제공해주므로 삶의 만족도 향상에 도움이 된다. 여가 활동을 통해 새로운 사람과의 만남이나 기존 인간관계를 유지 발전시킬 수 있으므로 사회적 고립을 방지하고 소속감이나 연대감을 형성할 수 있다. 이처럼 중년기의 여가 생활은 중년기의 삶의 질뿐만 아니라 이후의 삶을 보다 의미 있고 풍요롭게 만드는 근간이 되므로 의도적이고 지속적인 참여가 중요하다.

3. 노년기

노년기는 65세 이후의 시기로 신체적, 인지적, 정서적, 심리적, 사회적으로 다양한 변화가 나타난다. 이러한 변화는 개인의 삶의 질과 적응 방식에 큰 영향을 주기 때문에 노년기의 발달적 변화의 특징을 이해하는 것은 매우 중요하다.

1) 신체적 변화

노년기의 신체적 변화는 노화 과정에서 자연스럽게 발생하는 생리적·기능적 변화로 신체기능 저하, 감각기관의 퇴화 등이 발생하며 일상생활과 삶의 질에 큰 영향을 미친다.

(1) 신체 노화

노년기에 가장 눈에 띄는 변화는 근육량 감소와 근력의 약화로 인해 움직임이 둔해져 낙상 위험은 증가하고 일상생활 수행 저하를 초래한다. 이러한 변화는 자기관리 능력 저하, 사회적 활동 감소, 정신적 위축 등으로 이어져 기본적인 활동이 어려워지고 자립적인 생활 유지도 어렵게 되므로 보행기, 지팡이, 휠체어 등의 보조기구 사용이 필요할 수 있다.

노년기는 피부의 콜라겐과 엘라스틴이 줄어드는 등 노화로 인해 피부가 얇아지고 주름이 생기고 건조해져 상처 회복이 느려질 수 있다. 치아 색은 탁해지고 손상되거나 빠지며, 잇몸 수축도 발생한다. 또한 척추의 추간판 수축에 의한 것으로 척추 사이에 있는 콜라겐의 감소로 허리가 구부러지므로 신장도 줄어든다.

노년기는 신경계, 심혈관, 소화기관, 비뇨기 계통 등에 변화가 생긴다. 심장 및 심박출량 감소로 인해 운동 시 피로감을 더 빨리 느끼게 되며 혈관 경화로 인해 고혈압, 심혈관 질환의 위험도 증가한다. 폐활량이 감소하고 산소 공급 능력이 떨어져 숨이 차거나 호흡곤란을 느끼기 쉽다. 특히 감염에 대한 저항력 감소로 인해 폐렴 등 호흡기 질환에 취약해진다. 노년기는 위산 분비 감소로

소화력도 떨어지고 간 기능 저하로 인해 약물 부작용에도 더 민감해진다. 신장 기능 감소는 노폐물 제거 능력 저하로 인해 노폐물이 체내에 축적되어 피로감, 식욕 저하, 구토, 집중력 저하 등이 발생하고 탈수 또는 부종이 쉽게 생길 수 있다. 따라서 노년기의 신체적 변화는 피할 수 없는 자연스러운 과정이지만 균형 잡힌 식생활 유지, 규칙적인 신체활동, 정기적인 건강검진 등으로 예방 중심의 건강관리를 통해 변화를 속도를 늦추고 일상생활의 어려움을 최소화하는 것이 중요하다.

(2) 감각기능의 변화

노년기 감각기능 저하는 노화에 따른 신체 조직과 감각 수용체의 퇴화로 인해 발생하는 자연스러운 변화이지만 일상생활의 안전, 의사소통, 식생활, 사회적 관계 등 다양한 측면에서 문제가 나타난다. 우선 시력 저하로 인해 글씨나 계단, 도로 표지판 인식이 어려워져 교통사고나 낙상의 위험성도 높아진다. 수정체 혼탁으로 시야가 흐려지는 백내장, 시신경 손상으로 시야가 좁아지는 녹내장, 중심 시력 저하로 인해 사물을 뚜렷하게 보기 어려운 황반변성, 눈의 조절 능력 저하로 갑작스러운 빛의 변화에 적응이 어려워져 어두운 곳에서 시력이 급격히 떨어진다. 사람들의 말소리를 잘 듣지 못하여 의사소통이 어려워지고 소리의 방향 감지 능력도 저하될 수 있다.

또한 후각 및 미각 둔화로 음식물 섭취에서 불균형을 초래할 수 있다. 특히 짠맛과 단맛을 더 강하게 느끼고자 음식에 간을 세게 하게 된다. 냄새에 대한 민감도 저하는 음식이 상한 냄새, 가스 누출 등의 위험 신호를 감지하기 어렵게 한다. 통증이나 온도, 압력에 대한 감각도 둔화하는데 특히 손과 발끝의 감각이 둔해져 뜨거운 물이나 날카로운 물체에 의한 상해 가능성이 증가한다. 살펴본 바와 같이 노년기 감각 기능 저하는 일상생활의 불편뿐 아니라 안전과 건강에도 직접적으로 관련되는 문제이므로 예방관리가 필요하다.

2) 인지능력의 변화

노년기 인지능력의 변화는 서서히 나타나며 자연스러운 노화 과정의 일부로 악화 속도는 개인차가 크다. 하지만 인지능력의 변화는 개인의 일상생활, 자기관리, 사회적 관계 및 삶의 질에 큰 영향을 준다. 우선 기억력의 변화는 최근에 일어난 일이나 약속 등은 잘 기억하지 못하나 과거의 일은 상세히 기억하는 경향이 있다. 이름, 날짜, 물건의 위치를 잊어버리는 일도 잦아진다. 주의력과 집중력 감소로 인해 한 가지 일에 집중하는 시간이 짧아지고 여러 자극에 주의를 분산시키는 것이 어렵게 되므로 조리 중 실수가 잦고, 운전사고 위험도 증가한다.

노년기에는 언어능력, 계산능력, 공간 감각 능력이 저하된다. 단어가 잘 떠오르지 않거나 대화 중 말 막힘 현상으로 의사소통이 원활하지 않으며, 금융업무 착오로 인해 사기 피해 위험이 증가할 수 있다. 익숙한 장소에서도 길을 잃거나 방향을 헷갈리는 경우가 종종 발생한다. 한편, 인지 기능과 정신 기능의 감퇴는 치매로 발전될 수 있다. 일부 노인은 경도 인지장애로 발전될 수 있으나 심각한 경우에는 의심, 불안, 우울, 공격성, 무관심 등이 나타날 수 있으며 성격이 극단적으로 바뀌는 등으로 인해 자기관리가 불가능해져 일상생활 수행이 어려울 수 있다.

노년기 치매는 알츠하이머병, 혈관성 치매, 루이소체 치매, 전두측두엽 치매, 우울증, 약물 부작용, 뇌종양, 비타민 결핍(B12), 갑상선 기능 저하 등의 원인이 있다. 알츠하이머형 치매(dementia of the Alzheimer type)는 뇌 속 베타 아밀로이드 단백질 축적으로 인한 뇌세포 손상이 원인이다. 발병 후 8~10년에 서서히 진행되며 초기의 주 증상은 기억력 저하를 보이나 말기에는 전반적인 인지기능 상실, 대화 불가능, 자기관리 불능 상태로 진행된다. 혈관성 치매는 뇌졸중, 뇌경색 등으로 인해 뇌혈관이 손상되어 발생한다. 증상이 비교적 급격하게 시작되고 진행 경과도 단계적으로 악화되는 특징이 있으며 운동기능 저하, 언어장애 등이 동반될 수 있다. 루이체 치매는 루이소체라는 비정상 단백질이 뇌에 축적되어 발생한다. 환각, 떨림, 경직 등의 파킨스 증상과 함께 인지 저하가 동반되며 인지 기능이 일시적으로 좋아졌다가 나빠지는 특성이 있다. 전두측두엽 치매는 뇌의 전두엽과 측두엽 손상으로 생긴다. 초기에는 기억력보다는 성격 변화, 충동 조절 문제, 언어장애가 먼저 나타난다. 노년기 치매는 단순한 기억력 저하를 넘어, 삶의 질과 자립성에 심각한 영향을 주는 질환이다. 치매는 예방 또는 진행을 늦출 목적으로 조기 진단과 꾸준한 예방적 관리가 중요하다.

3) 심리적 변화

노년기는 신체적·인지적 변화와 더불어 심리적 변화가 두드러지게 나타나는 시기로, 이러한 변화는 개인의 정체성, 자존감, 정서 안정과 밀접하게 관련되며 삶의 질에 큰 영향을 미친다.

(1) 자아 통합과 죽음의 수용

노년기의 자아 통합은 에릭슨의 심리 사회적 발달이론에서 제시된 노년기의 핵심과제이다. 자아 통합은 개인이 자신의 삶을 전반적으로 돌아보고 스스로 인생의 의미를 숙고하며 의미와 수용, 평온한 정서 상태에 도달하는 과정을 의미한다. 자아 통합에 성공한 경우는 삶의 가치를 재구성하고 자녀 양육, 사회 기여, 인간관계 등에서의 흔적을 긍정적으로 바라보려고 노력한다. 죽음도 자연스러운 삶의 일부로 받아들이므로 삶과 죽음의 균형 속에서 평온함과 심리적 안정을 추구하게 된다.

반면 자아 통합에 이르지 못하면 자신의 삶에 대해 미련, 후회, 분노를 품거나 과거를 부정하고 삶을 무가치하게 느끼는 등 절망의 상태에 이르게 된다. 절망감을 느끼는 사람은 자신의 인생을 불완전하고 충족되지 못한 삶으로 간주하기 때문에 죽음을 수용하기 어려울 수 있다. 노인들은 죽음에 대해 많이 생각하나 죽음에 대한 불안이나 공포는 상대적으로 낮은 경향이 있다. 남성이 여성보다, 임종 불안보다 존재 정지, 상실의 불안을 높게 느끼나 여성 노인들은 죽음에 따르는 신체적, 심리적 고통에 대해 불안해한다. 이처럼 노년기의 자아통합은 삶을 정리하고 마무리하는 심리적 통합과정으로 이 과정이 긍정적으로 이루어질수록 정서적 안정, 자존감, 삶의 질이 향상된다. 반대로 실패하면 절망, 후회, 우울감에 빠질 수 있어 주변의 지지와 심리적 돌봄이 중요하다.

(2) 노년기 자살

노년기 자살은 초고령사회에 진입을 앞둔 현대 사회에서 매우 심각하고 안타까운 사회적 현안이다. 노인의 자살은 다른 연령대보다 성공률이 높고, 발견이 늦는 경우가 많아 치명적일 수 있다. 많은 나라에서 노년기 자살률은 청년층보다 높거나 비슷하다. 특히 남성 노인의 자살률이 여성보다 훨씬 높게 나타나는 경향이 있다. 이는 단순한 개인의 문제라기보다 심리적 고립, 질병, 사회적 단절, 경제적 어려움 등 복합적인 요인에서 비롯되며 충동적 자살보다 주위에 도움을 요청하지 않고 조용히 준비하는 등 치밀하고 계획적인 경우가 많아 발견이 어려운 상황이다. 노년기의 자살률은 사회, 환경적 변화에 정서적으로 대응하는 역량이 약해지고 의존성은 높아지는 노년기에 도움이 필요하다는 위기 신호의 방증이다.

노년기의 노인 우울증은 종종 신체질환 증상처럼 나타나 발견이 늦는 경우가 많다. 무기력감과 무의미감 그리고 자존감 저하, 절망감 등의 심리적 요인이 기인한다. 신체적 요인으로는 만성질환, 거동 불편이나 장애로 인해 독립적인 생활이 어려워지면서 의존감과 소외감이 증가하고 인지 기능 저하에 대한 두려움이 있다. 사회적 요인으로는 배우자나 친구의 사망, 자녀와의 거리감 등으로 사회적 관계가 단절되어 고립감, 외로움, 돌봄 부재 등이 포함된다. 자녀에게 경제적으로 부담된다고 인식하는 경우, 일자리 상실, 빈곤 등의 경제적 요인 또한 노년기 자살률을 높이는 원인으로 간주할 수 있다. 이처럼 노년기 자살률은 복합적인 문제의 결과로 우울증, 외로움, 질병, 경제적 불안 등이 주요 원인으로 작용한다. 따라서 이를 조기에 발견하고 심리적 지지, 의료적 개입, 사회적 연결망을 강화할 필요가 있다.

(3) 성격 변화

노년기의 성격 변화는 개인의 생물학적, 심리적, 사회적 변화와 깊은 관련성이 있으며 이는 노인의 자아 정체감, 대인관계, 삶의 질에 영향을 준다. 성격은 비교적 안정적인 특성이지만, 노년기에는 신체적 약화, 사회적 역할 상실, 정서적 경험 변화 등으로 인해 성격 변화가 나타날 수 있다. 우울증 경향의 증가, 내향성과 수동성의 증가, 경직성의 증가, 조심성의 증가, 의존성의 증가, 생에 대한 회상의 증가, 친근한 사물에 대한 애착 증가, 시간 전망의 변화, 유산을 남기려는 경향, 성역할 지각의 변화 등도 노년기 성격 변화에 영향을 준다.

노년기에는 새로운 것에 대한 시도보다는 기존 방식에 익숙함을 느끼고, 변화를 기피 하는 보수적 성향이 증가한다. 외부 활동의 감소로 인해 사회적 관계 축소, 대인 관계에서의 거리감 등은 사회적 위축이 내면의 자아로 몰두하게 되면서 내향성이 증가한다. 또한, 건강 저하, 경제력 약화로 인해 주변에의 의존성도 증가하며 심리적 의존 대상도 필요해진다. 살펴본 바와 같이 노년기 성격 변화는 다양한 내·외적 요인에 의해 발생한다. 이러한 변화가 부정적으로 나타나는 경우 우울, 고립, 자살 위험 등으로 이어져 삶의 질이 저하될 수 있다. 이를 예방하기 위해서는 가족의 이해와 지지, 사회적 참여, 정신적·신체적 건강 유지가 필수적이다.

4) 사회적 변화

노년기는 생애주기 중 사회적 관계와 역할에 큰 변화가 일어나는 시기이다. 이러한 변화는 은퇴, 가족관계 변화, 사회적 고립 증가 등과 관련이 있으며 노년기의 삶의 질에도 깊은 영향을 준다.

(1) 은퇴

노년기 은퇴는 노년기에 경험하는 은퇴 또는 노년기에 접어들며 직업활동을 마무리하는 과정을 뜻한다. 노년기에 대한 관점은 시대와 학문적 배경에 따라 다양하나 크게 전통적 관점과 현대적 관점으로 크게 나누어 설명할 수 있다. 전통적 관점은 결손(deficit)관점으로 노년기를 쇠퇴, 상실, 의존의 시기로 설명한다. 퇴직은 사회적 역할 상실이라 이해하며 신체적 기능 저하, 경제적 능력 상실, 사회적 지위 약화, 고립 등 부정적 측면에 초점을 두고 있다. 이런 이유로 전통적 관점에서 노년기는 자립할 수 있는 기능을 수행할 수 없게 됨으로써 생산자의 역할에서 의존자의 역할로 대체된다.

현대적 관점에서 노년기는 새로운 활동과 역할 창출의 시기로 설명한다. 즉 노년기를 여가, 봉사, 평생 교육, 손자녀 양육 등 적극적인 사회참여를 통해 새로운 역할을 창출할 수 있는 시기로 본다. 은퇴는 단절되는 것이 아니라 젊을 때의 생활 습관, 가치관, 관계망이 지속되므로 노년기의 삶은 은퇴를 통해 단절되는 것이 아니라 이전 생애주기의 연속선상에서 이해한다.

애츨리(Atchley, 1976)는 은퇴에 대해 단순히 '일을 그만 두는 사건이 아니라 심리 사회적 적응 단계'로 보았다. ① 원격단계, ② 근접 단계, ③ 밀월 단계, ④ 환멸 단계, ⑤ 적응단계, ⑥ 안정 단계, ⑦ 종결 단계 등의 7단계를 제시하였다. 원격기는 은퇴에 대해 막연히 언젠가 맞이해야 하는 것으로 여기는 시기이다. 은퇴기는 실제로 은퇴가 이루어지는 시기이며, 환멸기는 하고 싶어 하던 일을 실현하면 즐기던 허니문기가 지나고 현실과 마주하는 시기이다. 생활의 공허감, 소외감, 경제적 압박, 건강 문제 등을 경험할 수 있다. 재조정기 단계는 현실적 한계를 인식하고 취미, 사회적 관계 속에서 새로운 의미를 재발견하려 노력하는 단계이다. 안정기는 자신에게 맞는 생활 리듬을 찾고 비교적 평온하게 은퇴 생활을 이어가는 시기이다. 애츨리에 따르면 은퇴 시기와 이유는 개인차가 있고 모든 사람이 일률적으로 이 단계를 거치는 것은 아니다.

은퇴에 대한 전통적 관점과 현대적 관점은 모두 충분한 준비 없이는 은퇴 후 삶의 질이 낮아질 수 있다는 점을 강조한다. 특히 경제적 준비와 건강 그리고 심리·사회적 적응 준비의 중요성을 공통적으로 주장한다. 소득단절로 인한 경제적 문제해결을 위해서는 연금, 저축 등의 개정 기반을 마련해 두는 것이 필요하다. 경제적 안정 기반 마련은 여가, 재취업, 사회참여 등 적극적인 활동을 가능하게 하여 노년기 삶의 질에 영향을 미치기 때문이다. 그러므로 노년기의 은퇴를 더 이상 인생의 종착역이 아니라 새로운 사회적·개인적 의미를 창조할 수 있는 시기로 이해하는 것이 중요하다.

(2) 가족관계

노년기에는 가족관계에 여러 가지 변화가 나타나며 이는 노인의 정서적 안정, 자아 정체감, 삶의 만족도에 큰 영향을 준다. 가족은 노년기에 가장 가까운 사회적 지지망이자 정서적 기반이 되므로 가족관계의 질과 형태는 직접적으로 노인의 삶의 질에 영향을 준다. 노년기 가족관계는 부부관계, 성인 자녀와의 관계, 손자녀와의 관계로 구분할 수 있다.

노년기는 은퇴 후 부부가 함께 보내는 시간이 늘어나면서 관계가 더 가까워지거나 갈등이 증가할 수 있다. 자녀들이 독립하고 친구들도 세상을 떠나면서 배우자는 남은 인생을 함께하는 인생의 반려자이며 의지하고 의존할 수 있는 대상이 된다. 노년기의 부부생활은 중년기보다 만족도가 더 높고 안정적인 것으로 나타나고 있다. 이는 부부간에 서로 친밀감을 나누고 부부지간의 성역할에도 융통성이 생겨 상호 의지하며 서로 소속감이 생기기 때문이다. 그래서 노년기 배우자의 질병이나 사망 시 심리적 충격, 우울, 외로움도 더욱 증가한다. 이처럼 노년기에는 가족과의 관계가 긍정적이면 노인의 삶은 더욱 건강하고 만족스럽게 유지되지만, 갈등이나 단절은 우울, 고립, 자살 위험 증가로 이어질 수 있다. 따라서 부부 간 소통방식, 공동의 취미, 생활 계획을 마련해야 한다. 배우자 사별에 대비해 사회적 지지망(친구, 모임)을 확보하는 것도 노년기 삶에 도움이 된다.

노년기에는 자녀의 결혼, 독립 등으로 자녀와 물리적 · 심리적 거리가 증가한다. 자녀에 대한 부모로서의 주된 역할은 종료되고 일부 노인은 손자녀 양육으로 새로운 역할을 시작하기도 한다. 손자녀 돌봄은 조부모의 역할 존재감을 확인하고 상실감을 극복하도록 도우며 더욱 의욕적으로 삶을 대할 수 있도록 돕는다. 그러나 과중한 돌봄으로 인해 신체적, 정신적 스트레스가 유발될 수 있으며 자녀와의 갈등 또는 단절로 이어져 소외감이나 상실감을 경험하게 될 수 있다. 따라서 노년기 가족관계 문제 예방을 위해서는 부부관계 관리, 자녀와의 건강한 거리두기, 손자녀 돌봄의 균형, 사회적 관계망 확충, 심리 · 경제적 자립 등의 준비가 필요하며, 서로 존중하고 소통하는 방식으로 가족관계를 재구성해 나가는 것이 중요하다.

(3) 친구관계

노년기의 친구관계는 정서적 안정, 사회적 지원, 심리적 건강 등의 여러 면에서 중요한 역할을 한다. 노년기에는 자녀 독립, 배우자 사별, 가족 구성원과의 거리 등으로 인해 정서적 공백이 생길 수 있으므로 노년기 친구는 정서적 지지와 사회적 교류의 중요한 원천이 된다. 가족은 주어진 관계이지만 친구는 자발적으로 선택한 관계로 부담감이 적고 상호 대등한 관계를 유지할 수 있어 심리적 만족감이 더 커진다. 친구와의 교류는 사회적 고립(social isolation)을 예방하고 자신이 여전히 사회의 일원임을 느끼게 해준다. 즉 노년기 친구관계는 정서적 안정, 신체적 건강 증진, 인지 기능 유지, 삶의 의미와 즐거움을 강화하는 역할을 한다.

자세히 살펴보면, 우선 친구관계는 우울감 완화, 자존감 유지, 삶의 만족도 향상에 긍정적으로 작용한다. 특히 배우자를 잃은 노인에게 친구는 중요한 정서적 대체 자원이 된다. 다음으로 사회적 관계망을 유지하는 노인은 심혈관 질환, 치매, 우울증의 위험이 낮아진다는 연구 결과가 있다. 친구와의 만남은 활동성을 높이고 건강관리에도 도움을 준다. 친구와의 대화, 활동 참여는 인지적 자극을 제공해 치매 예방과 인지 기능 유지에 기여한다. 또한, 친구와의 교류는 단순히 여가 이상의 의미를 가진다. 이처럼 노년기 친구와의 만남은 즐거운 경험과 긍정적인 감정을 제공하여 삶에 대한 만족감을 높이고 긍정적 사고 유지에도 도움이 된다. 그러나 친구가 부족하면 사회적 고립, 정서적 문제가 심화될 수 있다. 따라서 친구관계를 유지하고 확대하는 준비가 노년기 삶의 질을 높이는 중요한 현안이다.

4. 성인기와 사회복지실천

청년기, 중년기, 노년기는 각각의 발달적 특징과 사회적 요구가 다르므로 사회복지실천의 필요성과 전략도 다르게 적용되어야 한다. 또한, 각 시기의 사회복지실천은 생애주기의 전반적인 건강과 삶의 질 향상에 중요한 역할을 하므로 맞춤형 지원이 필요하다. 이에 따라 성인기 발달 단계에 따른 사회복지 실천을 살펴보고자 한다.

1) 청년기(성인 초기) 사회복지실천

청년기는 개인의 정체성, 사회적 역할 확립 그리고 자기 자립을 위한 중요한 발달적 과제들이 있는 시기이다. 따라서 청년기의 사회복지실천은 발달 단계의 특징을 반영하여 건강한 사회구성원으로서 사회에 통합될 수 있도록 하는 데 있다. 이에 따라 다음과 같은 실천적 전략을 제시한다.

첫째, 청년기의 신체적 건강을 위한 사회복지실천이 중요하다. 청년기는 전반적으로 신체적 건강이 최고조에 이르는 시기지만, 동시에 음주, 흡연, 약물 남용, 불규칙한 생활 습관 등의 위험 행동이 증가하는 시기이기도 하다. 이에 따라 사회복지사는 건강한 생활 습관을 형성하고 유지할 수 있도록 건강교육과 예방 프로그램을 운영해야 하며, 정신건강과 관련한 스트레스 관리, 중독 예방 교육, 상담 서비스 등을 제공해야 한다.

둘째, 자율성과 독립성의 발달을 위한 사회복지적 지원이 필요하다. 부모로부터의 경제적·정서적 독립은 청년기의 중요한 과업이며, 이러한 자율성은 종종 혼란이나 갈등을 수반한다. 이에 따라 사회복지사는 청년이 자기 주도적으로 삶을 설계하고 실현할 수 있도록 자립 프로그램, 진로 상담, 자기 계발 교육 등을 제공해야 한다. 특히 보호시설 퇴소 청년이나 한부모 가정의 청년 등 취약계층 청년에게는 주거, 취업, 금융, 생활 기술, 기술 습득 등에 대한 체계적인 자립 지원이 필수적이다.

셋째, 직업 선택과 관련된 실천이 강조되어야 한다. 청년기에는 경제적 자립과 사회적 역할 정립을 위한 직업 선택이 중요한 과업으로 등장한다. 사회복지사는 청년의 적성, 흥미, 역량을 반영한 진로 탐색 프로그램을 제공하고, 직업 상담, 취업 연계, 창업 지원 등을 통해 청년의 직업 역량을 강화해야 한다. 특히 사회적 취약 청년을 위한 고용 훈련, 직무 멘토링, 구직 활동 지원 등은 경제적 자립의 기반을 마련해 준다.

넷째, 결혼 준비와 가족 형성에 대한 실천이 포함되어야 한다. 청년기의 결혼은 개인의 성장뿐 아니라 새로운 사회 단위로서의 가족 형성에 영향을 미친다. 사회복지사는 건강한 결혼관 형성을 돕고, 결혼과 관련된 현실적 문제 해결 능력을 기를 수 있도록 교육 및 상담을 제공해야 한다. 더불어, 결혼 이주민, 성소수자 등 다양한 형태의 관계를 인정하고 지원하는 포용적 접근이 필요하다.

이처럼 청년기 사회복지실천은 청년의 발달 특성을 고려한 다각적인 접근이 필요하므로 신체 건강, 정신 건강, 사회적 관계, 진로와 자립, 가족 형성 등의 영역을 포괄하는 통합적 지원 체계가 구축되어야 한다. 따라서 사회복지사는 청년이 안정적이고 주체적인 성인으로 성장할 수 있도록 지지하는 역할을 한다.

2) 중년기(성인 중기) 사회복지실천

중년기(성인기 중기)는 생애주기에서 경력, 가족관계, 건강 그리고 자아의 재조정 등 여러 측면에서 중요한 발달과제가 있다. 중년기의 사회복지실천은 이러한 발달적 특징을 반영하여 건강하게 성장하는 중년기가 될 수 있도록 돕는 방향으로 이루어져야 한다. 이에 따라 중년기 사회복지실천을 살펴보고자 한다.

첫째, 신체적 변화에 따른 건강관리 및 예방적 접근이 강조된다. 중년기 신체적 노화의 시작과 함께 체력 감소, 비만, 만성질환 등의 건강 문제의 위험이 증가한다. 따라서 사회복지사는 중년기의 신체적 변화에 맞는 건강 증진 프로그램과 예방적 관리를 위한 서비스를 실천해야 한다. 실천적 전략으로는 건강관리 교육, 규칙적인 운동 유도, 정기검진 장려, 만성질환 예방 프로그램 등을 제공해야 한다. 특히 중년기의 남성과 여성 모두를 대상을 갱년기로 인한 성 기능의 변화와 스트레스 관리, 우울증 예방을 위한 중년 위기 대응 프로그램을 마련하는 것이 필요한 실천 영역이다.

둘째, 심리 사회적 변화에 대한 이해와 지원이 필요하다. 중년기에는 '중년의 위기(midlife crisis)'라고 불리는 정서적 혼란과 자기 존재에 대한 의문, 자아 정체감의 재구성 등이 나타날 수 있다. 이러한 시기에 사회복지사는 개인상담, 심리치료, 자기 이해와 성장 프로그램 등을 통해 중년 개인이 삶의 의미를 재정립하고 심리적 안정을 찾을 수 있도록 돕는다. 특히 에릭슨의 '생산성 대 침체' 단계 이론에 기반하여, 타인을 위한 기여와 사회적 활동을 통해 자아실현을 경험하도록 유도하는 것이 중요하다.

셋째, 가족관계 변화에 따른 개입이 요구된다. 중년기에는 자녀가 청소년기를 지나 독립을 준비하거나 이미 독립함으로써 부모의 역할이 줄어들고, 노부모 부양 책임이 증가하는 '샌드위치 세대'로서의 부담을 겪기도 한다. 이에 사회복지사는 부모-자녀 관계 증진 프로그램, 노인 부양 관련 상담 및 자원 연계, 다세대 가족 간의 갈등 완화 프로그램 등을 제공해야 한다. 또한 중년기의 결혼 만족도 저하에 대비한 부부관계 개선 프로그램, 커플 상담, 의사소통 훈련 등도 중년기의 가족기능 강화를 위한 실천 방안이다.

넷째, 직업 영역에서의 지원도 중요한 실천 과제이다. 중년기는 직업적으로 안정기에 있지만, 동시에 직무 만족의 저하, 직업전환, 조기 퇴직 등 다양한 변화가 발생할 수 있다. 따라서 사회복지사는 직업 상담, 직무 스트레스 관리, 중년기 직업전환 프로그램, 평생 교육 및 재취업 지원을 통해 중년의 경제적 안정과 자기효능감을 높여야 한다. 특히 100세 시대를 맞아 중년기 직업전환은 자연스러운 현상으로 인식되어야 하며, 이에 따른 교육과 훈련 기회를 제공하는 것은 사회복지의 중요한 역할이다.

다섯째, 여가 활동을 통한 삶의 만족도 증진도 중요한 실천 방향이다. 중년기는 자아실현과 사회적 관계 형성의 재구조화가 요구되는 시기로, 의미 있는 여가활동은 심리적 안정과 삶의 활력을 제공한다. 사회복지사는 중년기를 위한 문화 활동, 자원봉사, 여가 활동 프로그램을 기획하고, 중년의 사회참여 기회를 확대할 수 있도록 지원해야 한다. 이는 노년기로의 원활한 이행과 사회적 고립 예방에도 효과적이다.

마지막으로, 정책적 접근과 지역사회 기반의 지원 체계 구축이 필요하다. 초고령사회로의 진입과 가족구조의 변화에 따라, 중년층을 위한 돌봄 지원, 건강관리, 평생교육, 노후 준비 프로그램 등이 지역사회 중심으로 운영되어야 하며, 사회복지사는 중년기의 욕구를 파악하고 이를 반영한 복지정책과 서비스 개발에 주도적인 역할을 해야 한다.

이처럼 중년기는 신체 건강 증진, 경력관리, 정신 건강 지원, 관계 회복 등 다양한 분야에서 실천적 전략이 중요하다. 이러한 실천적 접근은 중년기의 정서적, 신체적, 사회적 안녕을 유지하고 건강하게 삶을 살아갈 수 있도록 지원하는 전문적인 중재자로서의 사회복지사의 역할이 강조된다.

3) 노년기와 사회복지실천

노년기는 신체적 노화, 사회적 역할의 축소, 인생 회고를 통한 의미 찾기 등의 과제가 중심이 되는 시기이다. 일반적으로 65세 이상을 의미하며 은퇴 이후 새로운 삶의 방식과 정체성을 수립해야 하는 시기이다. 노년기의 변화는 신체적, 인지적, 심리적, 사회적 측면에서 뚜렷하게 나타나므로 이를 반영한 사회복지의 실천적 개입이 중요하다.

첫째, 신체적 건강의 변화는 노년기의 주요한 과제 중 하나이다. 골다공증, 관절염, 심혈관계 질환, 시력·청력 등의 기능 저하는 일상생활의 자립성과 삶의 질을 위협한다. 이에 사회복지실천은 노인 대상 건강 증진 프로그램, 의료서비스 접근성 강화, 영양 및 운동 교육 등을 통해 노인의 신체적 기능 저하를 유지하거나 늦추는 데 중점을 둔다. 또한, 치매나 만성질환과 같은 상황에 적합한 돌봄서비스와 요양 지원 체제의 구축도 필수적이다.

둘째, 인지적 변화에 대한 지원도 중요하다. 노년기에는 기억력과 사고 능력의 저하가 나타날 수 있으며, 치매와 같은 질환이 발생하기도 한다. 이를 조기 진단과 예방하고 관리하기 위해 사회복지사는 치매 예방 교육, 인지훈련, 기억력 향상 프로그램, 치매 환자 돌봄서비스, 가족 지원 프로그램 등을 제공해야 한다. 또한 이러한 복지서비스가 체계적·지속적·안정적으로 지원할 수 있도록 전문적 서비스망을 구축하는 것은 앞으로 지향해야 할 사회복지의 실천 과제이다.

셋째, 심리적 측면에서 자아 통합과 죽음 수용은 노년기의 중요한 발달 과업이다. 경제적 빈곤과 사회적 고립 등은 심리적 문제와 관련이 있으므로 이에 대한 통합적 접근이 필요하다. 따라서 사회복지실천에서는 노인 심리상담, 그룹치료, 정서적 지원프로그램, 정신건강 지원과 함께 경제적 안정을 위해 소득보조 프로그램, 주거비지원 프로그램을 제공한다. 특히 저소득 노인지원을 위해서는 생활비, 지원, 식비 보조, 의료비 지원 등의 공공지원제도, 교육과 상담프로그램, 고용 지원 등의 전략을 종합적으로 병행해야 한다.

넷째, 사회적 측면에서는 사회적 관계, 사회적 참여, 사회적 관계망의 재구성이 필요하다. 은퇴 이후 경제적 안정성, 역할 정체성, 사회적 관계 등의 문제 발생에 대해서는 다차원적인 접근이 필요하다. 우선 정서 지원을 위한 개인 상담과 그룹 치료, 은퇴 준비프로그램, 평생 교육, 노인 자원봉사 프로그램, 사회적 기업 참여를 촉진함으로써 노년기 삶의 질을 높이는 실천 과제를 지향해야 한다. 이와 더불어 커뮤니티 센터의 운영, 이웃 간의 교류 활성화, 지역사회 기반의 자조 집단 및 동아리 활동과 가족, 친구, 사회적 네트워크 강화를 통해 사회적 참여 기회를 확대하는 것이 필요하다.

이처럼 노년기의 사회복지실천이 갖는 함의는 매우 깊고 다층적이다. 이 시기의 실천은 단순히 노인들에게 필요한 서비스를 제공하는 데 그치지 않고 노인의 삶의 질을 전방위적으로 향상될 수 있도록 하기 위한 사회적, 정치적, 윤리적 책임을 포함한다.

참/고/문/헌

강영숙, 임용민, 김태화, 한미라 (2023). **인간행동과 사회환경**. 경기: 정민사.

강진령 (2022). **상담과 심리치료: 이론과 실제(2판)**. 서울: 학지사.

구미숙 (2023). 칼 융의 동시성 이론과 『주역』. **대동철학, 104**, 33-62.

권남희, 이혜경, 진은설 (2020). **청소년심리 및 상담**. 서울: 학지사.

권석만 (2012). **현대 심리치료와 상담 이론: 마음의 치유와 성장으로 가는 길**. 서울: 학지사.

권석만 (2023). **현대 이상심리학(3판)**. 서울: 학지사.

권중돈 (2021). **인간행동과 사회환경(2판)**. 서울: 학지사.

권중돈, 김동배 (2005). **인간행동과 사회환경**. 서울: 학지사.

김수정, 장수미, 오창순 (2023). **인간행동과 사회환경**. 서울: 학지사.

김영숙 (2018). **아동발달과 사회복지**. 서울: 학지사.

김영호, 양은심, 이순영, 주수길 (2005). **인간행동과 사회환경**. 경기: 양서원.

김익균 (2011). **아동복지론**. 경기: 교문사.

김정진 (2018). **정신역동과 상담**. 서울: 학지사.

김정택 (2014). **융의 분석심리학: 심층심리의 이해**. 서울: 학지사.

김지현, 전대성, 송노원, 권오균, 김정숙 (2008). **인간행동과 사회환경**. 서울: 창지사.

김형태, 이정화 (2019). **발달심리학: 인간발달의 이해**. 서울: 학지사.

김혜정 (2020). C.G.융의 아니마/아니무스와 여성성. **정신분석심리상담, 4**, 115-140.

노안영 (2018). **상담심리학의 이론과 실제(2판)**. 서울: 학지사.

민경환 (2004). **성격심리학**. 서울: 법문사.

박선희 (2018). 자아정체성 형성의 과정과 중요성. 한국청소년정책연구원 보고서.

박선희 (2022). 부모의 양육차원이 청소년의 내재화·외현화 문제행동에 미치는 영향: 다층메타분석. 충북대학교 대학원 박사학위논문.

박아청, 김청송 (2015). **아동발달의 이해**. 서울: 동문사.

박은숙 (1982). 어머니의 양육차원이 한국유아의 낯가림, 격리불안 및 대물애착 발달에 미치는 영향에 관한 연구. 이화여자대학교 대학원 석사학위논문.

박형재 (2015). 정신분석 이론의 과학적 검증 가능성에 대한 고찰. **한국심리치료학회지,**

18(1), 89-102.

서소정, 송지연 (2023). 걸음마기 영아에 대한 어머니 민감성과 영아의 의사소통발달 간의 관계에서 어머니 양육효능감과 영아 기질의 조절된 매개효과. **유아교육연구, 43**(1), 79-104.

손경애 (1992). **청소년 약물남용의 실태와 대책**. 서울: 현대사회연구소.

손병덕, 성문주, 백은령, 이은미, 최인화, 정정호, 송현아 (2022). **인간행동과 사회환경(3판)**. 서울: 학지사.

신명희, 서은희, 송수지, 김은경, 원영실 (2024). **발달심리학(3판)**. 서울: 학지사.

심의보, 김영희, 신성일, 정혜숙 (2016). **인간행동과 사회환경**. 경기: 파워북.

오윤선, 김미숙 (2019). **청소년 심리 및 상담**. 경기: 양서원.

오창 순(2015). **정신분석학 입문**. 서울: 학지사.

유성호, 모선희, 김형수, 윤경아 (2000). **노인복지론**. 서울: 아시아미디어리서치.

윤혜진 (2011). 성 중심적 인간관의 한계와 비판적 분석. **심리학 연구, 12**(2), 77-98.

이경희, 김소연 (2020). **성격심리학: 이론과 실제**. 서울: 시그마프레스.

이귀애 (2023). 자기통제가 유아와 아동의 적응과 부적응에 미치는 영향에 대한 메타분석. 충북대학교 대학원 박사학위논문.

이근홍 (2023). **인간행동과 사회환경(3판)**. 경기: 지식터.

이명홍 (1980). 가족치료의 이론개요와 미누친의 구조적가족치료. 한국사회사업학, 한국사회사업학회.

이명홍 (1981). 가족치료이론의 개요와 Minuchin의 구조적 가족치료. **한국사회복지학, 2**, 39-63.

이부영 (1998). **분석심리학: C. G. Jung의 인간심성론(개정증보판)**. 서울: 일조각.

이부영 (2005). **분석심리학(개정판)**. 서울: 일조각.

이부영 (2011). **분석심리학(제3판)**. 경기: 한길사.

이부영 (2022). **분석심리학의 기초**. 경기: 한길사.

이수연 (2019). 에릭슨의 심리사회적 발달 이론과 교육적 함의. **한국교육학회지, 45**(2), 215-230.

이영호 (2019). **정신분석과 사회복지**. 서울: 집문당.

이윤로 (2006). **인간행동과 사회환경**. 서울: 창지사.

이은희, 김남숙 (2024). **인간행동과 사회환경**. 경기: 공동체.

이인정, 최해경 (2000). **인간행동과 사회환경**. 경기: 나남.

이인정, 최해경 (2007). **인간행동과 사회환경(제2판)**. 경기: 나남.

이재창 (2002). **아들러 심리학의 이해**. 서울: 학지사.

이정희 (2019). 어머니의 자기분화, 어머니의 분리불안 및 과보호 양육행동이 유아의 분리불안에 미치는 영향. 이화여자대학교 대학원 석사학위논문.

이종화 (1993). 상황특성에 따른 아동의 감정조망수용능력발달에 관한 연구. 동아대학교 교육대학원 석사학위논문.

이지현, 한경혜 (2012). 예비노인의 친구관계망 특성이 행복감에 미치는 영향: 성별 차이를 중심으로. **보건사회연구, 32**(2), 170-205.

이현주 (2013). 프로이트 이론의 동양 문화적 한계. **동서 심리학 연구, 8**(3), 67-89.

임은희, 오선영, 오정옥, 이동춘, 이영희, 이화명, 최병태 (2019). **인간행동과 사회환경**. 경기: 양서원.

장수한, 김현주, 임혁 (2014). **심리학의 이해**. 서울: 박영사.

전윤식 (1995). 인지발달적 치료. 윤순임 외, **현대 상담·심리치료의 이론과 실제** (pp. 523-551). 서울: 중앙적성출판사.

정민경 (2008). 프로이트 이론에 나타난 성차별적 요소와 비판적 분석. **여성학 논집, 14**(1), 109-134.

정수경 (1996). 약물남용 청소년의 가족적 접근을 위한 초기 개입기법 고찰. **연세사회복지연구, 3**, 169-196.

정신실 (2016). 에릭슨의 자아정체성 개념의 재조명. 울산대학교 교육대학원 석사학위논문.

정옥분 (2000). **성인발달의 이해-성인·노인심리학**. 서울: 학지사.

정옥분 (2004). **발달심리학 : 전생애 인간발달**. 서울: 학지사.

정옥분 (2012). **청년발달의 이해**. 서울: 학지사.

정옥분 (2015). **전생애 인간발달의 이론(3판)**. 서울: 학지사.

정옥분 (2023). **아동발달의 이해**. 서울: 학지사.

정옥분, Rubin, Kenneth, 박성연, 윤종희, 도현심 (2003). 영아기 기질 및 부모의 양육행동에 따른 2~4세 아동의 행동억제에 관한 단기종단연구 -8개국 비교문화연구를 위한 기초 연구-. **가정과삶의질연구, 21**(3), 29-38.

정옥분, Rubin, Kenneth, 박성연, 윤종희, 도현심, 김경은 (2011). 영아기 정서와 기질,

유아기 어머니의 긍정적 양육 태도와 4세 유아의 또래상호작용의 질. **인간발달연구, 18**(1), 151-168.

정옥분, 정순화, 임정하 (2007). **정서발달과 정서지능.** 서울: 학지사.

조혜경, 임정희 (2021). **성격심리학.** 서울: 학지사.

조휘일, 이윤로 (1999). **사회복지실천론.** 서울: 학지사.

진숙 (2020). 칼 융의 무의식 개념과 정신에서의 자기인식의 의미. **동서철학연구,** (97), 283-310.

진숙 (2023). 칼 융의 원형 개념에서 자기실현의 철학적 의미. **철학논총, 113**(3), 287-316.

질병관리본부, 대한소아과학회 (2017). 2017 소아청소년 성장도표.

차경숙 (2016). 노인의 여가활동 만족이 성공적 노화에 미치는 영향: 자아존중감 매개변수를 중심으로. 대한신학대학원대학교 박사학위논문.

채수미 (2016). 노년기의 사회·심리적 불안과 정신건강. **보건복지포럼, 239,** 84-96.

최성 (2003). **아들러의 개인심리학과 상담.** 경기: 교육과학사.

최순남 (2002). **인간행동과 사회환경.** 서울: 법문사.

최영희, 김영희, 심희옥, 심미경 (2021). **아동상담의 이론과 실제.** 서울: 창지사.

최옥채(2017). **사회복지실천론(제4판).** 경기: 양서원.

최옥채, 박미은, 서미경, 전석균(2014). **인간행동과 사회환경(제4판).** 경기: 양서원.

최해경 (2013). 노인의 성공적 노화수준과 예측요인. **사회과학연구, 24**(1), 193-217.

최해경 (2020). **사회복지실천론.** 서울: 나눔의집.

통계청 (2021). 2020년 사망원인통계.

통계청 (2022a). 2021년 혼인 이혼 통계.

표갑수, 박영, 김현진, 김혜정, 유옥현, 박선희 (2020). **인간행동과 사회환경(3판).** 서울: 신정.

한국보건사회연구원 (1995). 한국인의 보건의식행태: 1995년도 국민건강 및 보건의식행태 조사.

한국사회사업연구회 (2002). **인간행동과 사회환경.** 서울: 나눔의집.

한국심리학회 (2015). **심리학 개론.** 서울: 학지사.

한국형사정책연구원 (1995). 노인의 범죄 및 범죄피해에 관한 연구.

한정란 (2001). **교육노년학.** 서울: 학지사.

홍성희 (2016). 노인의 삶의 질과 영향 요인에 관한 연구. **한국가족자원경영학회지, 20**(1), 89-108.

황순택 (2005). **정신분석 이론의 기초와 응용.** 서울: 학문사.

Adler, A. (1933). *The meaning of life.* New York: Viking Press.

Adler, A. (1958). *What life should mean to you.* New York: Capricorn Books.

Adler, A. (2009). **인간 이해.** 라영균 역. 서울: 일빛.

Adler, A. (2014). **삶의 과학: 개인 심리학으로 풀어내는 삶의 기술.** 정명진 역. 서울: 부글북스.

Adler, A. (2015). **열등감, 어떻게 할 것인가.** 신진철 역. 서울: 소울메이트.

Adler, A. (2016). **아들러의 인간이해: 세 가지 키워드로 읽는 아들러 심리학.** 홍혜경 역. 서울: 을유문화사.

Ahadi, S. A., & Rothbar, M. K. (1994). Temperament, development, and the big five. In C. F. Halverson, Jr., G. A. Kohnstamm, & R. P. Martin (Eds.), *The developing structure of temperament and personality from infancy to adulthood* (pp. 189-207). Hillsdale, NJ: Erlbaum.

Anglin, J. M., Miller, G. A., & Wakefield, P. C. (1993). Vocabulary development: A morphological analysis. *Monograpbs of the Society for Research in Child Development, 58*(10), 1-186.

Ansbacher, H. L., & Ansbacher, R. R. (1956). *The individual psychology of Alfred Adler.* New York: Basic Books.

Appignanesi, R., & Zarate, O. (1999). *Introducing Freud.* Icon Books.

Bales, R. F. (1950). *Interaction process analysis : A method for the study of small groups.* Mass: Addison-Wesley.

Bandura, A. (1973). *Aggression: A social learning analysis.* Englewood Cliffs, NJ: Prentice-Hall.

Bandura, A. (1982). Self-efficacy mechanism in human agency. *American Psychologist, 37*(2), 122-147.

Bandura, A. (1986). *Social foundations of thought and action.* Englewood Cliffs.

Bandura, A. (1997). *Self-efficacy: The exercise of control.* New York: Freeman.

Baumeister, R. F., Dale, K., & Sommer, K. L. (1998). Freudian defense mechanisms and empirical findings in modern social psychology: Reaction formation, projection, displacement, undoing, isolation, sublimation, and denial. *Journal of Personality, 66*(6), 1081–1124.

Bee, H., & Boyd, D. (2018). *The developing child* (13th ed.). Pearson Education.

Beitman, B. D., & Soth, A. M. (2006). Activation of self-observation: A core process among the psychotherapies. *Journal of Psychotherapy Integration, 16*(4), 383–397.

Belslky, J., Hsieh, K., & Crnic, K. (1996). Infant positive and negative emotionality: One dimension or two?. *Developmental Psychology, 32*(2), 289–298.

Bentley, K. J. (2002). Social work practice in mental health. Brooks/Cole. 28.

Berger, R. L., & Federico, R. C. (1985). *Human Behavior*(2nd ed.). Longman.

Berk, L. E. (2017). *Development Through the Lifespan* (7th ed.). Pearson Education.

Bjork, D. W. (1997). *B. F. Skinner: A life*. American Psychological Association.

Bouton, M. E. (2007). *Learning and behavior: A contemporary synthesis*. Sinauer Associates.

Bowlby, J. (1988). *A secure base: Parent-child attachment and healthy human development*. New York: Basic Books.

Bronfenbrenner, U. (1988). Interacting systems in human development. Research paradigms: Present and future. In N. Bolger, A. Caspi, G. Downey & M. Moorehouse (Eds.), *Persons in context: Developmental processes* (pp. 25–49). New York: Cambridge University Press.

Brown, L, N. (1991). *Groups for growth and change*. New York: Longman.

Brubaker, T. H. (1990). Families in later life: A burgeoning research area. *Journal of Marriage and family, 52*, 959–982.

Cain, D. J. (2002). Defining characteristics, history, and evolution of humanistic psychotherapies. In D. J. Cain & J. Seeman (Eds.), *Humanistic psychotherapies: Handbook of research and practice* (pp. 3–54). Washington, D. C.: American Psychological Association.

Cambray, J. (2009). *Synchronicity: Nature and psyche in an interconnected universe*. Texas A&M University Press.

Capuzzi, D., & Gross, D. R. (2013). *Introduction to the counseling profession*. New York: Routledge.

Carter, E. A., & McGoldrick, M. (1980). The family life cycle and family therapy: An overview. In E. Carter and M. McGoldrick(Eds.), *The Family Life Cycle: A Framework for Family Therapy*. New York: Gardner.

Casement, A. (2007). **분석심리학의 창시자 칼 융**. 박현순, 이창인 공역. 서울: 학지사.

Caspi, A., & Sliva, P. A. (1995). Temperamental qualities at age three predict personality traits in young adulthood: Longitudinal evidence from a birth cohort. *Child Development, 66*(2), 486-498.

Castells, M. (1977). *The urban question*. London: Edward Arnold.

Catherine, C., Nigel B., Joannah G., Voula G., Merrin L., & Marcus W. (2012). **심리의 책**. 이경희, 박유진, 이시은 공역. 서울: 지식갤러리.

Chodorow, N. (1978). Mothering, object-relations, and the female oedipal configuration. *Feminist Studies, 4*(1), 137-158.

Choi, S., & Gopnik, A. (1995). Early acquisition of verbs in Korean: A cross-linguistic study. *Journal of Child Language, 22*(3), 497-529.

Cigno, K. (1996). *Cognitive-behavioural therapy: Research, practice and philosophy*. Routledge.

Clark, D, A., & Beck, A, T. (1989). Cognitive theory and therapy of anxiety and depression. In P. C. Kendall & D, Watson (Eds.), *Anxiety and depression: Distinctive and overlapping features* (pp. 379-411). San Diego, CA: Academic Press.

Coleman, J. W., & Cressey, d. R. (1990). *Social Problems*. NY: Harper & Row.

Coles, R. (1970). *Erik H. Erikson: The growth of his work*. Souvenir Press.

Compton, B. R., & Galaway, B. (1989). *Social Work Process*. Belmont, CA: Wadsworth.

Compton, B. R., & Galaway, B. (1999). *Social work processes*. Brooks/Cole Publishing.

Corey, G. (2000). *Theory and practice of counseling and psychotherapy* (6th ed.). CA: Wadsworth Publishing.

Corsini, R. J., & Ozaki, B. D. (1994). *Encyclopedia of psychology* (Vol. 1). New York: John Wiley & Sons.

Craig, G. J., & Baucum, D. (1999). *Human development*. Pearson Educaci n.

Crain, W. (2015). *Theories of development: Concepts and applications*. Routledge.

Crain, W. C. (1983). **발달의 심리**. 서봉연 역. 서울: 중앙출판사.

Cramer, P. (2000). Defense mechanisms in psychology today: Further processes for adaptation. *American Psychologist, 55*(6), 637-646.

Davey, G. C. (2011). *Applied psychology*. John Wiley & Sons.

Davey, G., & Cullen, C. (1988). *Human operant conditioning and behavior modification*. Wiley-Blackwell.

Davison, G. C., & Neale, J. M. (1992). **이상심리학**. 이봉건 역. 서울: 성원사.

Domjan, M. (2006). *The principles of learning and behavior*. Wadsworth Publishing Company.

Dweck, C. S. (2006). *Mindset: The new psychology of success*. Random House.

Elkind, D. (1981). Understanding the young adolescent. In *The life cycle: Readings in human development* (pp. 167-176). Columbia University Press.

Ellenberger, H. F. (1970). *The discovery of the unconscious: The history and evolution of dynamic psychiatry* (pp. 280-281). New York: Basic books.

Erikson, E. H. (1959). *Identity and the life cycle*. International Universities Press.

Erikson, E. H. (1968). *Identity: Youth and crisis*. New York: W.W. Norton & Company.

Erikson, E. H. (1982). *The life cycle completed*. New York: W.W. Norton & Company.

Etzioni, A. (1964). *Modern organizations*. Englewood Cliffs, N. J.: Prentice Hall.

Evans, R. (1976). Some implications of an integrated model of social work for the ory and practice. *British Journal of Social Work, 6*(2).

Falck, H. (1988). *Social Work: The membership perspective.* New York: Springer.

Feist, G. J., Roberts, T. A., & Feist, J. (2021). *Theories of personality* (10th ed.). McGraw-Hill Education.

Fellin, P. (1995). *The community and the social worker.* Itasca, IL: Peacock.

Ferster, C. B., & Skinner, B. F. (1957). *Schedules of reinforcement.* Appleton Century Crofts.

Fischer, J., & Corcoran, K. J. (1994). *Measures for clinical practice: Couples, families, and children.* New York: The Free Press.

Flavell, J. H. (1963). *The developmental psychology of Jean Piaget.* Princeton, NJ: Van Nostrand.

Flavell, J. H. (1983). **인지발달**. 서봉연, 송명자 공역. 서울: 중앙적성출판사.

Freud, S. (1905). *Three essays on the theory of sexuality.* Verso Books.

Freud, S. (1909). Analysis of a phobia in a five-year-old boy. *The Standard Edition of the Complete Psychological Works of Sigmund Freud, Volume X (1909): Two Case Histories ('Little Hans' and the 'Rat Man'), 1-150.* Psychoanalytic Electronic Publishing.

Freud, S. (1920). *Beyond the pleasure principle.* London: Leuven University Press.

Freud, S. (1923). *The ego and the id.* Hogarth Press.

Freud, S. (1936). Inhibitions, symptoms and anxiety. *The Psychoanalytic Quarterly, 5*(1), 1-28.

Freud, S. (2012). *The future of an illusion.* Broadview Press.

Garland, J., Jones, H., & Kolodny, R. (1965). A Model for Stages of Development in social Work Groups. In S. Bernstein(ed.), *Explorations in Group Work.* Boston : University of Boston School of Social Work.

Gay, P. (1998). *Freud: A life for our time.* W.W. Norton & Company.

Germain, C. B. (1987). Human development in contemporary environments. *Social Service Review, 61*(4), 565-580.

Germain, C., & Gitterman, A. (1980). *The life model of social work practice.* New York: Columbia University Press.

Germain, C., & Gitterman, A. (1996). *The life model of social work practice : Advances in theory practice*(2nd ed.). New York: Columbia Universi ty Press.

Gortner, H. F., Mahler, J., & Nicholson, J. (1987). *Organization theory: A public perspective.* Chicago: The Free Press.

Greene, R. R., & Ephross, P. H. (1991). *Human behavior theory and social work practice.* New York: Aldine de Gruyter.

Hall, C. S. (1954). *A primer of freudian psychology.* New York: World Publishing Company.

Hall, C. S., & Nordby, V. J. (1999). 융 심리학 입문. 최현 역. 서울: 범우사.

Hall, C. S., Lindzey, G., & Campbell, J. B. (1998). *Theories of personality.* John Wiley & Sons Inc.

Hardcastle, D. A., Wenocur, S., & Powers, P. R. (1997). *Community Practice: The ory and Skills for Social Workers.* New York: Oxford University Press.

Harter, S. (1990). Issues in the assessment of the self-concept of children and adolescents. In A. M. La Greca, *Through the eyes of the child: Obtaining self-reports from children and adolescents* (pp. 292-325). Allyn & Bacon.

Hartman, A., & Laird, J. (1983). *Family - centered social work practice.* New York: Free Press.

Hasenfeld, Y. (1992). The nature of human service organizations. In Y. Hasenfeld(Ed.), *Hunsan services complex organization*(pp.2-23), Newbury Park & Sage.

Havighurst, R. J.(1972). *Developmental tasks and education.* New York: David Mckay.

Hayman, R. (2002). *A life of Jung.* W.W. Norton & Company.

Heam, G. (1958). *Theory Building in Social Work.* University of Toronto Press.

Heam, G. (1969). *The General Systems Approach Contributions toward an Holistic Concpon al Socal work.* New York: Council on Social Work Education, Inc.

Heidegger, M. (2010). Being and time. SUNY press.

Hetherington, E. M., & Park, R. D. (1993). *Child psychology: A contemporary viewpoint* (4th ed.). New York: MeGraw-Hill,

Hille, R., & Ziegler, H. (1976). *Alfred Adler: Aspects of his life and work*. New York: Springer Publishing Company.

Hillman, J. (2017). *The soul's code: In search of character and calling*. Ballantine Books.

Hjelle, L. A., & Ziegler, D. J. (1999). **성격심리학**. 이훈구 역. 서울: 법문사.

Hoare, C. H. (2001). *Erikson on development in adulthood: New insights from the unpublished papers*. Oxford University Press.

Hogenson, G. B. (1979). *Jung's struggle with Freud: Its philosophical meaning*. Yale University.

Horney, K. (2013). *Our inner conflicts: A constructive theory of neurosis*. Routledge.

Hutchison, E. (2003). *Dimensions of human behavior: Person and Environment* (2nd Ed.). Sage.

Iannello, K. P. (1992). *Decisions without hierarchy: Feminist interventions in orga nization theory and practice*. New York: Routledge.

Iannello, K. P., & Hierarchy, D. (1992). *Feminist interventions in organization theory and practice*. New York: Routledge.

Johnson, D., & Johnson, F. (1991). *Joining together: Group theory and group skills*(4th ed.). Englewood Cliffs, N. J.: Prentice Hall.

Johnson, M. M., & Rhodes, R.(2005). Human behavior and the larger social envi ronment.. Allyn and Bacon,

Jones, E. (1963). *The life and work of Sigmund Freud*. Oxford, England: Doubleday.

Jorgensen, C. R. (2004). Active ingredients in individual psychotherapy: Searching for common factors. *Psychoanalytic Psychology, 21*(4), 516-540.

Jung, C, G., & Jaffé, A. (2012). **C. G. 융의 회상, 꿈, 그리고 사상**. 이부영 역. 서울:

집문당.

Jung, C. G. (1933). *Modern man in search of a soul*. New York: Harcourt, Brace & World.

Jung, C. G. (1944). *Psychology and alchemy*. Princeton University Press.

Jung, C. G. (1960). *Synchronicity: An acausal connecting principle*. Princeton University Press.

Jung, C. G. (1964). *Man and his symbols*. Garden City: Doubleday.

Jung, C. G., Read, H., Fordham, M., & Adler, G. (2014). *The practice of psychotherapy*. Routledge.

Kagan, J. (1994). *Galen's prophecy*. New York: Basic Books.

Kahn M. (2008). **21세기에 다시 읽는 프로이트 심리학**. 안창일 역. 서울: 학지사.

Katz, D., & Kahn, R.(1978). *The social psychology of organizations*(2nd ed.). New York : Hohn Wiley & Sons.

Kazdin, A. E. (2012). *Behavior modification in applied settings*. Waveland Press.

Kendall, P. C. (1993). Cognitive-behavioral therapies with youth: Guiding theory, current status, and emerging developments. *Journal of Consulting and Clinical Psychology, 61*(2), 235-247.

Kernberg, O. F. (1976). *Object relations theory and clinical psychoanalysis*. Jason Aronson.

Kerr, M., Lambert, W. W., Stattin, H., & Klackenberg-Larsson, I. (1994). Stability of inhibition in a Swedish longitudinal sample. *Child Development, 65*(1), 138-146.

Kihlstrom, J. F. (1999). The psychological unconscious. In Pervin, L. A. (Ed.), *Handbook of personality: Theory and research* (pp. 445-464). New York: The Guilford Press.

Kirst-Ashman, K. K. (2000). *Human behavior, communities, organizations & Groups in the macro social environment*. Brooks/Cole.

Klein, A.(1972). *Effective group work*. New York: Association Press.

Klein, M. (1933). The psycho-analysis of children. *The Sociological Review, 25*(3), 296-298.

Kluy, A.(2020). 알프레드 아들러: 개인심리학의 탄생. 이미옥 역. 경기: 마인드큐브.

Kobak, R. R., & Schery, A. (1988). Attachment in late adolescence: Working models, affect regulation, and representation of self and others. *Child Development, 59*(1), 135-146.

Kohlberg, L., & Power, C. (1981). Moral development, religious thinking, and the question of a seventh stage. *Zygon: Journal of Religion and Science, 16*(3), 203-259.

Korchin, S. J. (1976). *Modern clinical psychology: Principles of intervention in the clinic and community.* Basic Books.

Kroger, J. (2004). *Identity in adolescence: The balance between self and other.* Routledge.

K bler-Ross, E. (1973). *On death and dying.* Routledge.

Laplanche, J., & Pontalis, J. B. (1973). *The language of psycho-analysis.* Karnac Books.

Leighninger, R. D. (1978). Systems theory. *Journal of sociology and Social Welfare, 5,* 446-466.

Lewis, A. J. (1934). New introductory lectures on psychoanalysis. *The Eugenics Review, 26*(3), 230-231.

Lidz, T. (1968). *The person throughout the life cycle.* New York: Basic Books.

Luborsky, L., Singer, B., & Luborsky, L. (1975). Comparative studies of psycho-therapies: Is it true that everyone has won and all must have prizes?. *Archives of General Psychiatry, 32*(8), 995-1008.

Lyons, L. C., & Woods, P. J. (1991). The efficacy of rational-emotive therapy: A quantitative review of the outcome research. *Clinical Psychology Review, 11*(4), 357-369.

Main, R. (2007). Synchronicity and analysis: Jung and after. *European Journal of Psychotherapy and Counselling, 9*(4), 359-371.

Malatesta, C, Z., Culver, C., Tesman, J. R., & Shepard, B. (1989). The development of emotion expression during the first two years of life. *Monographs of the Society for Research in Child Development, 54*(1-2),

1–104.

Malatesta, C. Z. (1985). Developmental course of emotion expression in the human infant. In G. Zivin (Ed.), *The development of expressive behavior: Biology-environment interactions* (pp. 183–219). Orlando, FL: Academic Press.

Mancoske, R. (1981). Sociological perspectives on the ecological model. *Journal of Sociology and Social Welfare, 8*(4).

Marcia, J. E. (1966). Development and validation of ego-identity status. *Journal of Personality and Social Psychology, 3*(5), 551–558.

Marcia, J. E. (1980). Identity in Adolescence. *Handbook of Adolescent Psychology, 9*(11), 159–187.

Martin, R. P., Wisenbaker, J., & Huttunen, M. (1994). Review of factor analytic studies of temperament measures based on the Thomas-Ches structural model: Implications for the Big Five. In C. F. Halverson, Jr., G. A. Kohnstamm, & R. P. Martin (Eds.), *The developing structure of temperament and personality from infancy to adulthood* (pp. 157–172). Hillsdale, NJ: Erlbaum.

Maslow, A. H. (1965). A theory of human motivation. In D. E. Hamachek (Ed.), *The self in growth, teaching, and learning*. New Jersey: Prentice-Hall.

Maslow, A. H. (1970). *Motivation and Personality*. New York: Harper & Low.

McAdams, D. P., & de St Aubin, E. D. (1992). A theory of generativity and its assessment through self-report, behavioral acts, and narrative themes in autobiography. *Journal of Personality and Social Psychology, 62*(6), 1003–1015.

Michael, J. (2007). **지그문트 프로이트: 정신분석의 창시자**. 이용승 역. 서울: 학지사.

Michael, E. D. (1990). Physical development and fitness. In R. M. Thomas (Ed.), *The encyclopedia of human development and education: Theory, research, and studies* (pp. 223–225). Oxford: Pergamon.

Miltenberger, R. G. (2016). *Behavior modification: Principles and procedures*. Cengage Learning.

Minuchin, S. (1974). *Families and family therapy.* Cambridge, MA : Harvard University Press.

Mitchell, S. A., & Black, M. J. (1995). *Freud and beyond: A history of modern psychoanalytic thought.* Basic Books.

Mosak, H. H., & Maniacci, M. (1999). A primer of Adlerian psychology: The analytic-behavioural-cognitive psychology of Alfred Adler. New York: Routledge.

Mueller, B. J. (1995). **사회적 행동과 인간환경.** 윤혜미 역. 서울: 한울아카데미.

Muuss, R. E. (1996). *Theories of adolescence.* New York: McGrow-Hill.

Netting, F. E., Kettner, P. M., & McMurtry, S. L. (1998). *Social work macro practice.* New York: Longman.

Neugeboren, B. (1985). *Organizational policy and practice in the human services.* New York: Longman.

Noll, R. (1997). *The Jung cult: The origins of a charismatic movement.* Simon and Schuster.

Norlin, J. M., Chess, W. A., Dale, O., & Smith, R. (2003). *Human behavior and the social environment : Social systems theory*(4th ed.). Allyn and Bacon.

Ortiz, A., Martinez-Murcia, F. J., Luque, J. L., Gim nez, A., Morales-Ortega, R., & Ortega, J. (2020). Dyslexia Diagnosis by EEG Temporal and Spectral Descriptors: An Anomaly Detection Approach. *International Journal of Neural Systems, 30*(7), [2050029].

Pajares, F. (2002). Gender and perceived self-efficacy in self-regulated learning. *Theory into Practice, 41*(2), 116-125.

Papalia, D. E., & Olds, S. W. (1998). *Human development* (7th ed.). New York: McGraw-Hill.

Papini, D. R., Roggman, L. A., & Anderson, J. (1991). Early-adolescent perceptions of attachment to mother and father: A test of the emotional-distancing and buffering hypotheses. *The Journal of Early Adolescence, 11*(2), 258-275.

Parsons, T., Bales, R. F., & Shils, E. A.(Eds.) (1953). *Working papers in the the ory of action*. New York: Free press.

Pavlov, I. P. (1927). *Conditioned reflexes*. Oxford University Press.

Payne, B. K. (2001). Prejudice and perception: The role of automatic and controlled processes in misperceiving a weapon. *Journal of Personality and Social Psychology, 81*(2), 181–192.

Payne, M. S. (1997). *Modem Social Work Theory*. Macmillan Press.

Peat, F. D. (1987). *Synchronicity: The bridge between matter and mind*. Bantam Books.

Piaget, J. (1952). *The origins of intelligence in children*. New York: International Universities Press.

Pickens, J., & Field, T. (1993). Facial expressivity in infants of depressed mothers. *Developmental Psychology, 29*(6), 986–988.

Pincus, A., & Minahan, A. (1973). *Social Work Practice: Model and Method*. Pea-cock Publishers.

Popper, K. (1963). *Conjectures and refutations: The growth of scientific knowledge*. Routledge.

Pugh, D. S., Hickson, D. J., & Hinings, C. R.(eds.) (1985). *Writers on organiza tions*. Beverly Hills: SAGE Publications.

Radke-Yarrow, M., Zahn-Waxler, C., & Chapman, M. (1983). Children's prosocial disposition and behavior. In. P. H. Mussen, & E. M. Hetherington (Eds.), *Handbook of child psychology: Socialization, personality, and social development* (pp. 469–545). New York: Wiley.

Rescorla, R. A. (1988). Pavlovian conditioning: It's not what you think it is. *American Psychologist, 43*(3), 151–160.

Rescorla, R. A. (2004). Spontaneous recovery. *Learning & Memory, 11*(5), 501–509.

Rest, J., Power, C., & Brabeck, M. (1988). Lawrence Kohlberg (1927–1987). *American Psychologist, 43*(5), 399–400.

Riegel, K. F. (1973). Dialectic operations: The final period of cognitive development. *Human Development, 16*(5), 346–370.

Roazen, P. (1975). *Freud and his followers.* Alfred A. Knopf.

Roesler, C. (2018). Dream content corresponds with dreamer's psychological problems and personality structure and with improvement in psychotherapy: A typology of dream patterns in dream series of patients in analytical psychotherapy. *Dreaming, 28*(4), 303–321.

Roger, C. R. (1961). *On becoming a person.* Boston: Houghton Mifflin.

Rogers, A. (2010). *Human behavior in the social environment.* New York: Routledge.

Rothbart, M. K., & Bates, J. E. (1998). Temperament. In N. Eisenberg (Ed.), *Hanbook of child psychology: Vol. 3. Social, emotional, and personality development* (5th ed., pp. 105–176). New York: Wiley.

Rothbart, M. K., & Bates, J. E. (2006). Temperament. In W. Damon & R. LEMER(Eds.), *Handbook of child psychology* (6th ed.). New York: Wiley.

Rothman, J. (1987). Community theory and research. In *Encyclopedia of social work*(Vol. 1, pp. 308 – 316). Silver Spring, MD: NASW.

Rowe, J. W., & Kahn, R. L. (1997). Successful Aging. *The Gerontologist, 37*(4), 433–440.

Ruth, J.–E., & Coleman, P. (1996). Personality and aging: Coping and management of the self in later life. In J. E. Birren, K. W. Schaie, R. P. Abeles, M. Gatz, & T. A. Salthouse (Eds.), *Handbook of the psychology of aging* (4th ed., pp. 308–322). Academic Press.

Rycroft, C. (1968). *A critical dictionary of psychoanalysis.* London: Nelson.

Schriver, J. M. (1995). *Human behavior and the social environment.* Allyn and Bacon.

Schultz, D. P., & Schultz, S. E. (2011). *A history of modern psychology.* Wadsworth, Cengage Learning.

Schultz, D., & Schultz, S. E. (1998). *Theories of personality* (6th ed.). CA: Books/Cole Publishing Company.

Schunk, D. H., & DiBenedetto, M. K. (2020). Motivation and social cognitive theory. *Contemporary Educational Psychology, 60,* 101832.

Schur, M. (1972). *Freud: Living and dying.* International Universities Press.

Scott, W. G. (1973). Organization theory: An overview and appraisal. In F. Baker(Ed.), *Organizational Systems General systems approaches to complex organizations*(pp. 99-119). Homewood, IL: Richard D. Irwin.

Shamdasani, S. (2003). *Jung and the making of modern psychology: The dream of a science.* Cambridge University Press.

Siporin, M. (1975). *Introduction to Social Work Practice.* New York: Macmillan.

Skinner, B. F. (1953). *Science and human behavior.* New York: Macmillan Company.

Skinner, B. F. (1971). *Beyond freedom and dignity.* Alfred A. Knopf.

Stein, M. (1998). *Jung's map of the soul: An introduction.* Open Court Publishing.

Stevens, A. (1994). *Jung: A very short introduction.* Oxford University Press.

Storr, A. (1989). *Freud: A very short introduction.* Oxford University Press.

Strang, R. (1957). *The adolescent views himself: A* psychology of adolescence. McGraw-Hill Book Company.

Sullivan, H. S. (1953). *The interpersonal theory of psychiatry.* London: Routledge.

Sweeney, T. J. (2008). **아들러 상담이론과 실제.** 노안영, 강만철, 오익수, 김광운, 송현종, 강영신, 오명자 공역. 서울: 학지사.

Taylor, F. W. (1911). *Scientific management.* New York: Harper,

Todd, J. T., & Morris, E. K. (1995). *Modern perspectives on B. F. Skinner and contemporary behaviorism.* Greenwood Press/Greenwood Publishing Group.

Todes, D. P. (2002). *Pavlov's physiology factory: Experiment, interpretation, laboratory enterprise.* Johns Hopkins University Press.

Tonnies, F. (1988). Gemeinschaft and Gesellschaft. In R. L. Warren, & L. Lyon. *New Perspectives on the American community*(5th ed.). Chicago: The Dorsey Press.

Toseland, R., & Rivas, R. (2001). *An introduction to group work practice*(3rd ed.). Massachusetts: Allyn and Bacon.

Vaillant, G. E. (1992). *Ego mechanisms of defense: A guide for clinicans and researchers.* American Psychiatric Pub.

Visher, E., & Visher, J. (1993). Remarriage families ad stepparenting, In F. Walsh(ed.), *Normal family processes.* New York: Gilford

Warren, R. L. (1978). *The community in America*(3rd ed.). Chicago: Rand McNally.

Watson, J. B. (1924). *Behaviorism.* W.W. Norton & Company.

Wellman, B. (1999). The network community: An introduction. In B. Wellman(Ed.), *Networks in the global village*(pp. 1-47). Boulder, CO: West view Press.

Westen, D. (1998). The scientific legacy of Sigmund Freud: Toward a psychodynamically informed psychological science. *Psychological Bulletin, 124*(3), 333-371.

Westen, D. (1999). The scientific status of unconscious processes: Is Freud really dead?. *Journal of the American Psychoanalytic Association, 47*(4), 1061-1106.

Zastrow, C. (1995). *The practice of social work.* Pracific Grove : Books/Cole Publishing company.

Zastrow, C. H. (2003). *The practice of social work*(7th ed.). Thomson, Brooks/Cole.

Zastrow, C., & Kirst-Ashman, K. (2001). *Understanding human behavior and the social environment* (5th ed.), Belmont, CA: Wadsworth.

Zastrow, C., & Kirst-Ashman, K. K. (2004). *Understanding human behavior and the social environment.* Belmont, CA: Thomson Learning.

Zimmerman, B. J., & Schunk, D. H. (2001). *Self-regulated learning and academic achievement: Theoretical perspectives.* Routledge.

찾/아/보/기

저/자/약/력

박　영

사회복지학 박사

충북도립대학교 사회복지학과 교수

권향임

사회복지학 박사

백석문화대학교 사회복지학과 교수

박선희

문학박사(아동복지학)

충북도립대학교 사회복지학과 겸임교수

킴스아동청소년가족상담센터(청주) 대표

최영신

문학박사(아동복지학)

청주 서울아동병원 부설 행동발달증진센터 센터장

유지아

문학박사(아동복지학)

경북전문대학교 사회복지학과 교수

인간행동과 사회환경

초판발행 2026년 3월 5일 **1판 1쇄 인쇄** | 2026년 3월 10일 **1판 1쇄 발행**

지은이 박 영 권향임 박선희 최영신 유지아
펴낸이 최용구 | **펴낸곳** 도서출판 **신정**
주소 (04316) 서울시 용산구 원효로 89길 19 (원효로1가)
전화 02)3211-4782, 0266(영업부), 3211-4783(편집부), 3211-4784(팩스)
이메일 shinjeong72@naver.com | **홈페이지** www.sjbook.co.kr
등록 2001년 5월 11일 제13-702호
기획마케팅 최용구 장만동 최충구 송대용 | **책임편집** 석기은 황가연

ISBN 978-89-5912-941-6 93330
정가 23,000원